Ecología de cazadores-recolectores del sector central de las Sierras de Córdoba (Rep. Argentina)

Diego Eduardo Rivero

BAR International Series 2007
2009

Published in 2016 by
BAR Publishing, Oxford

BAR International Series 2007

Ecología de cazadores-recolectores del sector central de las Sierras de Córdoba (Rep. Argentina)

ISBN 978 1 4073 0583 7

BAR Publishing is the trading name of British Archaeological Reports (Oxford) Ltd.
British Archaeological Reports was first incorporated in 1974 to publish the BAR
Series, International and British. In 1992 Hadrian Books Ltd became part of the BAR
group. This volume was originally published by Archaeopress in conjunction with
British Archaeological Reports (Oxford) Ltd / Hadrian Books Ltd, the Series principal
publisher, in 2009. This present volume is published by BAR Publishing, 2016.

Printed in England

BAR
PUBLISHING

BAR titles are available from:

BAR Publishing
122 Banbury Rd, Oxford, OX2 7BP, UK
EMAIL   info@barpublishing.com
PHONE   +44 (0)1865 310431
FAX   +44 (0)1865 316916
www.barpublishing.com

AGRADECIMIENTOS

La realización de este trabajo de Tesis Doctoral no habría sido posible sin la colaboración desinteresada de numerosas personas. En especial quisiera agradecer a dos de ellas, a mi Director Eduardo Berberián por su constante aliento y guía por el camino de la investigación arqueológica. A mi amiga Fabiana Roldán por su permanente apoyo, comentarios y sugerencias, y por contagiarme la pasión por la arqueología de Córdoba.

Agradezco a todos los amigos y colegas que me ayudaron en distintas formas, y que sin su asistencia mis objetivos no se habrían logrado. Ellos son:
Eduardo Pautassi, Andrea Recalde, Matías Medina, Sebastián Pastor, Horacio Paradela, Germán Figueroa, Valeria Franco Salvi, Gabriela Srur, Julia Ré, Laura López, Julián Salazar, Sergio Clavero, Gustavo Peyroti, Gisela Sario, María Luz Funes, Gustavo Rivolta, Enrique Rossetto, Mariana Dantas, Lucas Pacetti, Ricardo Arnaudo, Jorge Martínez, Shilo Hocsman, Nora Franco, Nora Flegenheimer, Patricia Escola, Teresa Civalero, Gustavo Martínez, Axel Nielsen, Laura Cruz, Adolfo Gil, Gustavo Neme, Alicia Castro, Luis Borrero, Virginia Srur, Ernesto Tavarone, Jorge Sanabria, Graciela Argüello, Marcelo Zárate, Marta Bonofiglio, María Gutiérrez, Esteban Pillado, Congregación Hermanitas de La Paz, Teresa Maldonado, Guardaparques del Parque Nacional Quebrada del Condorito y Reserva Pampa de Achala, Adán Tauber, Francisco Córdoba, Fernando Oliva, Daniel Olivera, Pablo Teta, Eduardo Pucheta, Alejandro García, Roxana Cattáneo, Andrés Izeta, David Ávila, Mariela Gallego, Alvaro Martel.

A la Comunidad de la Pampa de Achala

A mis Padres, Hermanos y mi Abuela "Chonga" por su amor y su apoyo incondicional en todos estos años.

ÍNDICE GENERAL

CAPÍTULO 1
INTRODUCCIÓN

Los inicios de la investigación arqueológica sobre los cazadores-recolectores de las Sierras de Córdoba pueden establecerse hacia finales del siglo XIX, con las contribuciones pioneras de Florentino Ameghino (1885) en los alrededores de la ciudad de Córdoba. Durante la primera mitad del siglo XX, el estudio de los primeros pobladores continuó siendo uno de los temas centrales en la atención de los analistas (v.g. Frenguelli 1919; Castellanos 1922; 1943; Montes 1943, 1960), llegando a su máxima expresión con los trabajos de González en las sierras de Córdoba y San Luis, cuyos resultados permitieron elaborar una secuencia cronológico-cultural que sentó las bases para las investigaciones acerca de las sociedades preagrícolas en esta región y en gran parte del NOA (Menghín y González 1954; González 1952, 1960).

Con posterioridad a la década del ′50, el interés en esta problemática decayó hasta el punto en que prácticamente todos los estudios arqueológicos realizados en el sector serrano se centraron en contextos correspondientes a las sociedades productoras de alimentos o agroalfareras (Berberián 1995, Berberián y Roldán 2001). Como excepción se pueden señalar algunos análisis aislados de sitios que contenían evidencias de cazadores-recolectores (Zurita et al. 1975; Orquera 1975) o que fueron descubiertos de manera fortuita mientras se trabajaban yacimientos agroalfareros (González y Crivelli 1978; Laguens 1999). Únicamente en el extremo sur de las sierras se realizaron investigaciones de sociedades depredadoras tardías, cuya cronología las colocaba en los inicios de la era cristiana (Austral y Rocchietti 1995).

Nuestro propósito fue retomar el tema de los cazadores-recolectores de las Sierras de Córdoba, identificar el proceso histórico local desde la instalación de los primeros grupos hasta la adopción de prácticas productoras de alimentos y explicarlo desde la perspectiva teórica de la ecología del comportamiento humano (v.g. Boone y Smith 1998). Esta línea de pensamiento, estudia los vínculos entre los factores ecológicos y el comportamiento adaptativo y ha sido adoptada por una gran cantidad de arqueólogos interesados en explicar la variabilidad del registro arqueológico.

Los modelos formales en los cuales se basan los análisis de la ecología del comportamiento humano, consideran la toma de decisiones con objetivos claros de optimización, prestando especial atención a la relación costo-beneficio. Esto no significa asumir que los individuos en el pasado actuaron siguiendo una lógica capitalista, sino que habrían seleccionado las mejores estrategias a seguir según cada contexto. En este sentido, el cambio cultural y la conducta

pueden ser explicados, principalmente, como una adaptación fenotípica a condiciones ecológicas y sociales variantes (Boone y Smith 1998).

Enmarcados en este enfoque, los objetivos seguidos consistieron en reconocer las estrategias adaptativas de los cazadores-recolectores serranos, y determinar el modo en que fueron influenciadas por la estructura demográfica y de recursos. Para ello se realizó un estudio regional en el sector central de las sierras de Córdoba que profundizó el análisis de la tecnología lítica y restos arqueofaunísticos provenientes de las excavaciones, y que enfatizó el examen de las dispersiones superficiales de artefactos, cuya variabilidad en el espacio y en el tiempo es un indicador adecuado para el tratamiento de las distintas estrategias adaptativas.

Conseguimos, de esta manera, determinar aspectos significativos de la estructura del registro arqueológico de los cazadores-recolectores, así como incrementar considerablemente las dataciones absolutas, lo que permitió confirmar la presencia humana durante la Transición Pleistoceno-Holoceno (*circa* 11.000 años AP) y dotar a la región de un esquema cronológico más preciso.

Desde nuestro punto de vista, la configuración de las sucesivas estrategias adaptativas estuvo fuertemente influenciada por la estructura de la oferta ambiental, de allí que el análisis de sus variaciones y el modo en que éstas afectaron la disponibilidad de recursos de una región, en el corto y largo plazo, resulta indispensable para la comprensión de los modos de vida de los cazadores-recolectores. En base a diversos estudios geológicos (Iriondo 1999; Carignano 1999; Sanabria y Argüello 2003; Kemp et al. 2003) y paleontológicos (Tauber 1999; Cruz 2003), así como a la evidencia proveniente de restos de micromamíferos (Teta et al. 2005), se realizó la reconstrucción de la historia paleoclimática de las Sierras de Córdoba para el período tratado.

Las investigaciones en la materia, indican que a comienzos de Holoceno Medio se produjo un cambio ambiental hacia condiciones de mayor humedad, que resultó en un reestructuración en la distribución y disponibilidad de las principales fuentes de alimento. Esto habría afectado significativamente los modos de vida de los cazadores-recolectores, quienes desde los primeros momentos de su asentamiento en el sector serrano adoptaron prácticas económicas centradas en la explotación de recursos faunísticos de gran porte y bajo costo de procesamiento. Entre los principales cambios detectados en las estrategias adaptativas a partir del Holoceno Medio se hace evidente un nuevo énfasis en la obtención y procesamiento de recursos de bajo retorno, como los pequeños vertebrados y vegetales.

En este marco, la hipótesis central es que las principales estrategias adaptativas de los cazadores-recolectores de las Sierras de Córdoba fueron variando según la relación entre la demografía regional y la estructura de recursos disponibles, de manera tal que las prácticas intensificadoras de la producción fueron generalizándose hasta concluir en la adopción de la agricultura, en un escenario de alta demografía.

El trabajo está organizado en tres secciones, la Primera Parte incluye el Capítulo 1 de carácter introductorio, que presenta la problemática abordada en la investigación y la manera en que se organizó la información disponible. En el Capítulo 2 realizamos un breve resumen del estado del conocimiento acerca de los cazadores-recolectores en la región de las Sierras de Córdoba al momento del inicio de nuestro trabajo. Se precisan los alcances del tema elegido, sus objetivos y se explicitan las hipótesis que guiaron el desarrollo de las tareas.

El Capítulo 3 está dedicado a la presentación y discusión de los postulados teóricos subyacentes y los modelos empleados en nuestro trabajo; al tiempo que se realiza un examen acerca de algunas categorías y conceptos fundamentales para nosotros, como la definición de "cazadores-recolectores". Finalmente, en el Capítulo 4 se resumen las características ambientales y la información proveniente de investigaciones realizadas desde la geología, paleontología y biología que resultaron relevantes para la reconstrucción paleoclimática de la región durante los últimos 13.000 años. También se analizan las fuentes de las materias primas líticas presentes en los sitios arqueológicos, y su disponibilidad regional.

En la Segunda Parte, se abordan los aspectos analíticos vinculados con las tareas de prospección y excavaciones sistemáticas de los principales sitios estudiados, así como el estudio de los materiales líticos y óseos. En el Capítulo 5 se presenta la información obtenida a partir de la ejecución de prospecciones, que abarcaron los principales ambientes de las sierras, y del análisis de la evidencia superficial. Se reflexiona sobre algunos conceptos centrales a nuestra investigación tales como sitio arqueológico y paisaje arqueológico y el modo en que pueden ser articulados para obtener información acerca del uso del espacio en el pasado. Asimismo, se detallan algunos problemas que afectan la calidad de la información obtenida, tales como la resolución cronológica de la evidencia material proveniente tanto de excavaciones como de sitios superficiales, la existencia de palimpsestos, el uso actual del paisaje, y los procesos tafonómicos y de visibilidad arqueológica.

En los Capítulos 6, 7 y 8 presentamos las características morfológicas, de localización y emplazamiento de los sitios excavados: El Alto 3, Arroyo El Gaucho 1, Matadero 5,

Matadero 14 y Matadero 15. Estos fueron seleccionados debido a que poseían el potencial de proveer información relevante para los objetivos perseguidos. Se resumen las principales tareas de excavación y los resultados de los estudios sedimentológicos y del análisis del material obtenido, tanto lítico como óseo.

La Tercera Parte, está dedicada a integrar la información proveniente de las diferentes etapas de la investigación obtenida durante la realización de las prospecciones y excavaciones de los sitios más representativos, la generada por investigaciones anteriores en la región de las Sierras Centrales y aquella disponible en una escala macrorregional, que abarca el sector andino central de la Argentina. El objetivo de esta sección consistió en definir las características de la estructura del registro arqueológico regional en distintos momentos del período estudiado, a partir de lo cual es posible plantear una discusión sobre las estrategias adaptativas implementadas por las comunidades de cazadores-recolectores de las Sierras de Córdoba en el transcurso del tiempo.

En el Capítulo 9 intentamos una caracterización general de la arqueología de las sierras de Córdoba en el momento correspondiente a la Transición Pleistoceno-Holoceno y finales del Holoceno Temprano (11.000-6000 años AP), haciendo referencia a otros sitios en una escala regional (sierras de Córdoba y San Luis) y macrorregional (sector andino central de Argentina). Ello permite esbozar las características generales del paisaje arqueológico en esta región para las etapas iniciales de la ocupación humana. En el Capítulo 10, se presenta la estructura del registro arqueológico durante el lapso 6000 – 1500 AP y se exponen las evidencias vinculadas con un cambio abrupto en las características de los materiales correspondientes a este período con respecto a aquellos del Holoceno Temprano.

Finalmente, el Capítulo 11 está dedicado a discurrir acerca de las variaciones en la estructura arqueológica regional, a lo largo del amplio lapso transcurrido desde la llegada de los primeros grupos humanos hasta la adopción de prácticas agrícolas. Sobre la base de la perspectiva teórica señalada, se proponen dos modelos de asentamiento y movilidad que pueden considerarse representativos de los modos en que los cazadores-recolectores habrían utilizado el espacio durante los principales períodos definidos en la región.

Paralelamente, se abordan cuestiones relacionadas con los efectos del cambio ambiental sobre las adaptaciones humanas, explorando las consecuencias de la sobreexplotación de camélidos y sus repercusiones sobre la movilidad y subsistencia de las sociedades cazadoras-recolectoras a partir del Holoceno Medio. Otra problemática que es analizada en este capítulo se relaciona con la posible existencia de competencia territorial o por recursos a partir de mediados del Holoceno. En la parte final de esta sección se exponen las conclusiones generales de la Tesis y se proponen líneas futuras de investigación.

CAPÍTULO 2
ARQUEOLOGÍA DE CAZADORES-RECOLECTORES EN LAS SIERRAS DE CÓRDOBA. ANTECEDENTES Y DEFINICIÓN DEL TEMA

Las investigaciones arqueológicas dedicadas al estudio de los cazadores-recolectores de las sierras de Córdoba, tuvieron sus inicios a fines del siglo XIX, con los trabajos pioneros de Florentino Ameghino (1885). Con posterioridad se continuaron, pero sufriendo altibajos importantes, demostrando sin embargo un gran interés entre 1920 y 1960. Posteriormente son abandonadas casi totalmente con excepción de algunos casos de estudios aislados referidos a sitios puntuales. Los investigadores dedicaron sus esfuerzos, básicamente, al conocimiento de las sociedades prehispánicas productoras de alimentos de fines del Holoceno Tardío.

Las contribuciones al estudio de las sociedades cazadoras-recolectoras pueden ser divididas en tres grupos pertenecientes a diferentes épocas. Los objetivos también fueron distintos, y en su conjunto sentaron las bases para lo que, en gran parte, aún es el modelo dominante en la literatura arqueológica relativo al modo de vida precerámico de las Sierras Centrales.

Investigaciones pioneras. El paradigma evolucionista.

Los primeros estudios que señalaron la presencia de poblaciones humanas en la región, en un momento muy anterior a la llegada de los conquistadores españoles, fueron efectuados por Florentino Ameghino. Desde un paradigma evolucionista, realizó investigaciones en los alrededores de Córdoba durante su breve estadía en esta ciudad entre 1884 y 1886.

En intervenciones en las cercanías del Observatorio Astronómico de Córdoba, por entonces ubicado en la periferia de la ciudad, localizó un sitio arqueológico que denominó Yacimiento II. Contenía puntas de proyectil de forma almendrada o lanceolada, raspadores, percutores y desechos líticos, así como molinos planos y restos humanos. Este yacimiento se caracterizaba por la ausencia de cerámica.

En las cercanías de este sitio se detectó otro (Yacimiento I) que contenía restos humanos, material lítico, óseo y gran cantidad de fragmentos cerámicos. El material lítico era muy diferente al recuperado en la localidad anterior, además la presencia de alfarería acreditaba que se trataba de dos contextos distintos.

Ameghino, entonces, determinó que se encontraba ante la evidencia de dos momentos históricos diferentes, uno perteneciente a una época inmediatamente anterior a la conquista hispana y otro más antiguo, caracterizado por

grupos que no conocían la tecnología cerámica (Ameghino 1885). Esta observación constituyó la primera secuencia cultural cronológico-relativa para la región (Berberián 1995).

En otro sitio cercano a los anteriores, conocido como Yacimiento III del Observatorio Astronómico, este investigador junto con Doering detectó en sedimentos que asignaron al Pleistoceno, un "fogón" de unos 15 cm de espesor que contenía huesos quemados y fragmentados de *Toxodon* sp., *Mylodon* sp., *Tolypeutes* sp. y *Scelidoterium*, entre otros (González 1960). Supuestamente asociadas a este fogón se recuperaron dos "cuarcitas talladas". Estas fueron examinadas por Outes (1911), quien no encontró evidencias de trabajo humano. Sin embargo, Castellanos (1933) luego de otro análisis ratificó la factura humana de estos artefactos.

Ameghino, realizó también intervenciones en otras zonas de la ciudad de Córdoba, entre ellas, en el Corte del Ferrocarril a Malagueño. En sedimentos que corresponderían al Lujanense, a unos 5 o 6 m de profundidad, descubrió una capa de unos 20 o 30 cm de espesor que contenía fragmentos de carbón, tierra cocida y numerosos huesos quemados y fragmentados. Algunos de éstos restos óseos pertenecían a *Toxodon* sp., *Mylodon* sp. y *Glyptodon* sp., junto con cáscaras de huevo de ñandú y astillas de huesos largos (Ameghino 1889; Castellanos 1933:46).

Este sitio, junto con el del Observatorio (yacimiento III), fue utilizado como prueba de la presencia humana durante el Pleistoceno (González 1960). Sin embargo, estos hallazgos fueron puestos en duda en su momento por Outes (1911) y aún hoy no han sido aceptados por la mayoría de los investigadores (Berberián y Roldán 2001).

Las importantes contribuciones realizadas por Ameghino desde un marco teórico de vanguardia, fueron desestimadas a comienzos del siglo XX, debido principalmente al descrédito en que cayeron sus ideas acerca de la antigüedad del hombre en América. Esto se produjo luego de las críticas recibidas por parte del grupo de investigadores liderado por Ales Hrdlicka (1912) y de la crisis mundial que sufrió el paradigma evolucionista a principios del siglo XX (Politis 1988).

Como consecuencia se consideró que el hombre americano poseía una antigüedad no mayor a unos pocos miles de años antes de la conquista europea, una hipótesis defendida principalmente por Hrdlicka. Debido a esto, el interés por investigar la profundidad temporal de la presencia humana en nuestro territorio fue prácticamente mínimo, atribuyéndose la totalidad de los restos arqueológicos que se hallaban en una zona a los indígenas que la habitaban en el momento de la conquista, es decir a los comechingones (González 1952:110).

El estudio de los primeros pobladores de nuestra provincia se retomaron después de la década del '30. Esto coincidió, tal vez no casualmente, con que el modelo que Hrdlicka y otros defendían comenzó a derrumbarse a partir de 1927 producto de los hallazgos en el sitio Folsom de Estados Unidos, que confirmaban la presencia del hombre en América durante el Pleistoceno.

El estudio del hombre fósil.

Mientras gran parte de la comunidad arqueológica argentina consideraba que los aborígenes poseían una escasa profundidad temporal, y se dedicaban al estudio minucioso de las fuentes etnohistóricas para poder interpretar el registro arqueológico prehispánico, algunos seguidores de las ideas de Ameghino continuaron recolectando evidencias que probaran la presencia humana en las sierras durante épocas anteriores al postglacial, aunque sin la antigüedad extrema que éste había postulado.

Los principales investigadores que se dedicaron a probar la existencia del "hombre fósil", como se denominó a estos hombres que vivieron durante el Pleistoceno, fueron Joaquín Frenguelli (1919) y Alfredo Castellanos (1922, 1926, 1933). La mayor parte de las evidencias consistieron en supuestas asociaciones entre restos humanos y artefactos con huesos de fauna extinguida, o bien, contenidos en sedimentos de una edad que se suponía era pleistocénica.

La mayoría de estos hallazgos fueron objetados y considerados dudosos por gran parte de la comunidad científica. Sin embargo, a finales de la década del '30, el Ing. Aníbal Montes realizó un descubrimiento en una gruta de las sierras chicas cordobesas que se convertiría en la principal evidencia de la coexistencia del hombre con la megafauna.

En 1939, Montes excavó la Gruta de Candonga, que había descubierto en 1917, y definió cuatro unidades sedimentarias diferentes. Las más superficiales contenían restos de artefactos líticos, óseos y cerámicos, pertenecientes a las comunidades agroalfareras tardías, en tanto que la unidad más profunda contenía evidencias de un fogón, huesos quemados de animales y un fragmento de cráneo humano con deformación artificial.

Los materiales obtenidos en la Gruta de Candonga fueron analizados por Castellanos (1943), quien identificó restos muy fragmentados y algunos quemados pertenecientes a varias especies de megafauna incluyendo *Glossotherium*, *Neuryurus* sp., *Chlamytherium typum*, *Propraopus grandis*

e *Hippidium bonaerensis*, entre otros restos de fauna actual como *Lama guanicoe* y *Ozotoceros bezoarticus*.

En el mismo lugar, también se recuperaron algunos instrumentos óseos como punzones y una punta de flecha. Aunque la autenticidad de estos instrumentos ha sido cuestionada, la asociación entre restos humanos y fauna pleistocénica debe ser considerada válida. Si bien, esto no significa que el contexto date del Pleistoceno, debido a que se ha comprobado la supervivencia de especies de megafauna durante los primeros milenios del Holoceno.

La profundidad temporal de la presencia del hombre en las Sierras Centrales.

El estudio de los cazadores-recolectores o "grupos precerámicos", como se los denominaba originalmente, cobró un nuevo y renovado impulso entre los años 1939 y 1960. El objetivo se centraba en determinar la antigüedad de la presencia humana en las Sierras Centrales y establecer una cronología relativa para las culturas precerámicas que las habitaron.

Los principales protagonistas de estas investigaciones fueron Aníbal Montes y Alberto R. González, quienes a mediados de los '30 comenzaron los estudios en la zona serrana cordobesa. En 1939 descubrieron un sitio en una pequeña barranca de la localidad de Ayampitín (Pampa de Olaen, Córdoba), ubicado en un ambiente de pastizales a 1100 m s.n.m.. En este yacimiento recuperaron abundante material lítico, compuesto por raspadores, instrumentos de molienda, desechos de talla y puntas de proyectil apedunculadas y de forma lanceolada, que diferían notablemente de las que comúnmente se hallaban en diversos sitios agroalfareros cordobeses.

Otro aspecto que se destacaba en este sitio era la ausencia de restos de cerámica. Esta característica, sumada a las puntas de proyectil lanceoladas y la posición estratigráfica de los elementos recuperados, permitió a los investigadores hipotetizar que se trataba de los restos de un campamento de grupos muy anteriores a los aborígenes históricos, y le asignaron una antigüedad superior a los 5000 años (González 1952).

Con posterioridad, Montes realiza excavaciones en un gran alero ubicado en el sector Norte de las Sierras Chicas a 1150 m s.n.m. (Montes 1943). Este sitio, conocido como el Abrigo de Ongamira, fue objeto de varias intervenciones a lo largo de unos 10 años. Además de los trabajos iniciales de Montes, los estudios más sistemáticos fueron los realizados por González y Osvaldo Menghin en 1949 (Menghín y González 1954). Se recuperaron contextos arqueológicos correspondientes, por lo menos, a dos momentos distintos. El más reciente contenía artefactos líticos como puntas de proyectil triangulares, molinos planos, retocadores y puñales óseos así como algunos restos de cerámica, junto con numerosos vestigios arqueofaunísticos.

En las capas inferiores de este abrigo se recuperaron artefactos óseos como tubos, colgantes, puntas embotantes y escasos artefactos líticos, entre los cuales se obtuvo un gancho de propulsor fracturado y desechos de talla en cuarzo y cuarcita. Asimismo, estaban presentes varios instrumentos de molienda y restos de fauna, principalmente camélidos y cérvidos. Al igual que en el caso de Ayampitin, este componente carecía de restos de cerámica (González 1952; Menghín y González 1954).

Estas investigaciones permitieron demostrar que los indígenas históricos habían sido precedidos por otros grupos de cazadores y recolectores que no poseían cerámica. Sin embargo, no estaba explícita la relación entre estos yacimientos ni la profundidad temporal de este período u horizonte precerámico.

En 1951, en la provincia de San Luis el Dr. González realizó excavaciones estratigráficas en la Gruta de Intihuasi, emplazada a unos 80 km al Norte de la capital provincial y a unos 1700 m s.n.m. (González 1960). Estas intervenciones generaron un importante cuerpo de evidencias arqueológicas que abarcaban un extenso lapso.

González distinguió tres grandes componentes arqueológicos, superpuestos estratigráficamente. El más profundo se destacaba por la presencia de los mismos tipos de puntas lanceoladas que habían sido identificadas en la Pampa de Olaen más de 10 años atrás, junto con una gran variedad de artefactos líticos, como placas grabadas, molinos planos, raspadores y raederas. También se obtuvieron útiles de hueso y restos de fauna que incluían camélidos y cérvidos[1].

El siguiente componente, más reciente, se destacaba por la presencia de un nuevo tipo de punta de proyectil. Se trataba de puntas de limbo triangular de tamaño mediano a grande (entre 30 y 50 mm de largo) con base recta o escotada. Junto con ellas se obtuvieron puntas lanceoladas apedunculadas pero de un tamaño menor a las del componente más antiguo. Otros artefactos importantes fueron cuatro ganchos de propulsor –tres líticos y uno óseo– de similar tipología que el recuperado en los niveles inferiores de Ongamira. Estos elementos, fueron empleados para ubicar cronológicamente el componente inferior de Ongamira en un período contemporáneo al del nivel de Intihuasi que poseía puntas triangulares.

Por último, en los niveles superiores dominaban casi exclusivamente puntas triangulares de pequeño tamaño (menores a 25 mm de largo). También se recuperaron algunos tiestos cerámicos, por lo que se atribuyó este componente a los indígenas históricos, con una antigüedad que iría entre el 500 y el 1500 d.C. (González 1960:171).

Los resultados del primer fechado radiocarbónico para nuestro país, realizado sobre restos óseos de artiodáctilos provenientes de los niveles inferiores de la Gruta de Intihuasi y asociados a las puntas ayampitin, se recibieron

en 1956. Esta datación, que fue de 7970 ± 100 años AP (Y-228), junto con una segunda fecha correspondiente a los mismos niveles que arrojó una antigüedad de 8068 ± 95 años AP (P-345) confirmaba la gran profundidad temporal de la ocupación humana en la región, remontándola hasta los inicios del Holoceno (González 1960).

Finalmente, una datación absoluta para el componente inferior del Abrigo de Ongamira dio una antigüedad de 6550 ± 150 años AP (GRN-5414), lo que ratificaba las observaciones estratigráficas que consideraban a este componente como posterior al que contenía las puntas lanceoladas en Intihuasi (González y Lagiglia 1973).

Los hallazgos en estos dos sitios, así como las dataciones obtenidas, permitieron obtener una visión diacrónica de los momentos anteriores a la llegada de los europeos y consolidaron definitivamente el hecho de que en nuestro territorio se había desarrollado una etapa precerámica muy anterior a la de los indígenas históricos o agroalfareros. Una idea expresada por Ameghino en el siglo anterior y que luego había sido descartada por la mayoría de los investigadores.

A partir de la publicación del trabajo de González (1960), quedó establecido un esquema cronológico-cultural para las Sierras Centrales que incluía dos períodos precerámicos correspondientes a las llamadas culturas Ayampitin, con una cronología correspondiente al Holoceno temprano, y Ongamira, a partir de mediados del Holoceno, seguidas por los precursores de los indígenas históricos, portadores de cerámica y con una cronología posterior al 500 d.C.

Este fue el esquema básico que siguieron todas las obras de síntesis a partir de la década del ´60 al referirse a la arqueología de las Sierras Centrales. En cuanto al período que supuestamente correspondía al Pleistoceno, que se basaba exclusivamente en los descubrimientos de Ameghino (1885), Castellanos (1943) y Montes (1960), en general se consideró que poseía evidencias débiles pero válidas (v.g. Serrano 1968; Schobinger 1989), otros cuestionaron los hallazgos y/o métodos de excavación (v.g. Bate 1983; Berberián 1999; Berberián y Roldán 2001; Bonnín y Laguens 2000), y en algunas obras ni siquiera se menciona dicha etapa (v.g. Ottonello y Lorandi 1987).

Durante las décadas del ´60, ´70 y gran parte de la del ´80, las investigaciones arqueológicas en la región estuvieron dedicadas mayormente al estudio de las comunidades agroalfareras (v.g. Marcellino et al. 1967; González y Crivelli 1978; Argüello 1983; Argüello y Berberián 1985; Berberián 1984). El interés en los cazadores-recolectores fue mínimo, con algunos estudios de sitio no integrados a nivel regional y ubicando cronológicamente los contextos recuperados en base a la tipología de las puntas de proyectil, tomando como referencia el esquema definido por González (Zurita et al. 1975; González y Crivelli 1978; Orquera 1975).

Zurita et al. (1974), estudiaron un sitio al aire libre localizado en la región de Taninga (Dpto. Pocho), en un ambiente de bosque serrano, donde se excavaron 5m² hasta una profundidad máxima de 1m. En los niveles superiores se detectaron restos cerámicos, óseos y desechos líticos correspondientes a grupos agroalfareros. A partir de la capa III (0.40-0.60m), se obtuvieron materiales óseos y líticos, así como cinco fragmentos basales de puntas de proyectil de limbo triangular, confeccionadas en ópalo y cuarzo hialino, y un buril manufacturado en ópalo. En este nivel no se recuperó cerámica y los autores interpretaron que se trataría de un asentamiento de cazadores-recolectores, que en momentos tardíos fue reocupado por grupos productores de alimentos. No se realizaron dataciones absolutas de este contexto, ni se hizo estimación alguna acerca de la antigüedad del sitio precerámico, aunque por las características de los materiales recuperados podría ubicarse en el Holoceno Medio-Tardío, como se tratará más adelante (Capítulo 10).

Los trabajos realizados en el alero "Abrigo de los Chelcos", localizado en el Departamento San Alberto (31°41'32» S y 64°58'41» O) a 1045 m s.n.m., permitieron identificar dos componentes superpuestos estratigráficamente. El componente superior contenía evidencias de ocupaciones correspondientes a grupos agroalfareros, mientras que el restante se componía de artefactos líticos y desechos arqueofaunísticos, sin presencia de cerámica (González y Crivelli 1978).

Los materiales recuperados en este último componente (CI) incluían cuatro puntas de proyectil apedunculadas de limbo triangular de cuarzo, raederas, raspadores, muescas, rabots, nucleiformes, lascas con filos utilizados, manos de moler, sierras de esquisto, una cuenta de esquisto, un punzón y un retocador, ambos de hueso. Los restos faunísticos obtenidos se componían de *Lama* sp., moluscos, *Tupinambis* sp., *Chaetopractus* sp., Caviinae, *Ctenomys* sp., y numerosas cáscaras de huevo.

También se recuperaron tres enterratorios que los autores adjudican a este componente, aunque no puede descartarse su pertenencia al componente agroalfarero. Las ocupaciones del abrigo durante los momentos correspondientes al CI son interpretadas como de corta duración y reocupación periódica, mientras que se estima una cronología similar a la de los componentes II y III de Intihuasi, en base a la tipología de las puntas de proyectil, ubicando el CI entre el 3000 y el 1000 a.C.

En las cercanías del río Quillinzo, al sur del embalse de Río Tercero, Orquera (1975) localizó los sitios a cielo abierto Paso de las Trancas y Saucería. El primero de ellos contenía bifaces y puntas de proyectil lanceoladas similares, aunque de terminación más tosca, a las obtenidas en Intihuasi. En el segundo, los materiales arqueológicos se componían de puntas lanceoladas, raederas, instrumentos de molienda y un par de enterratorios que posiblemente correspondan a este contexto. El autor asigna a estos

yacimientos una antigüedad comparable a la de los niveles más profundos de Intihuasi, en base exclusivamente a la afinidad estilística de las puntas lanceoladas.

Aún cuando se dispone de escasa información sobre estos sitios, es posible considerar que en el caso de Paso de las Trancas, se trata de una cantera taller en la que se confeccionaron bifaces y puntas lanceoladas de cuarzo, en tanto el sitio Saucería contiene un registro que es coherente con ocupaciones de tipo residencial, como los campamentos base.

Durante el lapso que incluyó las investigaciones citadas, únicamente se obtuvo un nuevo fechado radiocarbónico para el período cazador-recolector. Este se logró gracias a las intervenciones de Marcellino en el sitio Chuña (Dpto. Ischilín), ubicado en el Norte de Córdoba, en 1971. El sitio presentaba evidencias claramente acerámicas, con instrumentos líticos similares a los contextos inferiores de Ongamira y con un enterratorio que contenía los cuerpos de dos individuos con un ajuar consistente en puntas ayampitin y afiladores de arenisca.

La muestra datada, que proviene de un fogón cercano al enterratorio pero superpuesto estratigráficamente al mismo, dio una fecha de 2950 ± 180 años AP (Marcellino 1992). Lamentablemente, a partir de la información publicada el contexto no queda claro, como tampoco las asociaciones estratigráficas, lo que hace que su valor para la comprensión del proceso histórico en la región sea relativo.

Los estudios actuales sobre cazadores-recolectores en las Sierras de Córdoba.

A mediados de la década del '80, se iniciaron investigaciones regionales en el Valle de Copacabana en el Departamento de Ischilín (pcia. de Córdoba) con el objetivo de abordar, con un enfoque ecológico, las estrategias adaptativas humanas desde momentos precerámicos hasta la desarticulación indígena posterior a la conquista europea (Laguens y Bonnin 1987).

Estos estudios se centraron casi exclusivamente en el período agroalfarero y de contacto hispano-indígena. Sin embargo, en uno de los sitios investigados, conocido como Cementerio de Copacabana, se identificó un componente acerámico que fue datado en 4970 ± 120 años AP y 5240 ± 140 años AP (Laguens 1995). Sin embargo, no existe ninguna descripción de este contexto que permita evaluarlo para poder definir con mayor precisión las estrategias adaptativas de este período en la región.
En el sur de las Sierras de Córdoba las investigaciones de Austral y Rocchietti, a comienzos de la década del '90, lograron identificar en la sierra de Comechingones, un contexto de cazadores-recolectores que conocían o tenían acceso a la tecnología cerámica y que denominaron "Ceramolítico Piedra del Águila". Ubicaron cronológicamente este período a comienzos de la era

14

cristiana, por medio de dos fechados radiocarbónicos que dieron unas dataciones de 1980 ± 100 años AP y 1700 ± 100 años AP (Austral y Rocchietti 1995).

El "ceramolítico" ha sido definido como una orientación cazadora-recolectora en ambientes de cotas medias y bajas con uso de aleros o refugios rocosos, ubicado a comienzos de la era cristiana, con una fracción cerámica reducida. Este modo de vida habría sido característico del sector sur de las Sierras de Córdoba durante finales del Holoceno y posiblemente tuvo conexiones con el "Tardío" bonaerense (Austral y Rocchietti 1995).

En la sierras de Comechingones, Nores y D´Andrea (1997), hallaron una serie de sitios correspondientes cazadores-recolectores que contenían enterratorios. Dos de ellos fueron datados radiocarbónicamente y ubicados temporalmente en 4450 ± 80 años AP (LP-526) y en 4530 ± 80 años AP (LP-663). El contexto de estos fechados no está muy detallado y no se han publicado análisis del material recuperado, además, en los yacimientos parecen encontrarse mezcladas tanto puntas de proyectil lanceoladas como triangulares y no es evidente cual es la relación de estos instrumentos con los restos humanos datados.

Definición del tema.

A partir de 1999, el equipo de investigación del Laboratorio y Cátedra de Prehistoria y Arqueología de nuestra Universidad, dentro del proyecto "Proceso histórico y uso del espacio en los sectores de sierra y piedemonte-llanura de la Provincia de Córdoba" (PIP 02443), comenzó a desarrollar trabajos en el sector de la Pampa de Achala, localizada en el cordón central de las sierras o Sierra Grande.

Esta investigación es una continuación de aquellos estudios (Roldán et al. 2005), y nuestro propósito es conocer la evolución de las organizaciones cazadoras-recolectoras que ocuparon la Pampa de Achala, y en un marco mayor la región serrana de la provincia de Córdoba. Específicamente, se propone determinar cuáles fueron las distintas estrategias de subsistencia, tecnológicas y de movilidad adoptadas por estas comunidades durante el lapso en que este modo de vida fue el dominante en la región.

Los estudios realizados desde fines del siglo XIX pusieron en evidencia el temprano poblamiento de este territorio en los comienzos del Holoceno y la existencia de una gran variabilidad en el registro arqueológico cazador-recolector. Para abordar el análisis de esta variabilidad adoptamos una perspectiva evolutiva (Boone y Smith 1998), centrándonos en la relación entre las poblaciones humanas y el medio, y en las diferentes estrategias adaptativas implementadas por éstas.

Concretamos un análisis de escala regional con el objetivo de investigar la evolución de las poblaciones de cazadores-recolectores serranas, buscando responder a varios interrogantes, entre los que pueden destacarse los siguientes:

· ¿Cuándo y bajo qué condiciones paleoambientales se produjo el poblamiento del sector serrano de la Provincia de Córdoba?
· ¿En qué grado variaron las estrategias adaptativas adoptadas por estas comunidades?
· ¿Qué importancia tuvieron los distintos ambientes serranos en las adaptaciones depredadoras?
· ¿Existió algún tipo de conexión entre las sociedades que ocuparon las sierras de Córdoba y otras de las áreas vecinas?

Asimismo, buscamos mejorar el esquema cronológico y definir con mayor precisión los diferentes momentos de la evolución de los cazadores-recolectores que habitaron la región.

Para la realización de esta investigación, seleccionamos un sector de las Sierras de Córdoba que fuera representativo de la diversidad ambiental serrana. En un primer momento, nos propusimos acotar los estudios a un área que abarcaba la parte septentrional de la Pampa de Achala y el sur del Valle de Punilla, incluyendo tanto ambientes de valle como de pampas de altura.

En el año 2003 se firmó un convenio de cooperación entre la Cátedra de Prehistoria y Arqueología de la Universidad Nacional de Córdoba y la Administración de Parques Nacionales Delegación Regional Centro. Dicho convenio incluía la realización de un estudio de la potencialidad arqueológica del Parque Nacional Quebrada del Condorito y Reserva Provincial Pampa de Achala, por lo que decidimos extender el área de investigaciones e incluir en nuestro estudio los terrenos que se encuentran dentro de la jurisdicción del Parque y la Reserva.

El área seleccionada cubrió unos 1900 km² (Figura 2.1), abarcando gran parte del sector central de las Sierras de Córdoba, incluyendo diversos ambientes, aunque la mayor parte correspondió a los sectores de pastizales de altura localizados por encima de los 1500 m s.n.m.

La investigación tuvo los siguientes objetivos generales y específicos e hipótesis:

Objetivos generales:
· Identificar las variaciones en las estrategias adaptativas de las sociedades cazadoras-recolectoras que ocuparon las Sierras de Córdoba.
· Determinar los distintos patrones de uso del espacio y su relación con la estructura de recursos.

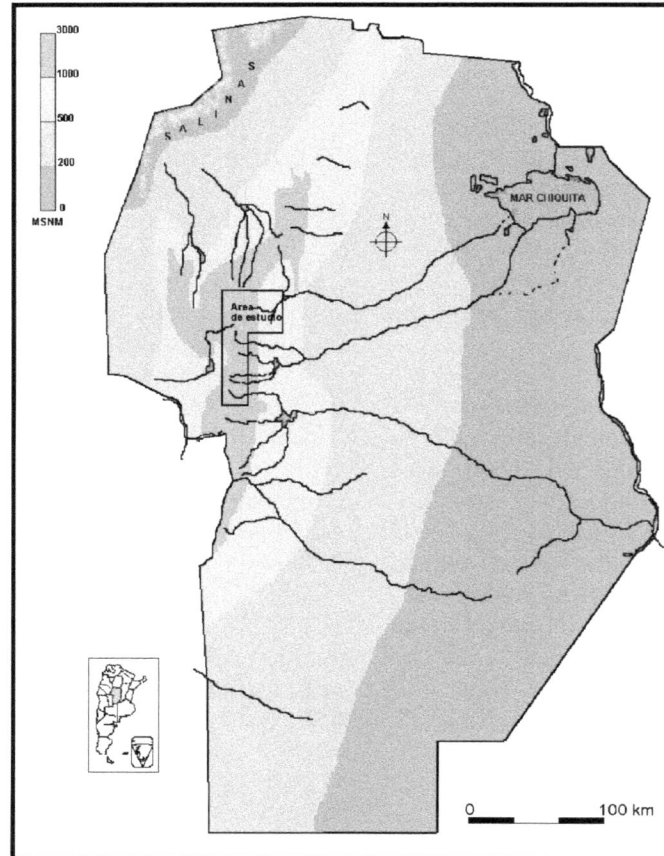

Figura 2.1 - Área de estudio seleccionada.

Objetivos específicos:

· Determinar las diferentes estrategias tecnológicas adoptadas por los cazadores-recolectores a lo largo del período considerado.
· Identificar las variaciones en el consumo de los recursos faunísticos y vegetales.
· Evaluar la incidencia de variaciones demográficas y de la disponibilidad de recursos sobre los cambios en las estrategias de subsistencia y de movilidad.
· Verificar la presencia de comunidades cazadoras-recolectoras en la región durante la transición Pleistoceno-Holoceno y comprobar si explotaron especies pertenecientes a la megafauna pleistocénica.

Hipótesis:

1.   Las comunidades cazadoras-recolectoras que ocuparon las sierras de Córdoba que las poblaciones cazadoras-recolectoras de las Sierras de Córdoba desarrollaron diversas estrategias adaptativas como consecuencia de las variaciones en la relación entre la demografía regional y la disponibilidad de los recursos serranos, que

llevaron a una progresiva intensificación en el uso de los recursos hasta culminar con la adopción de prácticas productoras.

2. El espacio regional, debido a la diversidad de ambientes que lo componen, fue utilizado de manera diferencial a lo largo del tiempo, lo que se reflejaría arqueológicamente en una distribución altamente variable en cuanto a la densidad de artefactos y sitios arqueológicos.

CAPÍTULO 3
MARCO TEÓRICO Y CONCEPTUAL

El propósito de este Capítulo es explicitar el marco teórico y definir los conceptos y categorías empleados a lo largo de la investigación. La perspectiva teórica que adoptamos es la propuesta por la *ecología del comportamiento humano* o *ecología evolutiva* (Winterhalder y Smith 1981; Bettinger 1991; Smith y Winterhalder 1992a; Boone y Smith 1998; entre otros). Esta línea de pensamiento ha sido adoptada en las últimas décadas, junto con otras corrientes también evolutivas, por una gran cantidad de arqueólogos, principalmente extranjeros, interesados en explicar la variabilidad del registro arqueológico. Aunque localmente, también ha tenido una importante aplicación en varias investigaciones (Borrero 1989-1990, 1993; Lanata 1995; Barrientos 2002; Laguens 1995; Martínez 2002; Scheinsohn 2002; López 2002; Muscio 1999, 2004; entre otros).

La ecología del comportamiento humano (ECH) deriva de la ecología evolutiva, que trata las relaciones entre los diseños adaptativos (i.e. todos los organismos) y sus ambientes ecológicos a través de la aplicación de la teoría de la selección natural, y estudia los comportamientos y su relación con el fitness1 en ambientes sociales y ambientales particulares (Winterhalder y Smith 1981; Smith 1983; Bettinger 1991; Smith y Winterhalder 1992a; Kelly 1995; Boone y Smith 1998; Bird y O´Connell 2006).

Un aspecto muy importante en los postulados de la ECH es la noción que el comportamiento, al ser un fenotipo2 de una gran plasticidad, le permite a los individuos una mayor flexibilidad para responder a los desafíos ambientales en maneras que pueden mejorar sus capacidades de reproducción y supervivencia (i.e. fitness), sin necesidad de la operación directa de algún mecanismo evolutivo como la selección natural. Por ello, la variabilidad conductual (que incluye comportamientos y sus productos: los artefactos) que se observa en una población (o registro arqueológico, en el caso de los artefactos) no es el producto de un proceso evolutivo estricto, en el sentido biológico, aunque se asume que la plasticidad del comportamiento es una capacidad evolucionada y, por lo tanto, un producto de la selección natural (Boone y Smith 1998).

Por *adaptación* se entiende al proceso de resolución de problemas planteados por el ambiente, mientras que las *estrategias adaptativas* se refieren al conjunto de respuestas conductuales alternativas ante los distintos desafíos ambientales, siempre dentro de la norma de reacción de los organismos. Estas respuestas se basan en un conjunto de "reglas de decisión" derivadas de la experiencia adaptativa previa de los individuos, en la forma de tendencias genéticamente basadas o experiencia adaptativa adquirida a través del aprendizaje social e individual. Es por ello que estas respuestas no son, en sí mismas, el resultado directo de la selección actuando sobre la variación u otro proceso evolutivo (Boone y Smith 1998).

El diseño adaptativo de *Homo sapiens*, que es un producto de la selección natural, posee la capacidad cognitiva que le permite tener objetivos, preferencias e intenciones. Por ello, los humanos pueden tomar decisiones que permiten adaptar su comportamiento –en tanto fenotipo- a diferentes ambientes a través del aprendizaje y el cálculo racional, sin necesidad de selección genética.

Un postulado central en este programa de investigación, es asumir que la selección ha moldeado al comportamiento de los individuos, a través de su historia evolutiva, de forma tal que intentarán tomar decisiones que tiendan a incrementar su fitness. Por ello, no es necesario conocer los mecanismos relacionados con la toma de tales decisiones –que pueden ser facultativas, conscientes o inconscientes, culturalmente transmitidas, explícitamente pensadas, aprendidas mediante aprendizaje individual o la observación. Esta estrategia de investigación se conoce como "gambito fenotípico" (Smith y Winterhalder 1992b; Bird y O´Connell 2006).

Para evaluar la variabilidad en las estrategias de toma de decisión, y explicar la diversidad conductual, la ECH confía en la estructura básica de la metodología hipotético deductiva y el individualismo metodológico. En esta teoría, los individuos son siempre sede de importante actividad selectiva y reproductiva, aunque no posee implicancias respecto a la escala a la que actúan los procesos evolutivos: pueden manifestarse tanto a nivel de grupos como de individuos (Bettinger 1991; Smith y Winterhalder 1992b; Kelly 1995; Bird y O´Connell 2006).

Para avanzar en la explicación de la conducta confía en el empleo de modelos formales, los cuales estipulan cómo un comportamiento puede variar bajo diferentes circunstancias, donde los individuos toman decisiones que afectan su supervivencia y reproducción. Los más populares han sido los modelos simples de optimización (Winterhalder y Smith 1981; Smith 1983; Smith y Winterhalder 1992a).

Se trata de modelos estáticos, en el sentido de que predicen resultados óptimos entre un conjunto de alternativas bajo condiciones internas y externas específicas (Stephens y Krebs 1986).

El rol epistemológico es proveer un medio sistemático para generar hipótesis acerca de la estructura y funcionamiento de los seres vivos. Así, para la ecología evolutiva los modelos de optimización sirven como un puente entre los principios abstractos de la teoría de la selección natural y los hechos empíricamente diversos de cualquier caso de la vida real (Smith y Winterhalder 1992a).

Debido a que las consecuencias de las distintas estrategias sobre el fitness son difíciles de evaluar en la práctica, los ecólogos evolutivos emplean medidas aproximadas, como la captura de energía por unidad de tiempo (i.e. tasa de retorno), o tasas de fertilidad, entre otras. El supuesto central es que estas medidas aproximadas están altamente correlacionadas con el fitness, y son más sencillas de calcular y emplear en los modelos de optimización (Smith y Winterhalder 1992a).

Con respecto a estos modelos, no obstante, existen reticencias para su empleo en el estudio del comportamiento humano por cuanto se sostiene que el mundo es más complejo y con más variables que las que ellos pueden controlar. En este sentido, adherimos a lo planteado por Binford (1994), quien señaló que los modelos de optimización sólo son herramientas, un marco de referencia sobre el cual elaborar las hipótesis. Se trata de instrumentos intelectuales, donde lo importante no es si sus postulados son ciertos o no, sino que sean útiles para los objetivos de una determinada investigación.

Los principales supuestos y objetivos de los modelos que empleamos en esta investigación -los de amplitud de la dieta, selección de parcelas y el teorema del valor marginal- son los siguientes:

El de amplitud de la dieta, es el más conocido y empleado de los modelos de optimización (para un tratamiento detallado ver Smith 1983; Stephens y Krebs 1986; Bettinger 1991). Se trata de un modelo de contingencia donde se asume que el objetivo del forrajeo es maximizar la captura de energía o tasa de retorno (energía obtenida por unidad de tiempo de búsqueda y procesamiento). Se considera la selectividad de un hipotético forrajeador que busca presas en un parche de recursos homogéneo, con información completa sobre la disponibilidad de presas, y decide si captura un determinado tipo de presa cuando lo encuentra, o lo deja pasar y continúa buscando otro más provechoso.

La decisión de capturar y procesar un ítem particular cuando se lo encuentra depende de la disponibilidad de la presa de mayor tasa de retorno que el forrajeador espera encontrar. Cuando la probabilidad de encuentro con las presas de mayor provecho desciende (v.g. debido a su agotamiento) el forrajeador ampliará su dieta para incluir otras presas de menor utilidad, en orden descendente según su tasa de retorno. Es importante señalar que la abundancia de un recurso no influye sobre su inclusión o no en la dieta; esa decisión depende exclusivamente de la abundancia de las presas de rango más alto, respecto de su rendimiento energético.

Establecer un ranking o jerarquía de tipos de recursos es esencial para poder aplicar este modelo. Esta jerarquización puede realizarse empíricamente fijando las tasa de retorno a través del cálculo de los costos de búsqueda y procesamiento que posee cada tipo de presa, medidos en calorías consumidas para capturar y procesar cada ítem, y los beneficios obtenidos al consumirlos, medidos también en calorías.

Este ranking es muy difícil de establecer empíricamente para casos arqueológicos, debido a que es imposible calcular los tiempos de búsqueda que pudo tener cada tipo de presa potencialmente consumida, ya que dichos tiempos dependen, entre otras variables, de la densidad de los animales, la tecnología empleada o el tipo de ambiente.

Como una alternativa, Broughton propone emplear el tamaño corporal de los diferentes tipos de recursos, donde los más grandes tendrían una mayor utilidad que los más pequeños. Esta es una solución apropiada para casos arqueológicos y posee además un fuerte apoyo empírico a través de varios cálculos de tasas de retorno establecidas experimentalmente y etnográficamente. Estos trabajos detectaron la existencia de relaciones significativamente positivas entre el tamaño corporal de las diferentes especies y su tasa de retorno (ver casos en Broughton 1994).

Para nuestra investigación empleamos éstos criterios y establecimos un ranking de recursos faunísticos considerando el peso –una medida correlacionada con el tamaño corporal- de los principales tipos de presas que, potencialmente, han sido consumidas por las poblaciones de cazadores-recolectores de las Sierras de Córdoba (Tabla 3.1). Las características de las principales especies se presentan en el Capítulo 4.

El segundo modelo que incorporamos es el de selección de parcelas. Establece que los recursos no son infinitamente abundantes ni están homogéneamente distribuidos en el espacio, sino que se encuentran localizados en lugares específicos llamados parcelas o parches (v.g. pastizales de altura, bosque serrano). Este modelo considera las decisiones que debe realizar un forrajeador que enfrenta una determinada cantidad de parcelas que difieren en cuanto a la energía que contienen (i.e. tipos de recursos) y al tiempo necesario para extraerla (Bettinger 1991; Kaplan y Hill 1992).

En forma similar al modelo de amplitud de la dieta, las parcelas son jerarquizadas, de mayor a menor, según su tasa neta de ingreso de energía por unidad de tiempo de forrajeamiento, es decir la suma de todos los tiempos de búsqueda y procesamiento pasados en cada una de aquellas. Entonces, se añaden tipos de parches al itinerario de obtención de recursos en orden decreciente de tasas de rendimiento energético según el tiempo de forrajeamiento, excluyendo las parcelas en el que esta tasa sea menor que la tasa general de rendimiento para el viaje entre todos los tipos de parches de mayor rango y el forrajeamiento en ellos.

Especie	Peso (kg)	Ranking
Lama guanicoe	140	1
Hippocamelus sp.	70	2
Ozotoceros bezoarticus	40	3
Rhea americana	30	4
Mazama guazoupira	25	5
Pecari tajacu	20	6
Lagostomus maximus	8	7
Chaetophractus vellerosus	3.6	8
Ctenomys	0.800	9
Caviinae	0.500	10
Cricetidae	0.200	11

Tabla 3.1. Ranking de los principales recursos faunísticos serranos.

Según este modelo, una disminución en la abundancia general de alimentos puede provocar que una parcela inicialmente excluida sea explotada, aumentando el rango de estos parches. Es decir que el forrajeador será menos proclive a dejar de lado parcelas poco productivas durante el viaje hacia otras más productivas. En consecuencia, en lugares acotados como la región serrana, la menor disponibilidad de recursos genera una utilización más intensiva de varias clases de parches, aunque sean de poco rendimiento.

En el caso que aquí tratamos, las parcelas de mayor rango serán aquellas que contengan recursos de alta tasa de retorno como los artiodáctilos (camélidos y cérvidos) y siempre serán explotadas. En tanto que aquellas que contengan pequeños vertebrados o recursos vegetales, como las que se localizan en los sectores de bosque serrano, serán de menor rango y sólo se espera que sean explotadas intensivamente si se produce una caída en la densidad de los recursos de las parcelas de mayor rendimiento.

De este último modelo se deriva el llamado teorema del valor marginal, que trata acerca de cuánto tiempo debería un forrajeador permanecer explotando una determinada parcela. Debido a que la tasa de retorno de un parche de recursos decrece en forma directamente proporcional con el tiempo de residencia en él, este modelo predice cuándo un forrajeador debería dejar de explotarlo y dirigirse a otro. El teorema del valor marginal indica que un forrajeador dejará una determinada parcela cuando su tasa de retorno sea igual a la tasa de retorno general obtenible en el ambiente total (Charnov 1976 citado en Bettinger 1991; Winterhalder 1981; Stephens y Krebs 1986).

La teoría evolutiva y las ciencias sociales.

El uso de la teoría evolutiva en arqueología y en las ciencias sociales en general ha sido muy criticado, especialmente debido a la relación entre genes y comportamiento, una posición muy fuerte entre los sociobiólogos quienes sostienen que gran parte del comportamiento humano estaría basado genéticamente (Lumsden y Wilson 1981, citado por Bettinger 1991).

Si bien, como se ha señalado anteriormente, la teoría ecológica evolutiva no exige ni presume una base genética del comportamiento, el supuesto empleado en la ECH, en el sentido de que la selección natural ha moldeado al comportamiento (en tanto fenotipo) para responder ante las variaciones ambientales (naturales y sociales) en formas que tiendan a reforzar el fitness, y a la utilización de modelos de optimización que "predicen" el comportamiento humano, también han sido una fuente de cuestionamientos.

En este sentido, Winterhalder y Smith (1992a) han demostrado claramente que los modelos son deterministas en cuanto intentan analizar las diversas manifestaciones del comportamiento empleando una causalidad común, pero no predicen resultados uniformes. Los investigadores evolutivos no pretenden que la selección natural y la adaptación ecológica en sí mismas expliquen todas las acciones humanas, únicamente sostienen que son causas importantes de su variación.

El marco teórico no defiende ningún determinismo ambiental, debido a que ningún aspecto del ambiente por sí mismo determina el comportamiento, sino que existe una interacción entre ambiente, problemas, creencias, metas y capacidades de los individuos. Tampoco se postula una posición cercana al posibilismo ambiental, que sostiene que el ambiente establece ciertos límites dentro de los cuales el comportamiento no está influenciado en forma alguna por el medioambiente (Smith y Winterhalder 1992b).

Finalmente, otro punto que debe ser explicitado es la noción de opción racional, que se emplea frecuentemente en los modelos de la ECH. No significa asignar, por ejemplo, a un cazador-recolector del Holoceno temprano una racionalidad occidental y capitalista, simplemente apunta a que un actor racional es uno que persigue sus metas (cualquiera sea) de manera tan efectiva como sea posible.

La opción racional ha sido criticada por tomar como dado aquello que necesita ser explicado, como las preferencias y creencias de los individuos, las que influyen considerablemente en las recompensas de las diferentes opciones. Como una solución a este problema, los ecólogos evolutivos han empleado un concepto de intencionalidad entendida como elementos conscientes de toma de decisión que han sido formados por la acción conjunta de la evolución genética, donde los mecanismos que subyacen a los fenómenos intencionales son entendidos como adaptaciones que sirven para incrementar el fitness, y de la evolución cultural, que es un determinante de la acción humana independiente de la selección natural (Smith y Winterhalder 1992b).

La teoría evolutiva, debido a su relativa reciente incorporación al campo de la arqueología, aún dista de ser del todo satisfactoria para explicar la variabilidad del registro arqueológico. Sin embargo, a pesar de sus falencias, es un enfoque bastante apropiado para intentar entender y realizar inferencias explicativas acerca de un comportamiento pasado que no es directamente observable, sino a partir de la evidencia arqueológica

¿Qué define a los cazadores-recolectores?

El término cazadores-recolectores ha sido empleado en la antropología y arqueología para referirse, en general, a las comunidades que obtienen su sustento de la realización de actividades predadoras, sin ninguna clase de producción de alimentos. Asimismo, se lo ha utilizado para referirse a todas las sociedades humanas que habitaron el mundo durante el Pleistoceno y el Holoceno con anterioridad al surgimiento de la domesticación de plantas y animales.

Sin embargo, desde la segunda mitad del siglo XIX con la consolidación de la antropología como una ciencia social independiente, este término ha hecho referencia a distintas visiones, según la perspectiva interpretativa adoptada en cada época. Los principales modelos que fueron empleados para conceptuar y explicar a los cazadores-recolectores, pueden ser agrupados en dos principales: el evolucionista y el ecológico (Bettinger 1991).

El primero de ellos concebía a los cazadores-recolectores como primitivos, debido a la creencia de que la cultura se desarrolla escalonadamente a partir de formas simples hacia otras formas más avanzadas, siendo el escalón inferior el correspondiente a los cazadores-recolectores. Un ejemplo de este pensamiento es el evolucionismo social progresional, donde las sociedades "progresan" a través de una serie de estadios, tales como *banda, tribu, jefatura* y *estado*, o, *salvajismo, barbarie* y *civilización* (Morgan 1877; Service 1962).

En esta visión, la naturaleza era considerada un obstáculo para el desarrollo "cultural" del hombre, debido a que la búsqueda constante de alimento impedía contar con el tiempo necesario para el surgimiento de preocupaciones sociales, morales o religiosas. Únicamente, la aparición de avances técnicos como la agricultura o la domesticación, que reducían aquella dependencia de la naturaleza, habrían posibilitado el avance cultural (Bettinger 1991).

Esta conceptualización de los cazadores-recolectores cambió radicalmente a partir de la década del '60, con el advenimiento del modelo ecológico (v.g. Lee 1968). En este sentido, la *Conference on Band Societies* realizada en Canadá en 1965 y la *Man the Hunter Conference* organizada en Chicago en 1966, tuvieron un gran impacto en la visión antropológica de los cazadores-recolectores y lo que se consideró pertinente conocer acerca de ellos (Lee y De Vore 1968; Damas 1969, citado por Binford 2001).

El nuevo modelo consideraba estas sociedades como poblaciones que resuelven sus problemas adaptativos a través de medios novedosos y complejos (sociales, religiosos, técnicos y políticos). Fundamentales en esta perspectiva son los conceptos de adaptación y homeostasis, en el sentido de que las sociedades son consideradas como sistemas adaptativos que, en sintonía fina con el ambiente, reaccionan ante cambios en algunos de sus componentes compensándolos con cambios en otros componentes (Bettinger 1991).

Los cazadores-recolectores eran considerados como personas afortunadas que disponían de mucho tiempo libre, vivían en armonía con el ambiente y lo explotaban para obtener lo necesario para la subsistencia, volcándose hacia la agricultura únicamente cuando eran obligados debido a circunstancias extremas imposibles de controlar mediante los ajustes tradicionales (Bettinger 1991; Binford 2001). Lee y De Vore caracterizaron el sistema económico de los cazadores-recolectores como basado en varios rasgos centrales que incluyen un campamento base, una división del trabajo –los hombres cazan y las mujeres recolectan- y un patrón centrado en compartir los recursos de comida obtenidos (Lee y De Vore 1968).

Esta caracterización del modo de vida de las sociedades de pequeña escala fue aceptada como la condición humana original, o como una forma arquetípica de esta persistente y bien adaptada forma de vida (Lee 1968; Binford 2001). Los rasgos básicos de los cazadores-recolectores, entonces, serían los siguientes: 1- subsistencia basada en la caza y la recolección, 2- sociedades relativamente igualitarias, 3- alta movilidad residencial, y 4- propiedad comunal de la tierra (Lee 1999).

Los numerosos estudios etnográficos y etnoarqueológicos realizados a partir de la década del '70 (v.g. Lee 1979; Binford 1978a, 1988, 2001; Kelly 1995; Politis 1996), evidenciaron muy pronto que la variabilidad en los modos de vida de los cazadores-recolectores contemporáneos era mayor que la definida en las conferencias de mediados de los ´60, y que este modo de vida no era aplicable sino a un número limitado de casos.

Entre los principales aspectos que no podían mantenerse empíricamente acerca de las características de los cazadores-recolectores, pueden señalarse, la existencia de grupos que poseían una marcada diferenciación social (y en algunos casos la presencia de esclavos, como en los grupos de la costa Noroeste de EEUU), escasa o nula movilidad residencial, y subsistencia basada en recursos no obtenibles mediante la caza y la recolección, como la captura de peces y/o mariscos (v.g. Kelly 1995; Arnold 1996; Binford 2001).

Esta dificultad para conceptuar adecuadamente a los cazadores-recolectores, derivaba del empleo de una definición de tipo neoevolucionista en el sentido de que este modo de vida podía ser precisado por una serie de rasgos compartidos, en su gran mayoría, por todos los grupos. La gran variabilidad detectada, que dificultaba el empleo de esta definición, alentó el surgimiento de varios intentos por remediar esta situación. A partir de la década del ´80, se introdujo el concepto de *cazadores-recolectores complejos* (Price y Brown 1985) caracterizados por poseer movilidad residencial reducida o sedentarismo, prácticas de almacenaje, diferencias de riqueza, prestigio y/o status y territorialidad, entre otros rasgos.

De esta forma, se intentó explicar las anomalías que se escapaban de la conceptualización tradicional de los cazadores-recolectores, dividiéndolos en "simples" y "complejos" (Price y Brown 1985; Arnold 1996). Sin embargo, el uso de estas categorías propias del evolucionismo cultural (Service 1962), posee importantes dificultades operativas y obstaculiza la investigación al impedir aprehender la diversidad cultural (Barrientos 2004), mientras que al mismo tiempo, dentro de cada una de estas categorías, la variabilidad entre los modos de vida cazador-recolector es tan grande que no puede ser abarcada por este tipo de conceptos.

Es una problemática que aún no se ha solucionado, ya que es extremadamente difícil, sino imposible, poder definir con pocas palabras, las principales características de su organización, los innumerables modos de vida que han existido y existen en el planeta desde el surgimiento de la especie *Homo sapiens*, y cuyo único rasgo en común es la dependencia de los alimentos silvestres.

En esta investigación, nos limitamos a emplear el término *cazadores-recolectores* en el sentido dado por Politis y Gamble (1996), quienes sostienen que este modo de vida se define porque los patrones de movilidad y asentamiento están asociados a la explotación de recursos "forrajeados" y no con los productos domesticados.

Esto permite incluir tanto a los grupos móviles como sedentarios, a sociedades igualitarias o con marcadas diferencias sociales, y no implica necesariamente que los grupos obtengan su sustento de la caza y la recolección exclusivamente, incluyendo otras actividades extractivas como la pesca y el marisqueo, o inclusive el consumo ocasional de productos agrícolas, obtenidos mediante intercambio o por cultivos de pequeña escala. En este sentido, Politis y Gamble (1996) prefieren referirse a estos grupos con la denominación de *foragers*, aunque emplearemos el término de cazadores-recolectores (en el sentido señalado anteriormente) debido a cuestiones de uso tradicional y preferencia personal.

Modelo de poblamiento de Sudamérica.

En este trabajo, se empleó el modelo de poblamiento propuesto por Borrero (1989) como una referencia apropiada para organizar la información obtenida en el sector central de las Sierras de Córdoba, que incluye contextos correspondientes a distintos momentos de la ocupación cazadora-recolectora en la región. Si bien este modelo fue propuesto originalmente para explicar los principales aspectos del proceso de poblamiento de la Patagonia, su explícita referencia a las relaciones entre demografía y utilización de los recursos y espacios resultan muy útiles para interpretar procesos similares en las Sierras de Córdoba.

Se trata de un modelo biogeográfico que explica el poblamiento de amplios espacios deshabitados, como la Patagonia. Se especifica a partir de los conceptos de *exploración*, *colonización* y *ocupación efectiva* del espacio, basados en el supuesto de que los nuevos espacios se ocupan según una jerarquía relacionada con la productividad de los ambientes (Borrero 1989-1990).

La "exploración" se refiere al movimiento inicial hacia un espacio deshabitado implicando desplazamiento de individuos o grupos empleando rutas naturales de menor resistencia (Borrero 1994-1995:10). Se espera que las densidades poblacionales sean muy bajas y que los sitios correspondientes a esta etapa muestren una abundancia de artefactos de formatización sumaria, baja frecuencia de artefactos formatizados descartados, y presencia de desechos correspondientes a las etapas finales de manufactura o mantenimiento de artefactos transportados (Borrero y Franco 1997; Franco 2002).

La "colonización" hace referencia a la consolidación inicial de los grupos humanos en un determinado espacio, con una mayor demografía y rangos de acción especificados (Borrero 1989-1990:134). Existe una frecuente reocupación de sitios, generando una mayor visibilidad arqueológica y una buena resolución.

Finalmente, la "ocupación efectiva" se logra cuando todos los espacios en una escala regional han sido adueñados, especialmente los más productivos, desarrollándose mecanismos dependientes de la densidad tales como competencia territorial. Esta etapa posee alta visibilidad arqueológica debido al mayor número de sitios.

Estos conceptos serán empleados para organizar la información obtenida en el transcurso de la investigación. Se realizará de manera que permita elaborar una estructura adecuada para evaluar las hipótesis propuestas, y para generar otras nuevas tendientes a explicar la variabilidad del registro arqueológico regional, desde la Transición Pleistoceno-Holoceno hasta los comienzos de las prácticas productoras de alimentos.

[1]

Por *fitness* de un individuo se entiende a su tendencia a sobrevivir y reproducirse en un ambiente y población específicas (Mills y Beatty 1984, citado por Smith y Winterhalder 1992).

[2]

Los fenotipos, son todas las características o rasgos de un individuo como resultado de la interacción entre los genotipos y el ambiente (Mayr 1974), esencialmente son todos los rasgos de un organismo, excepto sus genes (Boone y Smith 1998).

CAPÍTULO 4
EL AMBIENTE SERRANO: GEOMORFOLOGÍA, VEGETACIÓN, FAUNA Y CLIMA ACTUAL. PALEOAMBIENTES

Las sierras de Córdoba, junto con las sierras de San Luis, forman parte del complejo más austral de las Sierras Pampeanas y se conocen como Sierras Centrales. Esta denominación, propuesta originalmente por Frenguelli (1946), fue adoptada por A. González para referirse a esta región en virtud de que consideraba que las modalidades típicas de esta zona en tiempos prehistóricos requerían una definición de índole etnogeográfica bien concreta e independiente del NOA (González 1952:111).

Están constituidas por una serie de cordones montañosos que se extienden más o menos paralelos y orientados con rumbo general Norte-Sur, a lo largo de más de 600 km entre los 29°30′ y 33°30' de latitud Sur y 63°40′ y 65°20′ de longitud Oeste. El más oriental y de menor altitud constituye la Sierra Chica, cuya altura máxima corresponde al cerro Uritorco –1949 m s.n.m. El cordón central, llamado Sierra Grande, es el más extenso y elevado de los tres, con su máxima altitud en el cerro Champaquí –2790 m s.n.m. Hacia el occidente de este cordón se desarrollan los cordones de Pocho, Guasapampa y Serrezuela, con alturas que superan los 1500 m s.n.m.. Finalmente en el extremo suroeste se localizan las elevaciones correspondientes a la sierra de San Luis, algunas de las cuales superan los 1700 metros.

Estos cordones se encuentran separados entre sí por una serie de valles longitudinales, recorridos por numerosos arroyos tributarios y ríos que tienen sus nacientes en las cumbres y laderas de las sierras. En la porción superior de éstas, se encuentran también amplios espacios relativamente llanos conocidos como "pampas de altura", siendo la más importante la Pampa de Achala, que se emplaza a 2.000 m s.n.m. y tiene una extensión de 65 km de largo por 8 km de ancho (Vázquez et al. 1979; Beltramone et al. 2003).

La flora del sector serrano está condicionada principalmente por la altura sobre el nivel del mar (Figura 4.1). En este sentido, las variaciones en altitud entre los 500 y casi 3.000 m s.n.m., influyen en las características de la vegetación, por ello, las diversas especies se agrupan en "pisos" ocupando zonas en forma permanente, o bien, de manera temporaria por arriba y por debajo de dicho piso, según las condiciones ambientales locales (Luti et. al. 1979).

En las áreas deprimidas está presente el llamado "bosque serrano" que se desarrolla entre los 500 y los 1000 m s.n.m. y que incluye varias especies arbóreas y arbustivas encuadradas dentro del Distrito Chaqueño Serrano (Foto 4.1), algunas de las cuales poseen frutos aptos para el consumo humano, como el algarrobo (*Prosopis sp.)* y el chañar (*Geoffrea decorticans*). Por el contrario, por encima de los 1000 m s.n.m., en sectores como la Pampa de Achala,

la vegetación conforma el ambiente de arbustos y pastizales de altura, donde predomina netamente una vegetación de tipo herbácea xerófila (Foto 4.2), con el dominio de numerosas especies andinas (v.g. *Deyeuxia hieronymi, Poa stuckertii, Muhlenbergia peruviana, Festuca circinata*), especialmente notable por encima de los 1850 m s.n.m. donde se desarrollan extensos bosques de *Polylepis australis* o tabaquillos (Luti et al. 1979; Cabido et al. 1998).

La fauna de las sierras se caracteriza por la gran variedad de especies. Se pueden diferenciar dos grandes grupos distribuidos en sus principales ambientes. El bosque serrano cuenta con fauna esencialmente chaqueña, destacándose la presencia de corzuelas (*Mazama guazoubira*), pecaríes (*Pecari tajacu*), comadrejas (*Didelphis azarae*), zorros (*Dusicyon* gimnocercus), y peludos (*Chaetophractus villorosus*), entre otros; mientras que los arbustales y pastizales de altura se caracterizan por la presencia de especies andino-patagónicas, constituidas por zorros (*Dusicyon sp.*), pumas (*Felis concolor*) y numerosas aves, entre las que se destaca el cóndor (*Vultur gryphus).* Algunos animales menores como perdices (*Notophrocta pentlandii*), vizcachas (*Lagostomus maximus*) y diversas especies de roedores -v.g. Caviinae, Cricetidae- son comunes a ambos ambientes (Bucher y Abalos 1979).

Varias especies autóctonas, que tuvieron una importancia económica fundamental para las comunidades prehispánicas, se han extinguido localmente durante el último siglo, principalmente debido a la caza indiscriminada, enfermedades transmitidas por el ganado vacuno y equino –v.g. aftosa- y la competencia interespecífica con animales introducidos, tales como la liebre (*Lepus europaeus*).

Las principales especies extinguidas son el guanaco (*Lama guanicoe*), el venado de las pampas (*Ozotocerus bezoarticus*) y la taruca (*Hippocamelus antisensis*) en el ambiente de pampas de altura, y el ñandú (*Rhea americana*) en las planicies de altura y los valles.

El clima serrano también posee marcadas diferencias de acuerdo a la altura sobre el nivel del mar. En los sectores de valle la temperatura media anual es de aproximadamente 14°C, en tanto que en alturas cercanas a los 2100 m la temperatura media es de apenas 8°C, o aún inferiores a mayor altitud. El clima es riguroso con fuertes vientos que superan los 50 km/h y un prolongado período de heladas desde fines de Marzo hasta Noviembre.

Las precipitaciones varían entre 750 y 970 mm, concentrándose estacionalmente entre fines de la primavera

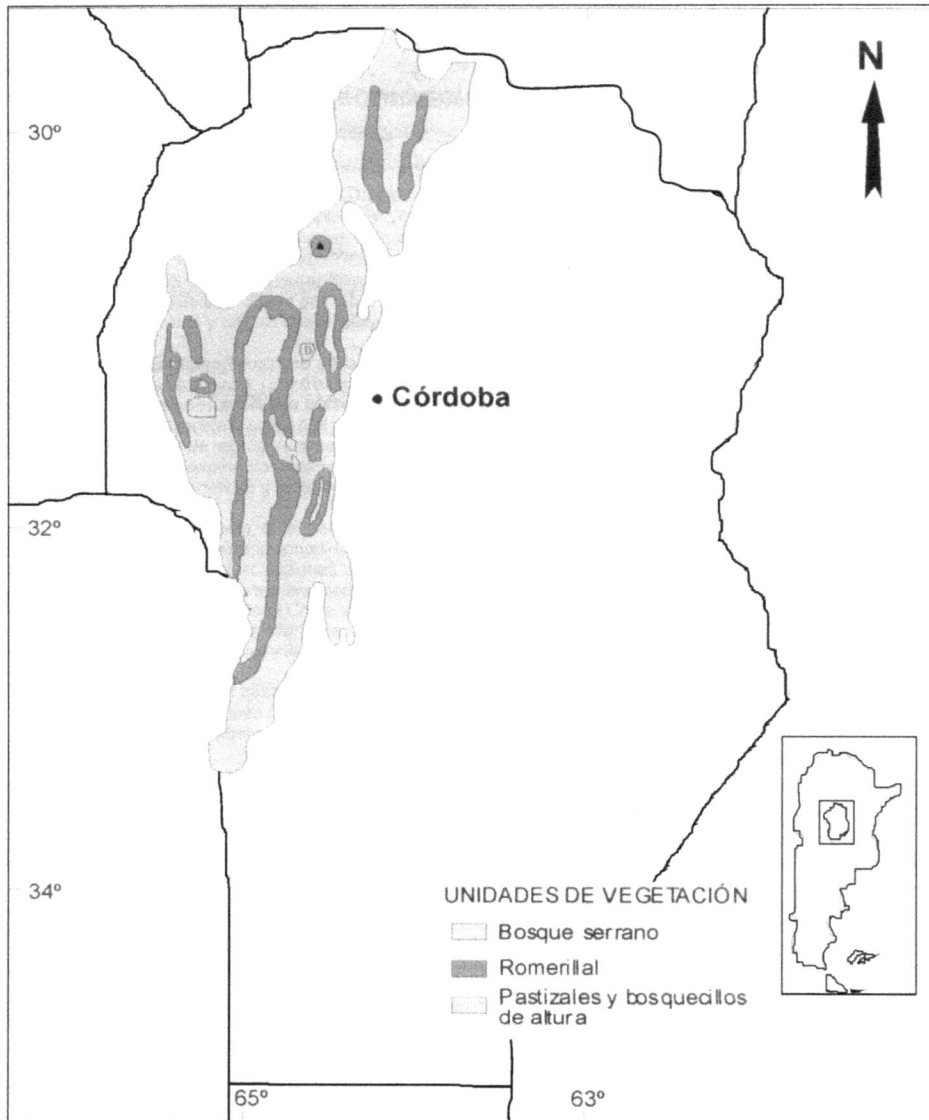

Figura 4.1. Mapa de vegetación de las Sierras de Córdoba (Tomado de Demaio 2005).

y el verano (Noviembre a Marzo) (Capitanelli 1979), sin embargo éstas se distribuyen desigualmente a lo largo del paisaje serrano, siendo el sector nor-noroeste el más árido con precipitaciones que no superan los 600 mm anuales, en tanto que el sector central, donde se desarrollan las principales pampas de altura, es el de mayor índice de precipitaciones.

Evolución climática y ambiental de las sierras de Córdoba desde la transición Pleistoceno-Holoceno

Desde la llegada de los primeros grupos humanos cazadores-recolectores a la región, hace más de 11.000 años, hasta los comienzos de la producción de alimentos, hace unos 1500/1200 años, el ambiente serrano experimentó numerosos y profundos cambios en su fisonomía que incluyeron variaciones climáticas y en la estructura y distribución de los recursos bióticos. Con respecto a los cambios climáticos, todavía es muy escasa la investigación sobre esta problemática en el área de las Sierras Centrales, centrándose principalmente en la región de las llanuras orientales de Córdoba. Estos estudios consisten en investigaciones geomorfológicos extensivas llevadas a cabo por varios grupos de trabajo a lo largo de la última década con el fin de documentar los cambios climáticos en la región durante el Pleistoceno final y el Holoceno (Cantú 1992; Iriondo 1999; Carignano 1999; Sanabria 2000; Frechen et al. 2003; Sanabria y Arguello 2003; Kemp et al. 2006).

El primer modelo geomorfológico regional propuesto para la provincia de Córdoba, fue realizado por Carignano (1999). Este esquema paleoclimático, abarcando únicamente el período durante el cual se desarrollaron las

24

Foto 4.1. Vegetación típica del bosque serrano.

Foto 4.2. Vegetación típica del pastizal de altura.

comunidades cazadoras-recolectoras serranas, es el siguiente:

- *30.000 – 9000 años AP*: Período caracterizado por clima frío, árido y semiárido, con gran estabilidad.
- *9000 – 3000 años AP*: El clima durante este período fue húmedo subtropical, con temperaturas más altas que las actuales.
- *3000 – 1000 años AP*: Abruptos cambios en las condiciones ambientales, siendo las condiciones templadas y húmedas del período anterior reemplazadas por un episodio templado y seco. Con precipitaciones inferiores a 400 mm anuales y temperaturas más altas que las actuales.

En los años recientes, ha sido cuestionado por la realización de nuevos estudios geomorfológicos en la zona de piedemonte y llanura oriental de Córdoba (Sanabria y Arguello 2003; Kemp et al. 2006; Sanabria com. pers. 2005). Estas nuevas investigaciones, que cuentan con numerosas dataciones, han propuesto el siguiente esquema:

- *40.000 – 6000 años AP*: Durante este período se produce una aridización del clima, que se caracterizaría por ser árido a semiárido.
- *6000 años AP – Holoceno Tardío*: Durante el Holoceno Medio, correspondiente al Hypsithermal, se produce un mejoramiento del clima con características de húmedo a subhúmedo.

Debe destacarse que todas las investigaciones paleoclimáticas realizadas hasta el momento en la provincia de Córdoba, fueron realizadas mediante el estudio de perfiles localizados en áreas de piedemonte, aunque es posible extrapolar estos resultados para la región serrana.

Recientes investigaciones arqueológicas realizadas en el sector serrano de Córdoba, han permitido identificar microvertebrados de la especie *Holochilus brasiliensis* en numerosos contextos arqueológicos datados entre 7000 y 700 años AP (Teta et al. 2005; Capítulo 7). Se trata de un cricétido adaptado a ambientes tropicales y subtropicales, con abundante disponibilidad de agua y vegetación hidrófila. Actualmente no se encuentra en las sierras cordobesas, siendo su distribución desde el este de Paraguay, sur de Brasil, Uruguay, Nordeste de la Argentina hasta la provincia de Santa Fe y el sur de Buenos Aires.

Es posible que la presencia de este roedor a partir de finales del Holoceno temprano se vincule con una mayor disponibilidad hídrica y temperaturas que las actuales. De esta manera, estos hallazgos serían coherentes con el esquema paleoclimático propuesto por Sanabria y colaboradores, que es el que empleamos en este estudio.

Las variaciones climáticas, seguramente tuvieron una fuerte influencia en el desarrollo de la cobertura vegetal de las sierras y en la conformación de su fauna. Las evidencias paleontológicas indican que a fines del Pleistoceno y comienzos del Holoceno, existían especies de megafauna características de ambientes áridos y abiertos en zonas actualmente ocupadas por el espinal y el bosque serrano (Tauber 1999; Cruz 2003).

La vegetación varía en su conformación con la altura sobre el nivel del mar, por ello se ha desarrollado un cinturón de bosque serrano por debajo de los 1000 - 1400 m.s.n.m el cual rodea a los pastizales y arbustales que constituyen la principal cobertura vegetal de las pampas de altura y se encuentran por encima de este nivel y hasta los 2600 m.s.n.m. (Cabido et al. 1998) (Figura 4.1).

Debido a ello, numerosas especies vegetales y animales características de ambientes andino-patagónicos habitan los pastizales de altura y se encuentran aisladas biogeográficamente (Ringuelet 1961; Cabido et al. 1998). Esta situación, indica que en algún momento previo existieron condiciones ambientales que permitieron la colonización de las sierras por parte de especies andino-patagónicas y luego cambiaron, generando la situación actual.

Adams y Faure (1997) a partir de diversos estudios paleoclimáticos globales, proponen un Atlas Global de Paleovegetación que abarca el Cuaternario. En este esquema, se propone que la vegetación del área que incluye a las Sierras Centrales tuvo las siguientes características, según las diferentes épocas:

- 18.000-12.000 AP: Vegetación correspondiente al semi-desierto templado, con praderas y matorrales ralos.
- 8000-5000 AP: Vegetación de sabana con praderas densas y matorrales dispersos.
- Actual: Espinal achaparrado tropical y bosque espinoso.

Teniendo en cuenta los estudios paleoclimáticos señalados y la constatación de especies de megafauna características de ambientes semiáridos (Politis y Gutierrez 1998) en los sectores de valle durante el período Pleistoceno Final – Holoceno Temprano (Tauber 1999; Cruz 2003), se puede proponer que el actual bosque serrano se desarrolló gracias a condiciones de mayor humedad a partir de mediados del Holoceno, y alteró de forma dramática la distribución y estructura de los recursos serranos.

Las principales consecuencias de esta reorganización del paisaje fueron la aparición o afianzamiento de especies vegetales y faunísticas propias de ambientes chaqueños, en los sectores de valle y el aislamiento geográfico de las especies animales y vegetales andino-patagónicas en las cotas superiores a los 1400 m s.n.m. Debido a ello, a la fauna de importancia económica para los grupos humanos, como el guanaco, le resultó muy difícil el intercambio genético con otras poblaciones del sector extraserrano, lo que tuvo importantes consecuencias en su disponibilidad para la explotación humana.

De acuerdo a la información disponible en diversas fuentes, se ha intentado determinar las principales especies faunísticas presentes en los dos ambientes serranos, que pudieron ser explotadas por las comunidades cazadoras-recolectoras en los distintos momentos del Holoceno (Tabla 4.1). Tiene el carácter de ilustrativa y de ninguna manera pretende ser exhaustiva ni concluyente, debido a que las investigaciones tendientes a identificar la fauna serrana en épocas prehispánicas aún son muy escasas y los datos disponibles provienen casi exclusivamente de estudios paleontológicos y arqueológicos.

Etología y características de las principales especies animales explotadas por las poblaciones prehispánicas de las Sierras de Córdoba.

Las principales características de algunas de las especies que fueron explotadas por las comunidades cazadoras-recolectoras de las sierras de Córdoba se resumen en este acápite. Sin embargo, en esta reseña no incluimos las especies extinguidas ya que si bien fueron potenciales presas, el conocimiento acerca de su etología es muy limitado, aunque en la Tabla 4.2 resumimos las estimaciones acerca de la masa de algunas especies de megafauna identificadas en nuestra región.

Principales recursos explotados en las sierras de Córdoba.

- GUANACO (*Lama guanicoe*):

Es un animal de tamaño mediano a grande, cuya longitud alcanza los 150 cm y su altura en la cruz es de 110 cm aproximadamente, en tanto que su peso varía entre 60 y 140 kg (Parera 2002).

Es un animal de hábitos esencialmente diurnos, camina y se alimenta durante el día y reposa de noche. Dentro de su territorio, las actividades se realizan básicamente en tres áreas unidas entre sí por "corredores": los territorios de alimentación (generalmente llanos) donde pasa la mayor parte del día, los abrevaderos y los dormideros que se ubican en áreas protegidas de los vientos. Tanto los dormideros como los abrevaderos son áreas no excluyentes ni defendidas (Cajal 1989). En cuanto a éstos últimos, generalmente son seleccionados aquellos que tienen mayor visibilidad de los alrededores, para protegerse de posibles depredadores.

Distintos autores (ver Puig 1995) están de acuerdo en considerar tres estructuras sociales básicas:

- Grupos familiares: tienen un claro orden jerárquico y están conformados por un macho maduro (*relincho*), su harén (6 a 15 hembras) y sus crías; o por un macho de madurez reciente, 1 a 5 hembras y sus crías.
- Machos solitarios: son individuos física y sexualmente maduros que cumplen un importante papel en la dinámica reproductiva.
- Grupos de machos: están compuestos en su totalidad por machos no territoriales con más de un año de edad, esencialmente inmaduros. Su composición es inestable, varía entre 7 a 20 individuos ya que periódicamente se incorporan machos juveniles expulsados del grupo familiar por el relincho, o algunos miembros del grupo se separan para formar nuevos grupos familiares con algunas hembras.

Existen, asimismo otras dos estructuras sociales adicionales, pero que se caracterizan por ser transitorias:

- Grupos familiares sin macho: agrupaciones temporales de hembras y sus crías. Están conformadas por una o varias hembras no preñadas (hasta 4) que abandonan el grupo familiar junto con su cría macho, cuando ésta fue expulsada por el relincho. Estos grupos terminan fusionándose con un grupo familiar existente, o formando uno nuevo al unirse con un macho solitario.
- Grupos mixtos: agregaciones invernales de varios tipos de grupos sociales, que se deshacen al aproximarse la época de reproducción. Se han detectado grupos de hasta 150 individuos, pero los valores medios son de 25 a 39 ejemplares.

El tamaño y composición de los grupos de guanacos, están influenciados por movimientos migratorios y por la inestabilidad social. El tamaño social puede ser una solución de compromiso entre aumentar el número para mejorar la protección contra predadores, y reducirlo debido a la competencia por recursos alimentarios escasos (Wittenberger 1981, citado por Puig 1995). En este sentido, las agrupaciones familiares experimentan variaciones estacionales, al igual que los grupos mixtos, pudiéndose distinguir cuatro períodos socioecológicos (Puig y Videla 1995):

I. Verano territorial: corresponde a la estación reproductiva, donde ocurren los nacimientos y apareamientos, presentándose las estructuras sociales básicas y existiendo una gran territorialidad.

II. Otoño transicional: se inician las migraciones manteniéndose las unidades sociales del verano. A fines del otoño comienzan a formarse los grupos mixtos.

III. Invierno agregacional: se forman en alta proporción grupos mixtos, cuya finalidad principal es aumentar la protección.

IV. Primavera transicional: Comienzan a desglosarse los grupos mixtos; a su vez los adultos de los grupos de machos procuran formar nuevos grupos familiares. Asimismo, se produce la expulsión de machos juveniles de los grupos familiares, los cuales se incorporan a los grupos de machos, cuyo número crece a lo largo de la primavera.

Una característica de las poblaciones animales, que tiene marcada influencia en las estrategias de subsistencia humanas es la densidad y la existencia de territorialidad. En cuanto a la primera, la distribución del guanaco no es homogénea, debido a una serie de factores ambientales y productivos. Al igual que cualquier otra especie silvestre, la densidad no depende solamente de la oferta trófica. Existen otros elementos, como la disponibilidad de agua y de vías de escape, competencia interespecífica y barreras físicas que condicionan el establecimiento y permanencia de los distintos grupos etarios en un ambiente dado (De Lamo 1997).

PERÍODO	PAMPAS DE ALTURA	VALLES INTERSERRANOS
Transición Pleistoceno-Holoceno (13.000-8000 AP)	Glyptodontidae, Anancinae, *Scelidotherium* sp., *Lama gracilis*, *Hippidion* sp. *Toxodon* sp., *Smilodon populator* guanaco (*Lama guanicoe*), venado (*Ozotoceros bezoarticus*), taruca (*Hippocamelus* sp.), roedores.	Glyptodontidae, *Scelidotherium* sp., *Lama gracilis*, *Hippidion* sp. *Toxodon* sp., guanaco (*Lama guanicoe*), venado (*Ozotoceros bezoarticus*) roedores.
Holoceno Temprano (8000-6000 AP)	guanaco (*Lama guanicoe*), venado(*Ozotoceros bezoarticus*), taruca(*Hippocamelus antisensis*), *rheidae*, roedores.	guanaco (*Lama guanicoe*), venado(*Ozotoceros bezoarticus*) roedores.
Holoceno Medio (6000-3000 AP)	guanaco (*Lama guanicoe*), venado(*Ozotoceros bezoarticus*), taruca(*Hippocamelus antisensis*), *rheidae*, roedores.	corzuela (*Mazama guazoubira*), pecarí (*Pecari tajacu*), comadreja (*Didelphis azarae*) vizcacha (*Lagostomus maximus*) peludo(*Chaetophractus vellerosus*), roedores.
Holoceno Tardío (3000-1500 AP)	guanaco (*Lama guanicoe*), venado(*Ozotoceros bezoarticus*), vizcacha (*Lagostomus maximus*), *rheidae*, roedores.	corzuela (*Mazama guazoubira*), pecarí (*Pecari tajacu*), comadreja (*Didelphis azarae*), zorro (*Dusicyon* gimnocercus), y peludo(*Chaetophractus vellerosus*), roedores.

Fuentes: Bucher y Abalos 1979; Cabido 2003; Díaz 1995; González 1960; González y Crivelli 1978; Menghín y González 1954; Tauber 1999; Cruz 2003; Tauber y Goya 2006.
TABLA 4.1. Principales recursos faunísticos de las Sierras de Córdoba.

La territorialidad, por su parte, depende de la abundancia de guanacos y de la oferta de recursos. En altas densidades, la defensa territorial es frecuente, y los mejores ambientes son apropiados por los grupos familiares, desplazando a otras agrupaciones sociales a terrenos menos productivos; por el contrario, cuando las densidades son bajas la definición de territorios es vaga. Según Raedeke (1979, citado por Puig 1995), áreas con buena productividad primaria anual presentan poblaciones sedentarias y territoriales, mientras que en ambientes con productividad baja o fluctuante las poblaciones serían migratorias. A su vez, una alta productividad primaria favorece territorios pequeños y con límites a la vista, mientras que en ambientes con baja productividad los territorios serían extensos y difíciles de defender, desalentando la formación de territorialidad.

Una preocupación actual por parte de los biólogos, es la documentación de las relaciones causales entre cambios ambientales y variaciones en la estructura social del guanaco. En este sentido, la capacidad de carga del ambiente determina la cantidad de guanacos que puede soportar sin deteriorarse las pasturas; por lo que, ante deterioros en la oferta alimentaria se producen procesos de autorregulación de la población, a través de un incremento de la mortalidad, reducción de la fecundidad o migraciones (Ravinovich et. al. 1984).

• TARUCA (*Hippocamelus antisensis*):

La taruca es un ciervo de tamaño mediano y estructura maciza que habita preferentemente en lugares montañosos y escarpados. Sus medidas promedio para el macho son 142 cm de longitud y 82 cm de altura en la cruz mientras que su peso varía entre 60 y 75 kg; la hembra es un poco más pequeña (Díaz 1995; Parera 2002).

Sólo los machos poseen cornamenta, la que tiene forma de horquilla compuesta por dos simples ramas que nacen directamente desde la corona. La cornamenta cae entre agosto y noviembre y casi inmediatamente aparece la nueva.

Existen muy pocas referencias publicadas acerca de su comportamiento, sin embargo los datos disponibles permiten afirmar que se trata de un animal ágil, tímido y de carácter huidizo. En general, prefieren vivir en pequeños grupos familiares de tres a doce ejemplares, aunque se han detectado grupos de hasta 31 individuos. La estructura social consta de un macho, varias hembras y sus crías. También es común encontrar machos solitarios (Díaz 1995).

Los grupos son más numerosos durante el invierno, constituidos por varios machos y hembras, pero que a partir de setiembre los machos forman su propio grupo, que generalmente consta de un macho y dos hembras. Asimismo, existe una jerarquización y formación de subgrupos durante la época de brama, entre mayo y julio.

Estos tienen actividad preferentemente diurna, son territoriales y utilizan dormideros y senderos bien delimitados. Durante el verano realizan desplazamientos hacia los pastos de alta montaña pero en invierno prefieren las cotas más bajas.

TAXÓN	MASA ESTIMADA (KG)
Glyptodon reticulatus	862,3
Panochthus tuberculatus	1061
Megatherium americanum	6073
Scelidoterium	1057
Toxodon platenses	1642
Hippidion principale	511
Stegomastodon superbus	7580

Fuente: Fariña et al. 1998.
Tabla 4.2 – Estimaciones de la masa de algunas especies de megafauna.

El venado o ciervo de las pampas, tiene una longitud de 120 cm y una altura de 70 cm en la cruz, su peso oscila entre 30 y 40 kg. Posee una gran cornamenta constituida por seis puntas; la pérdida de los cuernos tiene lugar a fines de mayo, pero algunos los pierden uno o dos meses más tarde (Parera 2002).

Fuera de la época de brama, el venado de las pampas convive en manadas que, según datos históricos, llegaron a los 200 individuos aunque lo normal es de 15 a 30 ejemplares. Esta organización desempeña una importante función defensiva. Durante el período de brama –febrero a mayo- esta forma de vida comunitaria desaparece ya que se producen enfrentamientos entre machos y las hembras están aisladas. Son territoriales y tienen dormideros bien delimitados. Al amanecer abandonan sus dormideros y se dedican a pastorear, retornando a sus lugares de descanso al atardecer. Si bien se considera que es un animal de hábitos diurnos, hay indicios de que realizan desplazamientos nocturnos (Parera 2002).

Disponibilidad local de recursos

Los recursos faunísticos y vegetales del sector en el que se desarrollaron las investigaciones poseen las características generales del área serrana, sin embargo en cuanto a la distribución y disponibilidad de los recursos líticos, este lugar de las sierras posee rasgos particulares que señalaremos a continuación.

En la zona existen abundantes fuentes de materia prima lítica que fueron aprovechadas por las comunidades cazadoras-recolectoras para la manufactura de los instrumentos empleados en sus distintas actividades cotidianas. En el área de investigación se encuentran disponibles algunos de los tipos de roca más utilizados, como cuarzo, calcedonia, ultramilonita y ortocuarcita.

Las fuentes de cuarzo son las más importantes por su distribución y se dividen en: primarias –i.e. afloramientos y vetas- y secundarias –i.e. clastos aislados y rodados

fluviales. La distribución de esta materia prima en el espacio es prácticamente ininterrumpida.

Las cualidades del cuarzo como materia prima para la talla son regulares a buenas, ya que posee algunas características que dificultan un trabajo adecuado. En este sentido, aunque no suele presentar clivaje y la fractura se aproxima a la concoidea, es habitual que contenga agrietamientos internos que producen roturas indeseadas. Tal circunstancia limita las posibilidades de elaborar artefactos formatizados medianos o grandes, aunque la producción de artefactos sumarios -lascas con filos naturales- es sumamente sencilla.

Otro inconveniente con respecto a la producción de útiles formatizados viene dado por su dureza (7 en la tabla de Mohs), que lo hace difícil de retocar. No obstante, la variedad conocida como cuarzo hialino o «cristal de roca» presenta mejores cualidades para la talla que la variedad más frecuente (cuarzo lechoso). Sin embargo, el cuarzo hialino es escaso y sólo se encuentra disponible en forma de nódulos y clastos pequeños.

La calcedonia, abundante en el norte de la provincia (Angelelli et. al. 1983), es escasa en el área de investigación. La única fuente conocida se ubica en Cuchilla Nevada, a unos 10 kilómetros del sector Norte de nuestra área de estudio, aunque se la encuentra en reducidas cantidades y en nódulos pequeños.

Esta roca presenta una fractura bastante apropiada para la talla. Además, el material se comporta de manera homogénea, ya que no tiene grietas o impurezas que alteren sus propiedades físico-mecánicas. Por el contrario, y debido a la forma en que está disponible, no es posible la elaboración regular de artefactos medianos o grandes.

La ultramilonita es una roca formada a partir de la trituración mecánica de rocas graníticas, donde las grandes presiones trituraron las rocas originales en un grado máximo y el material resultante, denominado «harina de roca», se ha fundido y soldado. Se trata de una roca relativamente frecuente en la Pampa de Achala, donde se la encuentra en fajas o bandas de muchos metros, e incluso kilómetros de longitud y profundidad. Como fuente secundaria también puede obtenerse en forma de clastos y rodados fluviales. En cuanto a las propiedades para la talla podemos señalar que, en términos generales, son buenas, pero por la propia constitución de la roca los filos que se obtienen no son muy cortantes.

La ortocuarcita es una roca sedimentaria compuesta en más de un 95 % de sílice proveniente de la descomposición de rocas ricas en cuarzo. Presenta una fractura marcadamente concoidea, aunque pueden producirse roturas imprevistas dadas por planos de debilidad, conformados por los estratos de depositación originales de la arena de la que proviene la roca. Sus cualidades para la talla son en general buenas, pero por la propia constitución de la roca los filos que se obtienen no son muy cortantes. Esta roca no se encuentra homogéneamente distribuida en las zonas de valle en varios

sectores de las sierras, especialmente próximos a la Sierra Chica. Se la obtiene principalmente en forma de rodados en los ríos serranos.

El ópalo, nombre genérico aplicado a las sílices hidratadas, se forma por descomposición termal de silicatos y rocas ígneas. Dado su tipo de fractura -concoidea acentuada- y su comportamiento homogéneo, puede considerarse que es un material de excelentes cualidades para la manufactura de artefactos. Sin embargo, se presenta en nódulos pequeños, por lo que no pueden elaborarse útiles medianos o grandes. Sus principales fuentes de aprovisionamiento se localizan en el norte de la Provincia de Córdoba (Dptos. Tulumba y Sobremonte), a más de 140 km de distancia del área de estudio (Petersen y Leanza 1979; Angelelli et. al. 1983).

CAPÍTULO 5
PROSPECCIONES y HALLAZGOS AISLADOS

La información arqueológica se obtuvo a partir de la ejecución de prospecciones que abarcaron tanto ambientes de pampas de altura como del bosque serrano. Durante la realización de las mismas, se localizaron numerosos sitios arqueológicos y hallazgos aislados en superficie y, en menor medida, en estratigrafía, que permitieron plantear la realización de excavaciones sistemáticas y sondeos exploratorios.

El área seleccionada cubre unos 1900 km² que comprenden ambientes de pastizal de altura, en su mayor parte contenidos dentro del Parque Nacional Quebrada del Condorito y Reserva Provincial Pampa de Achala, y de bosque serrano correspondientes al sector meridional del Valle de Punilla (Figura 2.5). Debe señalarse que el sector de bosque sólo abarca el 15% del área y se encuentra muy alterado debido al avance de la urbanización y el uso turístico, lo cual limitó el desarrollo de las investigaciones.

La noción de sitio, los paisajes arqueológicos y el comportamiento humano.

Como cuestión previa consideramos necesario discutir algunos conceptos acerca de lo que entendemos por sitio arqueológico y paisaje arqueológico, y cómo éstos pueden ser articulados para obtener información acerca del uso del espacio en el pasado.

La utilización del sitio arqueológico como la unidad de investigación básica para comprender el comportamiento humano, ha recibido críticas desde el comienzo de la década del '70 (v.g. Thomas 1975; Foley 1981; Binford 1988; Dunnell y Dancey 1983). La principal surge del convencimiento de que estructurar la evidencia arqueológica en términos de unidades espacio-temporales discretas no es totalmente satisfactorio, ya que deja fuera de investigación las dispersiones superficiales de artefactos. De tal manera, se limita la recolección de datos a una pequeña fracción del área total ocupada por los sistemas culturales en el pasado, excluyendo casi toda evidencia directa de la articulación entre la población y su ambiente (Dunnell y Dancey 1983).

Algunos investigadores rechazaron el uso del sitio arqueológico como unidad de análisis, debido a que las cuestiones referidas al uso del espacio, adaptación y procesos de cambio o estabilidad no podían ser analizadas en términos de registros regionales de sitios. En su lugar, propusieron que los artefactos y su dispersión en el espacio debían ser el foco de análisis, surgiendo una perspectiva

denominada *non-site archaeology* (Thomas 1975), *off-site archaeology* (Foley 1981), *siteless survey* (Dunnell y Dancey 1983) o *distributional archaeology* (Ebert 1992), que con algunas diferencias acuerdan en concebir al registro arqueológico como una distribución más o menos continua de artefactos con picos en su densidad; estos picos constituyen los clásicos "sitios arqueológicos".

Estas aproximaciones distribucionales, a su vez, han sido criticadas por dos problemas fundamentales que afectan la utilidad de la información recolectada: la falta de resolución cronológica de los conjuntos superficiales (Jones y Beck 1992; Zvelebil et al. 1992), y los efectos de palimpsestos y procesos tafonómicos que afectan las relaciones espaciales de los conjuntos de artefactos y dificultan la identificación de conjuntos originados por distintas actividades (v.g. Ebert 1992; Zvelebil et al. 1992).

La resolución cronológica del material superficial es un problema para el que existen algunas metodologías que pueden ayudar a darles un marco temporal relativo a algunos conjuntos. Entre éstas metodologías se cuentan la consideración de ciertos artefactos temporalmente diagnósticos como puntas de proyectil (Rondeau 1996), datación por termoluminiscencia (Valladas y Valladas 1987) y por hidratación de la obsidiana sobre artefactos (Jones y Beck 1992) para asignar cronología a la evidencia superficial.

Los efectos de la superposición de artefactos originados en actividades diferentes a través de lapsos prolongados, y de procesos tafonómicos que afectan los conjuntos arqueológicos, pueden desplazar, cubrir, o incluso destruir gran parte de los artefactos. Estas limitaciones llevaron también a abandonar cualquier intento por identificar las actividades que generaron los conjuntos superficiales (Ebert 1992).

Dunnell y Dancey (1983) señalaron que los contextos enterrados poseen los mismos problemas que los superficiales. Además, durante el lapso en que dichos contextos se depositaron hasta que fueron cubiertos por los sedimentos conformaron conjuntos superficiales, por lo que no existe razón para dejar de lado los hallazgos superficiales de artefactos para comprender el uso del espacio.

Los problemas de interpretación del registro arqueológico generados por los procesos señalados, pueden ser mitigados en gran medida mediante el estudio de los procesos de formación de los conjuntos en estudio, ya sea superficiales o en estratigrafía.

A partir de la década del ´90, comienzan a realizarse nuevas investigaciones que incluyen tanto la evidencia superficial como aquella en estratigrafía, incorporando el concepto de paisaje, definido desde la *ecología del paisaje* como "...a heterogeneous land area componed of a cluster of interacting ecosystems that is repeated in similar form throughout" (Forman y Godron 1986). La ecología del paisaje se interesa en la estructura, función y cambio en los agrupamientos espaciales de ecosistemas. Por *estructura* se entiende a la distribución espacial de energía, materiales y especies en relación a los tamaños, formas, números, clases y configuraciones de ecosistemas. La *función* es la interacción entre esos componentes espaciales, y el *cambio* hace referencia a las alteraciones de la estructura y la función a lo largo del tiempo.

La aplicación de este enfoque a la arqueología se conoce como *landscape archaeology* o arqueología del paisaje (Rossignol y Wandsnider 1992), cuyo fin es buscar las relaciones entre artefactos y rasgos con el objetivo de realizar inferencias sobre el uso del paisaje en el pasado (Zvelebil et al. 1992).

Tomando el concepto de elemento del paisaje, entendido como "...the basic, relatively homogeneus, ecological elements or units on land" (Forman y Godron 1986: 12), Wandsnider (1998) definió los elementos del paisaje arqueológico como parcelas homogéneas de espacio que pueden ser caracterizadas arqueológicamente, difiriendo los distintos elementos del paisaje entre sí en cuanto a la planificación de su uso, y la frecuencia y duración de las ocupaciones. Esto puede ser alcanzado analizando la estructura espacial de los depósitos, que debe ser entendida como una descripción del registro arqueológico en una escala espacial y temporal determinada.

Las aproximaciones desde la arqueología del paisaje, poseen la ventaja de que este enfoque se interesa por la totalidad de las actividades humanas en el paisaje, y provee una base más representativa para la reconstrucción del comportamiento humano pasado (Zvelebil et al. 1992).

En nuestro país se han realizado varios estudios de cazadores-recolectores siguiendo metodologías basadas en enfoques distribucionales y de la arqueología del paisaje, con modificaciones para adaptarlas a las características específicas de los casos de estudio (v.g. Lanata 1995, 1997; Borrero y Nami 1994; Belardi y Borrero 2000; Scheinsohn 2001). En general, han obtenido buenos resultados, especialmente en lo referido a la información recuperada de las dispersiones superficiales de artefactos.

En esta investigación, decidimos seguir algunas metodologías tanto de la arqueología distribucional como de la arqueología del paisaje, ajustándolas a las características geomorfológicas y de vegetación de la región y a las posibilidades técnicas y logísticas disponibles. De tal manera, se pretendió lograr una visión lo más completa posible de la estructura del registro arqueológico, esencial para lograr una base de datos apropiada que nos permitiera apreciar la variabilidad espacio-temporal del mismo, y discutir los cambios y continuidades en la evolución de las sociedades cazadoras-recolectoras serranas.

Metodología de prospección.

Para la obtención de la información arqueológica se comenzó con el estudio de cartas topográficas de la zona, confeccionadas por el Instituto Geográfico Militar (IGM) en una escala 1:25000, con cotas cada 25 m y un adecuado detalle de los principales rasgos topográficos (cursos de agua, cañadas, pampillas, zonas de bosque, entre otros). Paralelamente, se efectuaron recorridos por distintos sectores de la región para evaluar su potencial arqueológico, posibilidades de accesibilidad y logísticas para realizar investigaciones sistemáticas.

El área de estudio fue dividida arbitrariamente en dos sectores de acuerdo al tipo de ambiente predominante. Se entiende que éste estructura los tipos, distribución y accesibilidad de los recursos bióticos que son utilizados por las poblaciones humanas. En este sentido, los principales ambientes que caracterizan a las sierras en su conjunto corresponden al bosque serrano, que se desarrolla en los valles interserranos por debajo de los 1200 m s.n.m., y al pastizal-arbustal de altura, entre los 1200 y 3000 m s.n.m., aproximadamente (Capítulo 4).

La división establecida, originó dos sectores desiguales en cuanto al tamaño de la superficie cubierta, como a las posibilidades reales de desarrollar la investigación. El sector de pastizal-arbustal de altura abarca un 85% del área seleccionada, posee baja densidad de población rural, la urbanización es casi inexistente, y predominan espacios abiertos con buena visibilidad de los materiales superficiales. Es un escenario apropiado para el empleo de las aproximaciones metodológicas derivadas de los enfoques distribucionales y de la arqueología del paisaje.

Por el contrario, el sector de bosque serrano incluye uno de los puntos turísticos más importantes de la provincia, altamente urbanizado a lo largo de sus principales ríos, con importantes centros como la ciudad de Villa Carlos Paz. Además, el espejo del lago artificial San Roque, cubre una parte importante del sector. Más aún, por tratarse de un fondo de cuenca, es posible que las evidencias más tempranas estén cubiertas por sedimentos. Finalmente, la vegetación de bosque reduce notablemente la visibilidad arqueológica. Estas características limitaron notablemente el desarrollo de la investigación. A pesar de ello, se obtuvo información significativa para nuestros propósitos.

Una vez definidos los dos sectores principales, en los que se realizarían las prospecciones, se decidió adoptar una metodología orientada a la localización de sitios, definidos como altas concentraciones de artefactos con densidades mayores de 0,08 art./m² (Borrero et al. 1992), o por la

Unidad de Prospección	Superficie cubierta	Ambiente
Los Gigantes	25 km^2	Pastizal de altura
El Cóndor	29 km^2	Pastizal de altura
Champaquí	48 km^2	Pastizal de altura
San Mateo	14 km^2	Pastizal de altura
Achala	50 km^2	Pastizal de altura
La Hoyada	15 km^2	Pastizal de altura
San Antonio	30 km^2	Bosque serrano

Tabla 5.1. Unidades de prospección seleccionadas.

presencia de rasgos como instrumentos de molienda fijos sobre rocas (molinos planos, morteros) o parapetos de piedra, entre otros.

El método de prospección adoptado fue el *muestreo probabilístico estratificado al azar* (Plog 1976; Renfrew y Bahn 1998) con modificaciones para adaptarlo a la región y a las posibilidades técnico-logísticas disponibles. Se prospectó una superficie de 211 km^2 que representa el 11,1% del área total seleccionada, dividida en 7 unidades de prospección (UP) repartidas en los dos principales ambientes, bosque serrano y pastizal de altura (Tabla 5.1, Figura 5.1).

Las unidades de prospección se determinaron en proporción a la superficie que ocupa cada ambiente dentro del área de investigación. De esta forma, debido a que el bosque serrano abarca el 15% del total, se estableció solamente una de las unidades de prospección (UP San Antonio). El resto de las UP se localizaron en el ambiente de pastizales de altura (85% del área).

Cada una de las UP fue prospectada intensivamente, recorriendo las márgenes de los cursos de agua, inspeccionando los abrigos rocosos, barrancas y cortes del terreno producidos por la erosión. Asimismo se revisaron los afloramientos naturales de cuarzo para comprobar si contenían evidencias de su empleo como canteras taller. También se registro la presencia de artefactos aislados, algunos de los cuales fueron recolectados para su análisis en laboratorio, debido a que podían aportar información tipológica o funcional.

Las distribuciones superficiales de artefactos fueron abordadas desde una perspectiva distribucional (Ebert 1992), realizando prospecciones sistemáticas mediante el planteamiento de transectas en distintos sectores del paisaje. Los resultados alcanzados fueron muy satisfactorios y nos alientan para la realización, en un futuro próximo, de un estudio distribucional en gran escala en el sector serrano.

La geomorfología de cada UP fue registrada, así como el tipo de vegetación predominante y los principales factores erosivos que afectan la visibilidad arqueológica y pueden distorsionar las apreciaciones realizadas sobre la distribución de materiales arqueológicos en el paisaje, y su relación con el uso humano del espacio.

Prospecciones en el pastizal de altura.

El sector de pastizales de altura es un remanente de una antigua penillanura marcadamente horizontal, con leve inclinación general hacia el este, con frecuentes accidentes que le imprimen al paisaje un aspecto ondulado con pendientes generalmente suaves.

Durante la realización de las prospecciones los sitios identificados fueron clasificados, inicialmente, según el tipo de emplazamiento y de la evidencia superficial o visible en perfiles naturales del terreno. De esta forma se dividieron en:

- Sitios al aire libre: Concentraciones superficiales de artefactos o estructuras, o bien artefactos que afloran en los perfiles naturales de las barrancas de ríos y arroyos.
- Sitios en abrigos rocosos: Concentraciones superficiales de artefactos en el interior de abrigos rocosos.
- Canteras: Concentraciones superficiales de artefactos en afloramientos naturales de cuarzo.

En esta primera clasificación no se realizaron consideraciones funcionales sobre los sitios, a excepción de las canteras, debido a que la evidencia recuperada, consistente en núcleos, bifaces, desechos y percutores, permitían realizar inferencias confiables acerca de las actividades que se realizaron en dichas localidades.

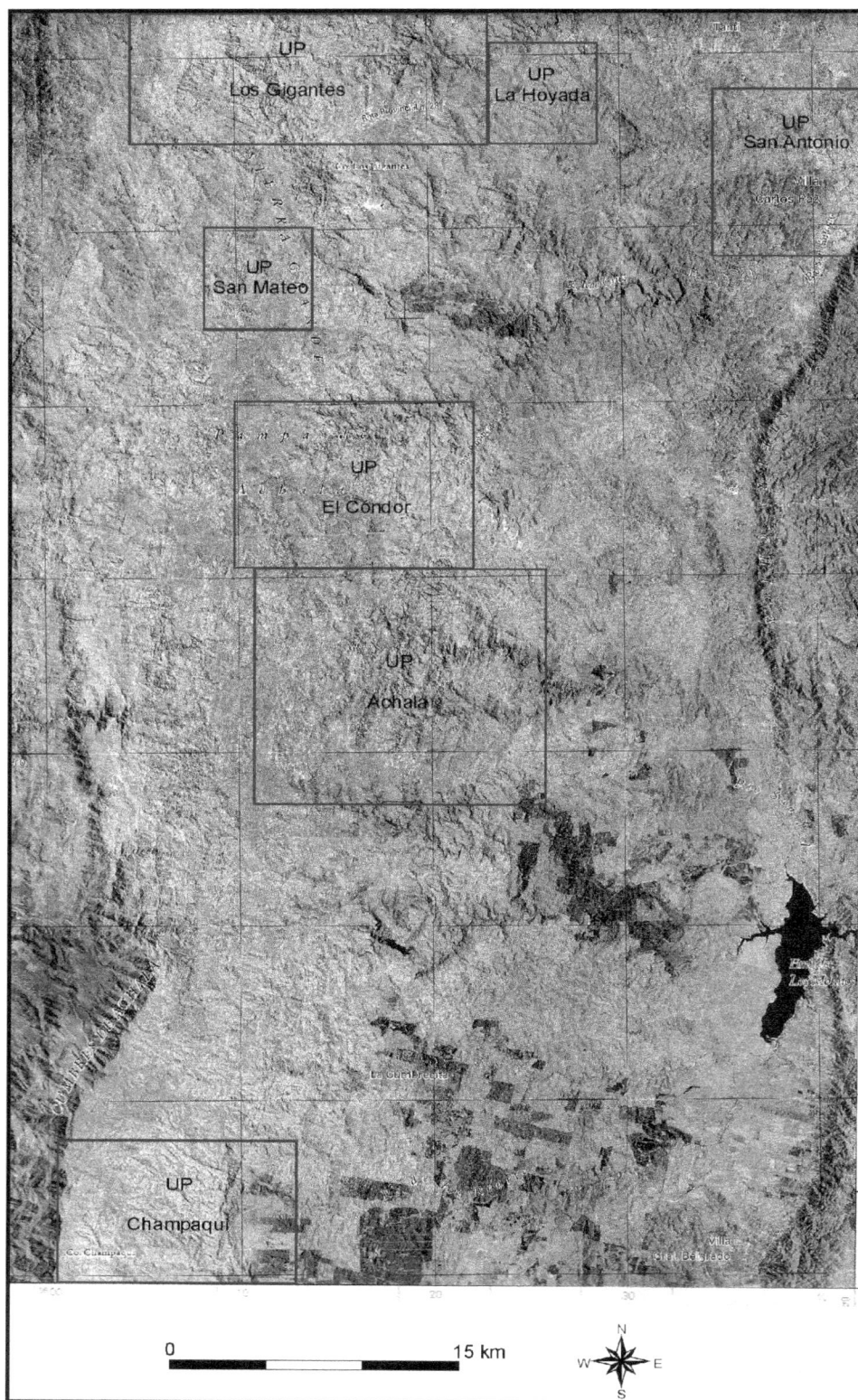

Figura 5.1. Localización de las Unidades de Prospección en el área de estudio.

Unidad de prospección Los Gigantes

La UP fue localizada en el sector Norte de la Reserva Provincial, en los alrededores del cerro Los Gigantes, entre los 1500 y 1900 m s.n.m. (Figura 5.2). Cubrió unos 25 km², comprendiendo las unidades geomorfológicas denominadas *Lomas y laderas rocosas (H)* y *Planicies fuertemente y moderadamente disectadas (U)*, cuyas principales características (Cabido 2003) son:

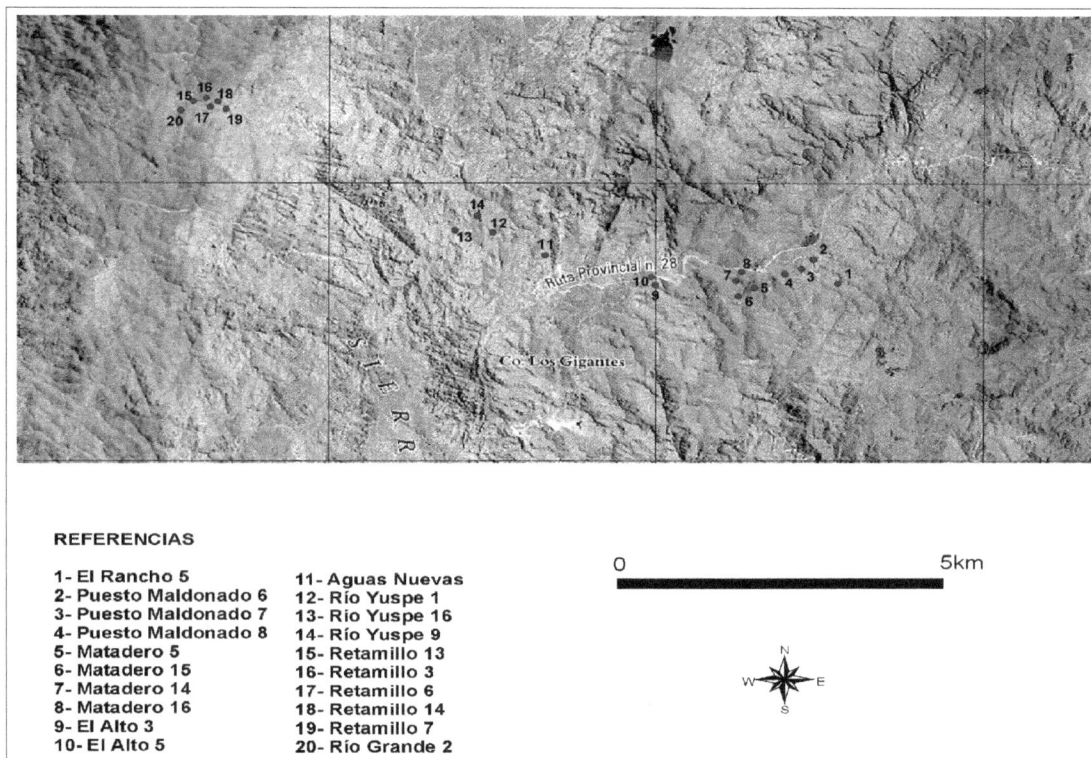

Figura 5.2. Unidad de prospección Los Gigantes - La Hoyada

- H)*Lomas y laderas rocosas*: de topografía fuertemente ondulada, con pendientes de hasta el 20 % y con más del 50 % de su superficie cubierta por afloramientos rocosos, con una intensidad de relieve (definida como la máxima diferencia de altura por km^2) moderada, de 30 a 100 m/km^2. Los suelos son poco profundos y bien drenados, en tanto que la vegetación de esta unidad geomorfológico está dominada por el pajonal de *Festuca*, *Poa struckertii* y *Deyeuxia*, con un valor forrajero bajo (Foto 5.1).

- U)*Planicies fuertemente y moderadamente disectadas*: están compuestas de laderas de topografía ondulada con pendientes inferiores al 12 %, con menos del 30 % de su superficie cubierta por afloramientos rocosos y con una intensidad de relieve baja, menor a 80 m/km^2. Los suelos son poco profundos a profundos y bien drenados, y la vegetación está caracterizada por pajonales finos de *Deyeuxia hieronymi* y céspedes de *Alchemilla pinnata* y *Carex fuscula*, así como pajonal grueso de *Poa struckertii* con vegas. Su valor forrajero es moderado a alto (Foto 5.2).

Las prospecciones estuvieron dirigidas a la localización de sitios arqueológicos en abrigos rocosos, al aire libre, en afloramientos naturales de cuarzo y en perfiles expuestos de barrancas. En esta Unidad de Prospección se realizaron también transectas sistemáticas, con el objetivo de obtener información acerca del registro arqueológico superficial de baja densidad.

En esta zona de la Reserva, la visibilidad arqueológica es de buena a muy buena, debido principalmente a la actividad del ganado mayor que ha erosionado gran parte del sector e impide, por el consumo, el crecimiento natural de la vegetación en grandes extensiones. Esto permite altos niveles de obstrusividad, entendida como la probabilidad de descubrimiento de un fenómeno arqueológico, dado una técnica de prospección, la visibilidad de la superficie, la forma, tamaño y color de los artefactos, su densidad y agrupamiento (Wandsnider y Camilli 1992).

En la Tabla 5.2 se presenta la información general sobre los sitios arqueológicos detectados en la Unidad de Prospección Los Gigantes.

Unidad de prospección La Hoyada

Esta UP abarcó una superficie aproximada de 15 km^2 y se localizó en el sector norte del área de estudio, fuera de la jurisdicción de la Reserva y el Parque Nacional, entre los 1300 y 1500 m s.n.m. (Figura 5.2), ocupando unidades geomorfológicas que por sus características se corresponden con *Planicies fuertemente y moderadamente disectadas (U)*.

Foto 5.1- Lomas y laderas rocosas.

Foto 5.2. Planicies fuertemente y moderadamente disectadas.

La visibilidad arqueológica de esta UP es considerada muy buena, debido al impacto erosivo del ganado doméstico sobre las áreas de pastizales y al alto porcentaje de afloramientos rocosos, que permiten lograr altos niveles de obstrusividad. En la Tabla 5.3 se presenta la información general sobre los sitios arqueológicos detectados en la Unidad de Prospección La Hoyada

Unidad de prospección San Mateo

Esta UP abarcó una superficie cercana a los 14 km^2 y se localizó en el sector norte de la Reserva entre los 1800 y 2200 m s.n.m. (Figura 5.3), ocupando las unidades geomorfológicas denominadas *Lomas y laderas rocosas (H)* y *Planicies fuertemente y moderadamente disectadas (U)*, cuyas características mencionamos anteriormente.

La visibilidad arqueológica es considerada muy buena, debido al impacto erosivo del ganado sobre las áreas de pastizales y al elevado porcentaje de afloramientos rocosos, que permiten lograr altos niveles de obstrusividad. En la Tabla 5.4 se presenta la información general sobre los sitios arqueológicos detectados en la Unidad de Prospección San Mateo.

Unidad de prospección El Cóndor

Esta UP abarcó una superficie estimada de 29 km^2 en el sector norte del Parque entre los 2100 y 2200 m s.n.m. (Figura 5.4), ocupando las unidades geomorfológicas denominadas *Laderas y quebradas rocosas escarpadas (M)*, *Fondos de valle (V)* y *Planicies fuertemente y moderadamente disectadas (U)*.

- *M)Laderas y quebradas rocosas escarpadas*: es un paisaje de topografía quebrada con pendientes superiores al 20 % y mas del 50 % de su superficie cubierta por afloramientos rocosos. La intensidad del relieve es mediana, entre 50 y 100 m/km^2, y los suelos son de poca profundidad. La vegetación dominante son los bosques de *Polylepis australis* y el pastizal de *Stipa, Festuca y Sorghastrum* (Foto 5.3).
- *V)Fondos de valle*: constituyen las partes mas bajas del paisaje, donde se acumulan sedimentos y agua, con pendientes inferiores al 3 % y escasa intensidad de relieve. Los suelos son profundos y moderadamente drenados. La vegetación típica de esta unidad son los céspedes de *Alchemilla pinnata* y *Eleocharis,* y pajonales de *Poa*.

La visibilidad arqueológica de esta UP es considerada baja, debido a que esta área se encuentra dentro del Parque Nacional y no hay hasta el momento ningún ganado domestico u otro animal pasteador en el mismo, por lo que se acumula biomasa vegetal y aumenta el avance de pajonales a expensas del césped (Cabido 2003). Únicamente en los sectores de afloramientos rocosos la visibilidad es buena. En la Tabla 5.5 se presenta la información general sobre los sitios arqueológicos detectados en la Unidad de Prospección El Cóndor.

Unidad de prospección Achala

Esta UP abarcó una superficie de 50 km^2, aproximadamente, y se localizó en el sector central del Parque entre los 1800 y 2200 m s.n.m. (Figura 5.5), ocupando las unidades geomorfológicas denominadas *Laderas y quebradas rocosas escarpadas (M)*, *Fondos de valle (V)*, *Lomas y laderas rocosas (H)* y *Planicies fuertemente y moderadamente disectadas (U)*.

La visibilidad arqueológica de esta UP es considerada baja, debido a que esta área se encuentra dentro del Parque Nacional, como en el caso de la UP El Cóndor. Únicamente en los sectores de afloramientos rocosos la visibilidad es buena, además la topografía es muy accidentada dificultando las prospecciones pedestres. En la Tabla 5.6 se presenta la información general sobre los sitios arqueológicos detectados en la Unidad de Prospección Achala.

Unidad de prospección Champaquí

Esta UP abarcó una superficie de 48 km^2 en el sector sur de la Reserva entre los 1500 y 2200 m s.n.m. (Figura 5.6), ocupando las unidades geomorfológicas denominadas *Laderas y quebradas rocosas escarpadas (M)*, *Planicies fuertemente y moderadamente disectadas (U)* y *Lomas y laderas rocosas (H)*.

La visibilidad arqueológica de esta UP se considera moderada a buena, debido a que la zona estudiada esta muy afectada por la erosión, consecuencia de la intensa actividad turística del área con motivo de las excursiones al cerro Champaquí y la práctica de montañismo y turismo aventura. En la Tabla 5.7 se presenta la información general sobre los sitios arqueológicos detectados en la Unidad de Prospección Champaquí.

Prospecciones en el valle.

La zona investigada corresponde a la porción sur del Valle de Punilla, una depresión intermontana de origen terciario creada como consecuencia del levantamiento del batolito de Achala, ubicada entre la Sierra Grande al oeste y la Sierra Chica al este. Esta unidad geomorfológica esta expuesta a diversos procesos de depositación sedimentaria a través de movimiento de masa que incluyen deslizamientos, caídas de rocas y reptación superficial. La escorrentía superficial producida por la presencia de laderas con fuerte pendiente, por su parte, arrastra gran cantidad de material a los fondos de los cauces y al valle propiamente dicho (Beltramone *et al.* 2003).

Sitio	Localización	Unidad Geomorfológica[*]	Emplazamiento	Tipo de Sitio
Matadero 5	31° 24.100' S 64° 42.384' O	U	Fondo de quebrada	Al aire libre. desechos líticos
Matadero 15	400 m al sureste de M 14	U	Fondo de quebrada	Al aire libre. Punta de proyectil (1) y desechos líticos
Matadero 14	31° 23.841' S 64° 42.889' O	U	Borde de quebrada	Al aire libre. Puntas de proyectil ( ) y desechos líticos
Matadero 16	150 m al norte de M 14	U	Borde de quebrada	Cantera en afloramiento
El Alto 3	31° 23.934' S 64° 44.339' O	U	Fondo de quebrada	Artefactos líticos en abrigo rocoso
El Alto 5	100 m al norte de EA 3	U	Borde de quebrada	Cantera en afloramiento
Aguas Nuevas	31° 23.784' S 64° 46.634' O	U	Borde de quebrada	Concentración superficial de desechos líticos (12)
Río Yuspe 1	31° 23.202' S 64° 47.678' O	H	Fondo de quebrada	Artefactos líticos en abrigo rocoso
Río Yuspe 16	31° 23.188' S 64° 48.634' O	H	Fondo de quebrada	Cantera en afloramiento
Río Yuspe 9	31° 22.802' S 64° 48.332' O	H	Ladera	Desechos líticos, punta lanceolada (1) en abrigo rocoso
Retamillo 6	31° 20.498' S 64° 52.769' O	H	Ladera	Cantera en afloramiento
Retamillo 13	31° 20.483' S 64° 52.577' O	H	Fondo de quebrada	Concentración superficial de artefactos líticos
Retamillo 3	31° 20.429' S 64° 53.295' O	H	Fondo de quebrada	Cantera en afloramiento
Retamillo 7	31° 20.853' S 64° 52.916' O	H	Borde de quebrada	Cantera en afloramiento
Retamillo 14	31° 20.384' S 64° 52.478' O	H	Fondo de quebrada	Cantera en afloramiento
Río Grande 2	200 m al oeste de R 14	H	Lomada	Concentración superficial de desechos líticos

[*] U: Planicies fuertemente y moderadamente disectadas; H: Lomas y laderas rocosas

Tabla 5.2. Sitios arqueológicos detectados en la UP Los Gigantes.

Unidad de prospección San Antonio

Esta UP abarcó una superficie de 30 km², aproximadamente, y se localizó en el sector noreste del área de estudio, fuera de la jurisdicción de la Reserva y el Parque Nacional, entre los 640 y 900 m s.n.m. (Figura 5.1) en el ambiente de valle, ocupando una unidad geomorfológica que por sus características hemos denominado *Fondo de valle con bosque serrano (V¹)*.

- *(V¹)Fondo de valle con bosque serrano*: Son terrenos sometidos a un constante aporte de sedimentos provenientes de los sectores altos, lo que los convierte en zonas de una alta productividad primaria, con un gran desarrollo del *bosque serrano*, y con suelos profundos de gran aptitud para el desarrollo de actividades agrícolas. Posee pendientes inferiores al 3 % y escasa intensidad de relieve.

La visibilidad arqueológica de esta UP es considerada muy reducida debido a que es la parte mas baja del paisaje regional y acumula importantes cantidades de sedimentos, con la posibilidad potencial de haber cubierto importantes sitios arqueológicos. Todo ello hace muy difícil su reconocimiento con las técnicas empleadas (prospecciones

Sitio	Localización	Unidad Geomorfológica*	Emplazamiento	Tipo de Sitio
Puesto Maldonado 6	-	U	Borde de quebrada	Cantera en afloramiento
Puesto Maldonado 7	-	U	Borde de quebrada	Concentración superficial de artefactos líticos
Puesto Maldonado 9	-	U	Cabecera de quebrada	Parapeto y artefactos líticos
El Rancho 5	-	U	Cabecera de quebrada	Concentración superficial de artefactos líticos

*U: Planicies fuertemente y moderadamente disectadas
Tabla 5.3. Sitios arqueológicos detectados en la UP La Hoyada.

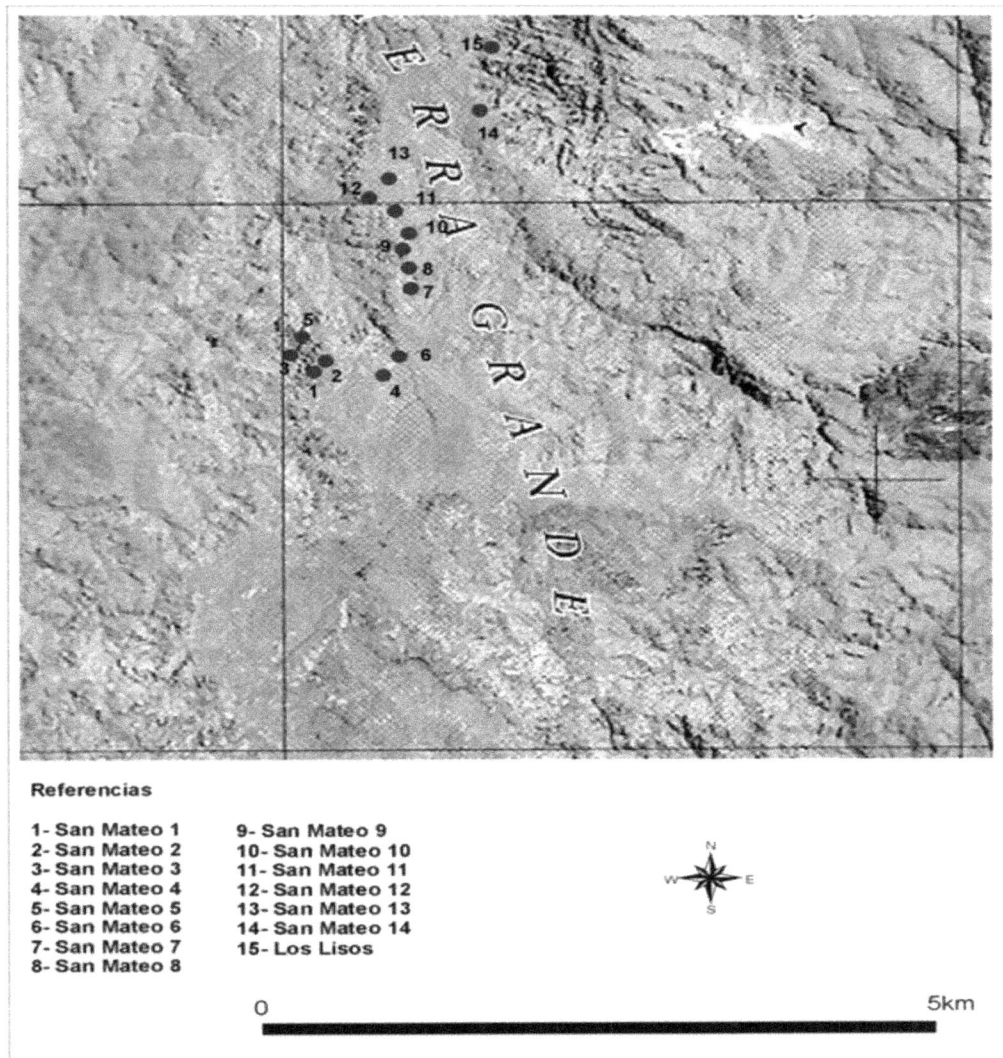

Figura 5.3. Unidad de prospección San Mateo.

Sitio	Localización	Unidad Geomorfológica*	Emplazamiento	Tipo de Sitio
San Mateo 1	31° 31.384' S 64° 50.478' O	H	Borde de quebrada	Parapeto y desechos líticos
San Mateo 2	31° 31.384' S 64° 50.478' O	H	Borde de quebrada	Concentración superficial de artefactos líticos
San Mateo 3	31° 31.384' S 64° 50.478' O	H	Borde de quebrada	Concentración superficial de artefactos líticos
San Mateo 4	31° 31.384' S 64° 51.478' O	H	Borde de quebrada	Cantera en afloramiento
San Mateo 5	31° 31.384' S 64° 51.478' O	H	Fondo de quebrada	Concentración superficial de artefactos líticos
San Mateo 6	31° 31.384' S 64° 49.478' O	U	Borde de quebrada	Cantera en afloramiento
San Mateo 7	31° 31.384' S 64° 49.478' O	H	Borde de quebrada	Cantera en afloramiento
San Mateo 8	31° 30.384' S 64° 49.478' O	H	Borde de quebrada	Cantera en afloramiento
San Mateo 9	31° 29.384' S 64° 49.478' O	H	Borde de quebrada	Cantera en afloramiento
San Mateo 10	31° 29.384' S 64° 49.478' O	H	Borde de quebrada	Cantera en afloramiento
San Mateo 11	31° 28.384' S 64° 49.478' O	U	Borde de quebrada	Cantera en afloramiento
San Mateo 12	31° 28.384' S 64° 49.478' O	H	Borde de quebrada	Cantera en afloramiento
San Mateo 13	31° 28.384' S 64° 49.478' O	U	Borde de quebrada	Cantera en afloramiento
San Mateo 14	31° 26.384' S 64° 48.478' O	U	Borde de quebrada	Cantera en afloramiento
Los Lisos	-	H	Borde de quebrada	Sitio al aire libre (Pastor 2006)

* U: Planicies fuertemente y moderadamente disectadas; H: Lomas y laderas rocosas

Tabla 5.4. Sitios arqueológicos detectados en la UP San Mateo.

pedestres, inspección de perfiles expuestos del terreno y sondeos exploratorios).

Otro factor que incidió en forma negativa en las prospecciones fue el alto grado de urbanización que ha experimentado el área en las últimas décadas. Esta circunstancia implica, además de la destrucción/ocultamiento de sitios potenciales, el cercado de campos, haciendo muy difícil la tarea de búsqueda de evidencias arqueológicas (en algunos casos impidiendo el acceso a algunos terrenos).

Únicamente en la costa del Lago San Roque la visibilidad arqueológica fue considerada buena. Al descender el nivel de las aguas del dique durante la época de sequías, quedan al descubierto varios sitios arqueológicos en su margen sur. Aunque el sector es visitado frecuentemente por coleccionistas, el potencial arqueológico del área es muy

alto, como lo demostraron las prospecciones sistemáticas que realizamos.

En la Tabla 5.8 se presenta la información general sobre los sitios arqueológicos detectados en la Unidad de Prospección San Antonio.

Distribuciones superficiales de artefactos.

Con el objetivo de ampliar la base de datos disponible para identificar el uso del espacio por parte de las poblaciones de cazadores-recolectores en las Sierras de Córdoba, se realizó en forma piloto un análisis de las distribuciones superficiales de artefactos en un sector del ambiente de pastizal de altura y en uno del ambiente de fondo de valle.

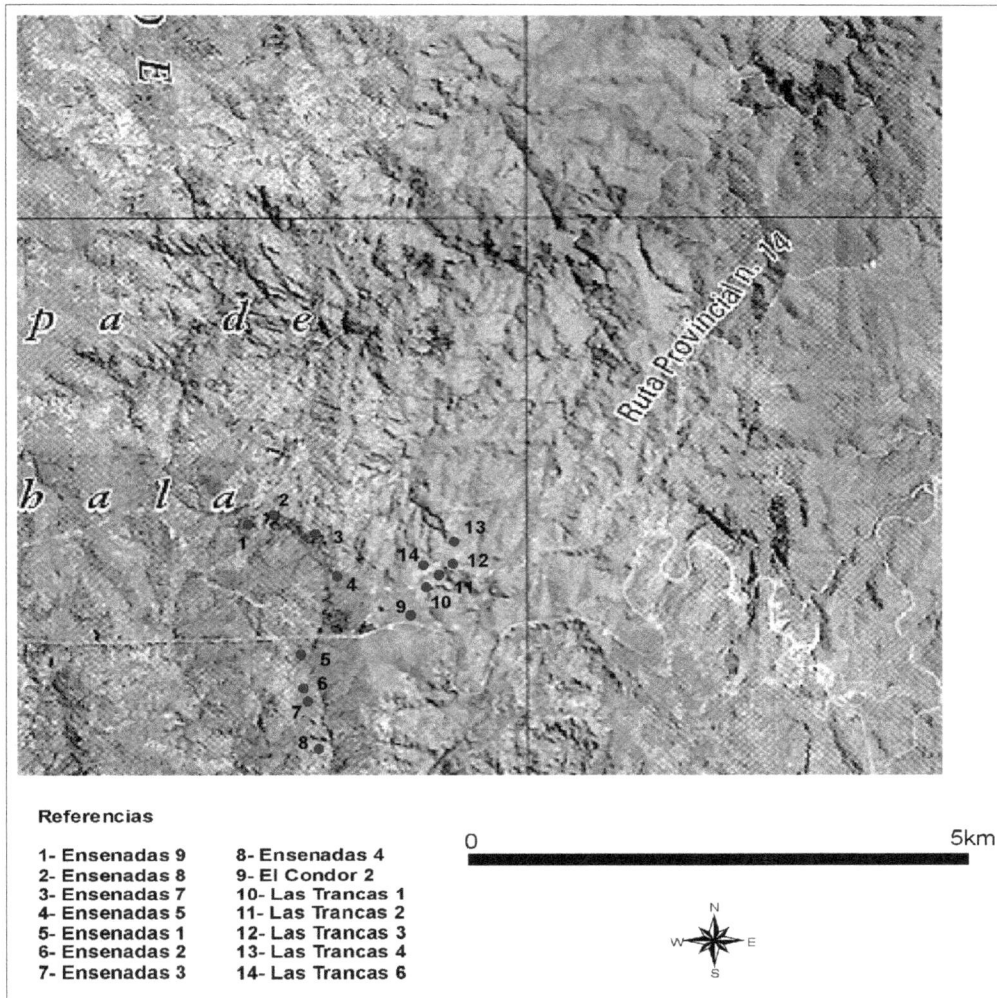

Referencias

1- Ensenadas 9	8- Ensenadas 4
2- Ensenadas 8	9- El Condor 2
3- Ensenadas 7	10- Las Trancas 1
4- Ensenadas 5	11- Las Trancas 2
5- Ensenadas 1	12- Las Trancas 3
6- Ensenadas 2	13- Las Trancas 4
7- Ensenadas 3	14- Las Trancas 6

0   5km

Figura 5.4. Unidad de prospección El Cóndor.

Para este estudio se siguieron las propuestas teóricas de la Arqueología del Paisaje, perspectiva próxima a un marco ecológico-evolutivo, cuyos principales objetivos y consideraciones teóricas ya definimos oportunamente (Rossignol y Wandsnider 1992).

Como ya fue explicitado, esta concepción teórica considera el registro arqueológico como una distribución más o menos continua de artefactos en el espacio, con picos en su densidad, considerando tanto los sitios estratificados como aquellos superficiales y artefactos aislados (Dunnell y Dancey 1983). Las variaciones en la distribución de artefactos pueden ser analizadas como producto de la acción de las poblaciones humanas sobre el paisaje (Belardi y Borrero 2000), resultando de utilidad el concepto de *elementos del paisaje* (Wandsnider 1998).

Los distintos elementos del paisaje diferirán entre sí en cuanto a la planificación de su uso, frecuencia y duración de las ocupaciones, ya que ofrecen distintas posibilidades para su utilización por parte de las poblaciones humanas, como disponibilidad de agua, visibilidad y abrigo, entre otras (Wandsnider 1998).

Metodología de recuperación y análisis de datos

Se decidió realizar este estudio en un paisaje que tuviera la máxima visibilidad arqueológica posible. Para ello se seleccionaron la UP Los Gigantes, en el pastizal de altura, y la UP San Antonio, en el valle. Se definieron los *elementos del paisaje* característicos de las planicies de altura y del valle. En las primeras se destacan a) Las *Pampillas*, consistente en superficies más o menos planas cubiertas con pastizales, suelos poco profundos y bajo porcentaje de afloramientos rocosos; b) Las *Quebradas*, paisajes de topografía abrupta que alojan a los cauces de los ríos y arroyos, poseen vegas, suelos poco profundos y alto porcentaje de afloramientos rocosos; y c) Los *Bordes de quebradas*, que constituyen la región adyacente al filo de las quebradas en su unión con las pampillas, poseen suelos muy poco profundos, alto porcentaje de afloramientos rocosos, y muy buena visibilidad de los accesos a las quebradas desde las pampillas.

Para el ambiente de valle, debido a los problemas de visibilidad y logísticos mencionados, se decidió establecer

Sitio	Localización	Unidad Geomorfológica*	Emplazamiento	Tipo de Sitio
Ensenadas 1	31° 36.873' S 64° 46.486' O	V	Margen arroyo Las Ensenadas	Concentración superficial de artefactos líticos
Ensenadas 2	31° 37.078' S 64° 46.486' O	V	Margen arroyo Las Ensenadas	Concentración superficial de artefactos líticos
Ensenadas 3	31° 37.213' S 64° 46.503' O	V	Margen arroyo Las Ensenadas	Cantera en afloramiento
Ensenadas 4	31° 37.646' S 64° 46.198' O	V	Margen arroyo Las Ensenadas	Concentración superficial de artefactos líticos
Ensenadas 5	31° 36.497' S 64° 45.784' O	V	Margen arroyo Las Ensenadas	Concentración superficial de artefactos líticos
Ensenadas 7	31° 36.228' S 64° 46.063' O	V	Margen arroyo Las Ensenadas	Concentración superficial de artefactos líticos
Ensenadas 8	31° 35.724' S 64° 46.449' O	V	Margen arroyo Las Ensenadas	Cantera en afloramiento
Ensenadas 9	31° 35.719' S 64° 46.789' O	V	Margen arroyo Las Ensenadas	Concentración superficial de artefactos líticos
Las Trancas 1	31° 36.229' S 64° 45.291' O	M	Margen arroyo Las Trancas	Concentración superficial de artefactos líticos
Las Trancas 2	31° 36.150' S 64° 45.152' O	M	Zona de cárcavas	Concentración superficial de artefactos líticos
Las Trancas 3	31° 35.882' S 64° 45.167' O	M	Margen arroyo Las Trancas	Cantera en afloramiento
Las Trancas 4	31° 36.052' S 64° 45.191' O	M	Margen arroyo Las Trancas	Artefactos líticos en abrigo rocoso
Las Trancas 6	31° 36.130' S 64° 45.340' O	M	Ladera	Cantera en afloramiento
El Cóndor 2	31° 36.432' S 64° 45.273' O	U	Pampilla	Cantera en afloramiento

U: Planicies fuertemente y moderadamente disectadas; M: Laderas y quebradas rocosas escarpadas; V: Fondos de valle

Tabla 5.5. Sitios arqueológicos detectados en la UP El Cóndor.

las transectas en un sector que posibilitara la máxima visibilidad arqueológica. Para ello, se prospectó sistemáticamente la margen sur del Lago San Roque, que con anterioridad a la construcción del dique, correspondió al sector costero del río San Antonio.

La metodología adoptada para el análisis de la distribución superficial se basa en la propuesta por Borrero (*et al.* 1992), con algunas modificaciones, y consistió en la realización al azar de transectas transversales de 100 metros de largo y 5 metros de ancho, en los distintos elementos del paisaje. Durante la ejecución de las mismas, se registraron todos los elementos presentes dentro de las transectas, los que consistieron únicamente en artefactos líticos. Asimismo, se evaluó cómo afectan la visibilidad y obstrusividad los

resultados obtenidos durante la recuperación de materiales en las transectas definidas.

Los hallazgos se clasificaron según unidades analíticas, que constituyen medidas de variación en la densidad de artefactos: *sitio* es un conjunto de 25 o más artefactos, *concentración* es una agrupación de 2 a 24 artefactos; en ambos casos dentro de un círculo de 20 m de diámetro. Finalmente, un *hallazgo aislado* está rodeado por un círculo de 20 m de diámetro sin descubrimientos (Borrero *et al.* 1992).

Foto 5.3. Laderas y quebradas rocosas escarpadas.

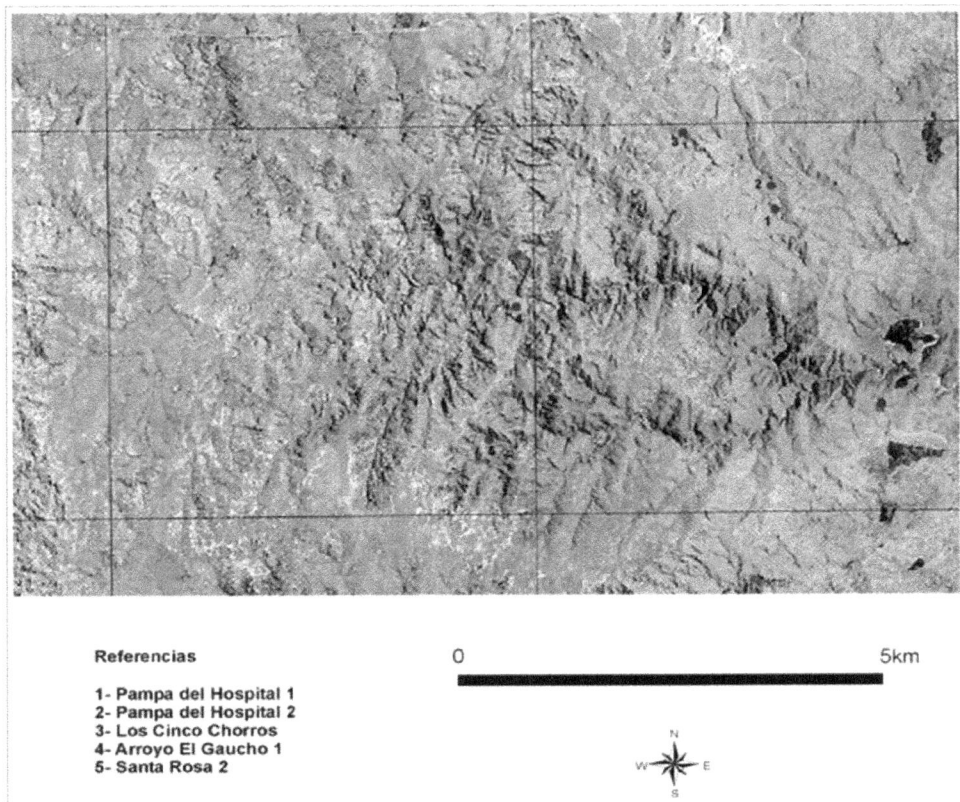

Referencias

1- Pampa del Hospital 1
2- Pampa del Hospital 2
3- Los Cinco Chorros
4- Arroyo El Gaucho 1
5- Santa Rosa 2

0   5km

Figura 5.5. Unidad de prospección Achala.

Sitio	Localización	Unidad Geomorfológica*	Emplazamiento	Tipo de Sitio
Santa Rosa 2	31° 43.228' S 64° 45.190' O	H	Fondo de quebrada	Artefactos líticos en abrigo rocoso
Arroyo El Gaucho 1	31° 41.066' S 64° 45.159' O	M	Fondo de quebrada	Artefactos líticos en abrigo rocoso
Los Cinco Chorros 2	31° 37.402' S 64° 43.351' O	M	Margen arroyo Cinco Chorros	Cantera en afloramiento
Pampa del Hospital 1	-	M	Borde de quebrada	Concentración superficial de artefactos líticos
Pampa del Hospital 2	-	M	Borde de quebrada	Concentración superficial de artefactos líticos

*U: Planicies fuertemente y moderadamente disectadas; M: Laderas y quebradas rocosas escarpadas; H: Lomas y laderas rocosas

Tabla 5.6. Sitios arqueológicos detectados en la UP Achala.

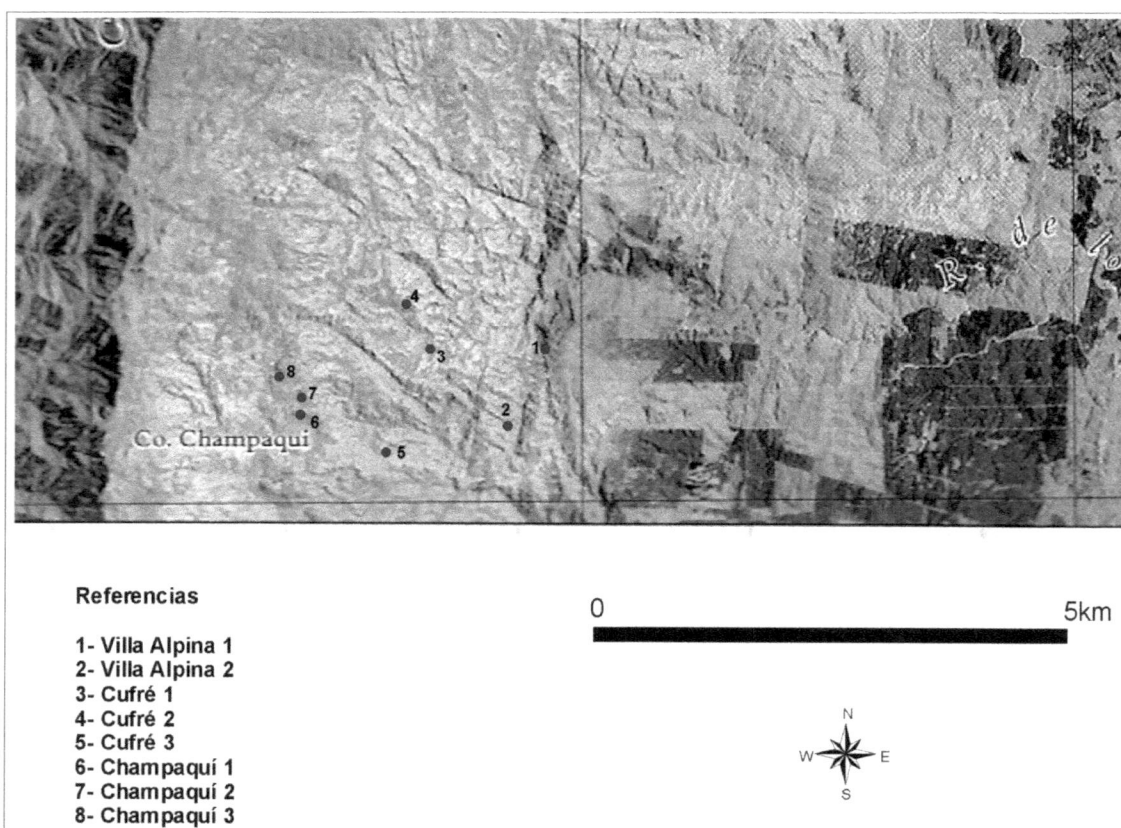

Referencias

1- Villa Alpina 1
2- Villa Alpina 2
3- Cufré 1
4- Cufré 2
5- Cufré 3
6- Champaquí 1
7- Champaquí 2
8- Champaquí 3

Figura 5.6. Unidad de prospección Champaquí.

Sitio	Localización	Unidad Geomorfológica*	Emplazamiento	Tipo de Sitio
Villa Alpina 1	31° 80.710' S 64° 49.844' O	M	Ladera	Concentración superficial de artefactos líticos
Villa Alpina 2	31° 81.690' S 64° 51.194' O	M	Ladera	Cantera en afloramiento
Cufré 1	31° 80.849' S 64° 52.684' O	H	Borde de quebrada	Concentración superficial de artefactos líticos
Cufré 2	31° 80.269' S 64° 53.172' O	H	Borde de quebrada	Concentración superficial de artefactos líticos
Cufré 3	31° 81.812' S 64° 53.355' O	H	Borde de quebrada	Artefactos líticos en abrigo rocoso
Champaquí 1	31° 80.611' S 64° 55.495' O	U	Pampilla	Cantera en afloramiento
Champaquí 2	31° 81.227' S 64° 55.281' O	U	Pampilla	Artefactos líticos en abrigo rocoso
Champaquí 3	31° 81.130' S 64° 55.172' O	U	Borde de quebrada	Concentración superficial de artefactos líticos

H: Lomas y laderas rocosas; M: Laderas y quebradas rocosas escarpadas; U: Planicies moderadamente disectadas
Tabla 5.7. Sitios arqueológicos detectados en la UP Champaquí.

Sitio	Localización	Unidad Geomorfológica*	Emplazamiento	Tipo de Sitio
San Roque 1	31° 24.895' S 64° 29.983' O	V¹	Margen Lago San Roque	Concentración superficial de artefactos líticos
San Roque 4 "Club de Pescadores"	31° 24.423' S 64° 29.349' O	V¹	Margen Lago San Roque	Concentración superficial de artefactos líticos
Tala Huasi 1	-	V¹	Margen río San Antonio	Concentración superficial de artefactos líticos
Tala Huasi 2	-	V¹	Margen río San Antonio	Concentración superficial de artefactos líticos

* V¹: Fondo de valle con bosque serrano
Tabla 5.8. Sitios arqueológicos detectados en la UP San Antonio.

Planteamiento de transectas en el pastizal de altura

Para analizar cómo se presenta el registro superficial, se plantearon 17 transectas en tres sectores: El Alto, Mataderos y Maldonado. En cada uno de estos sectores se prospectaron tres elementos del paisaje característicos de las pampas de altura: Bordes de quebrada (7 transectas), Quebradas (4 transectas) y Pampillas (6 transectas), abarcando una superficie de 8500 m². Se recuperaron 223 artefactos, siendo la totalidad de los instrumentos tallados elaborados en cuarzo.

Los artefactos líticos obtenidos se clasificaron tecnotipológicamente siguiendo los criterios de Aschero (1983), y se presentan según los tipos y cantidades de artefactos detectados por área de prospección y transecta (Tabla 5.9).

Es importante destacar el alto porcentaje de transectas en las cuales se registraron hallazgos, que es cercano al 88,2%, así como una moderada densidad de artefactos del orden de los 0,026 art./m². La mayor densidad artefactual se registra en los Bordes de quebrada (0,046 art./m²), y en

SECTOR EL ALTO

TRANSECTAS	TIPOS DE ARTEFACTOS														
	1	2	3	4	5	6	7	8	9	10	11	12	13	14	15
T1[B]	3	1	7	2	-	-	-	-	1	-	-	-	-	-	-
T2[B]	3	-	1	-	1	-	-	-	-	-	-	-	-	-	-
T3[B]	9	1	7	-	-	-	3	1	-	-	1	-	1	-	-
T4[B]	5	2	16	1	-	-	-	-	-	-	-	-	-	-	1
T5[P]	1	2	2	-	-	-	-	-	-	-	-	-	-	1	-
T6[P]	6	2	3	-	1	1	-	-	-	-	2	-	-	-	-

SECTOR MALDONADO

TRANSECTAS	TIPOS DE ARTEFACTOS														
	1	2	3	4	5	6	7	8	9	10	11	12	13	14	15
T1[B]	45	1	7	-	-	-	-	-	-	1	3	-	-	-	3
T2[B]	18	-	5	1	-	-	-	-	-	-	-	-	-	-	-
T3[P]	-	1	1	-	-	-	-	-	-	-	-	-	-	-	-
T4[Q]	7	1	9	-	-	-	-	-	-	-	-	-	-	-	2

SECTOR MATADERO

TRANSECTAS	TIPOS DE ARTEFACTOS														
	1	2	3	4	5	6	7	8	9	10	11	12	13	14	15
T1[B]	5	1	3	2	-	-	-	-	-	-	-	-	-	-	-
T2[Q]	3	-	3	-	-	-	-	-	-	-	-	1	-	-	-
T3[Q]	4	-	3	-	-	-	-	-	-	-	-	-	-	-	1
T4[Q]	1	-	1	-	-	-	-	-	-	-	-	-	-	-	-
T5[P]	-	-	-	-	-	-	-	-	-	-	-	-	-	-	-
T6[P]	-	-	-	-	-	-	-	-	-	-	-	-	-	-	-
T7[P]	-	-	1	-	-	-	-	-	-	-	-	-	-	-	-

Referencias: 1: Lasca, 2: Lasca retocada, 3: Núcleo-nucleiforme, 4: Raspador, 5: Denticulado, 6: Cuchillo, 7: Raedera, 8: Filo natural con rastros complementarios, 9: Bifaz, 10: Punta de proyectil, 11: Punta burilante, 12: Muesca, 13: Percutor, 14: Mano, 15: Artefacto sumario no diferenciado. B: Borde de Quebrada, Q: Quebrada, P: Pampilla.

Tabla 5.9. Tipos de artefactos recuperados en las transectas del Pastizal de altura.

segundo orden se ubican las Quebradas (0,019 art./m²). Finalmente, las que presentan la menor densidad de artefactos son las Pampillas (0,008 art./m²).

En cuanto a las clases de artefactos presentes, si bien en general se registra una diversidad importante, la muestra está dominada por lascas (49,3%), núcleos (31%) y lascas con retoques sumarios (5,4%). Con respecto a la forma en que se distribuyen los artefactos, éstos se encuentran mayoritariamente conformando *concentraciones* (31 casos), siguiendo en orden de importancia *hallazgos aislados* (14 casos) y *sitios* (1 caso). Es importante señalar que todas las transectas en las que no se registraron hallazgos, se localizaron en las Pampillas.

Discusión de los resultados obtenidos en el pastizal de altura

En primer lugar, se debe considerar el impacto que produce la visibilidad y la obstrusividad del registro superficial sobre la confiabilidad de los resultados obtenidos. La visibilidad, dadas las características del sector analizado, caracterizado por la presencia de pastizales y arbustos de baja altura, y afloramientos rocosos, puede ser calificada como buena a muy buena, especialmente en los bordes de quebrada y quebradas.

La obstrusividad puede resultar afectada teniendo en cuenta los numerosos afloramientos de cuarzo que presenta la región, causando dificultades para identificar artefactos de cuarzo superficialmente, los cuales conforman casi la totalidad de los ítems recuperados. Este problema se hace más notorio en las quebradas y sus bordes, produciendo una subestimación en las densidades de artefactos registradas.

No obstante, teniendo esto último presente, es posible obtener información valiosa del material superficial y considerar las tendencias observadas como representativas de la estructura arqueológica del área de estudio.

Los resultados alcanzados permiten apreciar una densidad de artefactos moderada en la región, según la escala de densidad propuesta por Wandsnider y Camilli (1992), lo que permite considerar que el ambiente de pampas de altura fue ocupado con frecuencia en momentos prehistóricos. Lo cual es coherente teniendo en cuenta los importantes recursos faunísticos disponibles para las poblaciones humanas en las sierras de Córdoba.

Todos los elementos del paisaje considerados poseen evidencia de haber sido utilizados en el pasado, aunque se reconocen diferencias en cuanto a la intensidad de uso. Los Bordes de quebrada y Quebradas, poseen las mayores densidades y diversidad de tipos de artefactos, en tanto que los ítems recuperados en las Pampillas se presentan en baja densidad y diversidad, sugiriendo que éstas últimas fueron objeto de un tipo de utilización diferente al de los otros espacios.

La evidencia recuperada, sugiere que las quebradas y sus bordes fueron empleadas para desarrollar diversas actividades, mientras que las pampillas habrían sido utilizadas marginalmente, quizás como un espacio de circulación.

Como puede observarse (Tabla 5.10), el registro superficial se presenta en su mayoría conformando *concentraciones*, principalmente en los Bordes de quebradas, con densidades que varían entre 0,1 y 1,2 art./m², y una densidad promedio que ronda los 0,44 art./m². Esto puede ser interpretado como producto de sucesivas ocupaciones a través del tiempo en sectores específicos del paisaje.

La información etnoarqueológica ha revelado que las ocupaciones de cazadores-recolectores, de un mes o menos de duración, producen un registro arqueológico con bajas densidades de artefactos, del orden de los 0,15 a 0,40 art./m² (Binford 1978; O´Connell 1987; Borrero *et al.* 1992). Por ello, es posible que la evidencia superficial del sector analizado, especialmente en los bordes de quebrada, haya sido producida por la instalación de asentamientos temporarios relacionados con actividades cinegéticas.

Esta hipótesis, se basa en que las clases de artefactos dominantes (lascas, lascas retocadas y núcleos), son características de sitios vinculados con la vigilancia del movimiento de las presas de caza o "sitios de espera" donde se procesa la información sobre las presas y se organiza la cacería. Además, estos espacios de borde de quebrada poseen un apropiado dominio visual de las quebradas y sus accesos a las pampillas, siendo éstos últimos espacios óptimos para la caza de camélidos y cérvidos (Aschero y Martínez 2001).

Las tendencias observadas, que podrían relacionarse con el uso diferencial de las distintas unidades del paisaje, deben tomarse con precaución debido a que el tamaño de la muestra influye en los resultados obtenidos. En este sentido, para este caso se calculó para un total de n=17 casos, alfa=0,05, la región crítica r es menor que 0,412, dando como resultado r=0,69, lo que rechaza la hipótesis nula (que no hay correlación). Esto indica que existe una relación lineal entre el n de artefactos y la cantidad de grupos tipológicos recuperados en cada sector que explica un 47% de los casos. La otra parte de los casos no son explicados por razones estadísticas y podrían responder a un uso diferencial de dichos sectores[1].

En cuanto a la asignación cronológica de las concentraciones, el principal problema radica en que estos espacios de altura fueron explotados tanto por poblaciones cazadoras-recolectoras, como por las comunidades productoras de alimentos o agroalfareras del Holoceno tardío.

En algunas concentraciones y hallazgos aislados se recuperaron artefactos que responden tipológicamente a aquellos característicos de los cazadores-recolectores (i.e. bifaces y puntas de proyectil lanceoladas), y en ningún caso se detectaron artefactos cerámicos, o algún otro propio de las poblaciones tardías, como las puntas de proyectil triangulares con pedúnculo y aletas.

Los resultados alcanzados, indican que las mayores densidades de artefactos se registran en las quebradas y sus bordes, mientras que en las pampillas la presencia de artefactos es mínima. La totalidad de los útiles recuperados corresponden a artefactos líticos, consistentes en su mayoría en lascas, lascas marginalmente retocadas y núcleos de cuarzo, los cuales se distribuyen principalmente en los Bordes de quebradas conformando pequeñas concentraciones.

Es posible sugerir, basándonos en esta evidencia, que los Bordes de quebradas y Quebradas fueron intensamente utilizados por las poblaciones humanas, principalmente para el establecimiento de campamentos temporarios vinculados con la realización de actividades cinegéticas, aunque no se descarta el establecimiento de sitios residenciales de corta duración, especialmente en los fondos de quebradas.

Planteamiento de transectas en el fondo de valle

En las márgenes del lago San Roque se plantearon 8 transectas paralelas a la costa, de 1,5 por 50 m cada una de ellas, abarcando una superficie de 1050 m². Durante la

ELEMENTOS DEL PAISAJE	HALLAZGOS AISLADOS	CONCENTRACIONES	SITIOS
Bordes de quebrada	8	17	1
Quebradas	4	8	-
Pampillas	2	6	-

Tabla 5.10. Frecuencias de Hallazgos Aislados, Concentraciones y Sitios en los distintos elementos del paisaje analizados.

ejecución de las mismas se recuperaron 42 artefactos líticos, tanto tallados en cuarzo como pulidos sobre granito. Las tipologías a las que corresponden los artefactos se detallan en la Tabla 5.11. Debe señalarse que los sectores de la costa donde es frecuente detectar evidencias de ocupaciones tardías, como tiestos cerámicos, fueron evitados intencionalmente al trazar las transectas.

La visibilidad del sector prospectado se considera buena a muy buena. No obstante, debe señalarse que debido a su alta visibilidad varios tipos de artefactos, especialmente las puntas de proyectil, cuchillos de pizarra y manos de moler, son recolectados frecuentemente por coleccionistas que visitan la localidad con asiduidad, por lo que la muestra obtenida debe considerarse como altamente sesgada y representando únicamente las densidades mínimas esperables para este sector. En este sentido, hemos examinado colecciones particulares de puntas de proyectil apedunculadas de limbo triangular y cuchillos de pizarra que fueron recolectados en la misma zona en la que se realizaron las transectas, lo que ayudó a caracterizar mejor los conjuntos de artefactos característicos del lugar.

Los resultados indican, para el sector costero del lago San Roque, densidades de artefactos del orden de los 0,04 art./ m². Aún con el importante sesgo que afecta las muestras, son algo superiores a las obtenidas en el sector de pastizales de altura. Esta característica, sumada al tipo de artefactos recuperados en la costa del lago (manos, molinos planos), que son marcadamente diferentes de los hallados en las distribuciones superficiales de los ambientes altos, nos permiten hipotetizar que el fondo de valle fue empleado con un fin diferente al detectado en los bordes de quebrada de los sectores altos. Este habría consistido en la ocupación reiterada de los fondos de valle para el asentamiento de campamentos base, donde la actividad principal habría sido el procesamiento de vegetales, producto de la recolección.

superficial en los ambientes de Pastizal de altura y Fondo de valle. Los resultados alcanzados se consideran muy satisfactorios aunque, debido a la escasa superficie analizada en esta oportunidad, deben ser tomados con precaución y puestos en perspectiva con los resultados obtenidos en las prospecciones y excavaciones sistemáticas realizadas en el área.

El pastizal de altura contiene un registro arqueológico superficial de baja densidad que sugiere el empleo de este espacio para la realización de actividades de caza, principalmente para el establecimiento de campamentos temporarios vinculados al seguimiento y captura de presas gregarias, como los camélidos.

En el fondo de valle, las evidencias apuntan hacia un empleo del espacio más relacionado con la instalación de bases residenciales durante lapsos prolongados, o bien reutilizadas periódicamente, especialmente en la estación estival durante la cual estarían disponibles para su obtención los productos vegetales más importantes de la región, como son el algarrobo y el chañar. Los numerosos instrumentos de molienda obtenidos en las prospecciones en el valle apoyan esta idea.

Los resultados apuntan hacia un uso diferencial de los ambientes, según su potencialidad económica, aunque es necesaria la implementación de nuevos reconocimientos en otros sectores de la región, ampliando considerablemente la superficie estudiada con esta metodología, lo que permitirá obtener una perspectiva más completa del paisaje arqueológico regional.

El análisis estadístico se realizó con la asistencia de la Dra. Nora Franco, a quien le agradezco su gentileza.

Conclusiones del análisis distribucional.

El estudio tuvo como objetivo explorar, mediante el empleo de una metodología distribucional, la naturaleza del registro

SECTOR LAGO SAN ROQUE							
TRANSECTAS	**TIPOS DE ARTEFACTOS**						
	1	**2**	**3**	**4**	**5**	**6**	**7**
T1	3	1	-	1	2	1	-
T2	2	-	-	-	1	-	1
T3	2	-	-	1	3	-	-
T4	1	1	-	-	-	-	2
T5	4	-	-	-	1	-	1
T6	2	-	-	-	2	-	1
T7	1	-	1	-	1	-	-
T8	3	-	-	-	1	-	2

Referencias: 1: Lasca, 2: Denticulado, 3: Núcleo, 4: Artefacto no diferenciado, 5: Mano, 6: Molino plano, 7: Artefacto pulido no diferenciado.

Tabla 5.11. Tipos de artefactos recuperados en las Transectas del Valle.

CAPÍTULO 6
EXCAVACIONES SISTEMÁTICAS EN EL SITIO ARQUEOLÓGICO EL ALTO 3

El Alto 3 es una de las principales localidades arqueológicas de las Sierras de Córdoba. Su importancia radica en que es el único sitio, hasta el momento, que contiene evidencias de la ocupación humana del sector serrano desde la transición Pleistoceno-Holoceno hasta el Holoceno Tardío. A partir del estudio de los diferentes componentes arqueológicos identificados, hemos podido obtener información suficiente para generar hipótesis y discutir ideas acerca de aspectos importantes de la historia aborigen de las Sierras de Córdoba.

Los principales temas de investigación que se iniciaron a partir de la evidencia recuperada en El Alto 3, incluyen problemáticas relacionadas con las características que tuvo el poblamiento inicial de las sierras y la evolución de las estrategias adaptativas y del uso del espacio serrano de altura durante el Holoceno.

Se presenta la información acerca de las características morfológicas y de localización y emplazamiento del sitio, se resumen las principales tareas de excavación y los resultados de los estudios sedimentológicos y del material arqueológico obtenido.

El sitio y su contexto.

El Alto 3 se localiza en el sector nororiental de la Pampa de Achala (Figura 6.1), en las Sierras Grandes Córdoba, a 1650 m s.n.m., sus coordenadas geográficas son 31º 23.934' S y 64º 44.339' O. Consiste en un alero que se abre en un frente granítico ubicado en las cotas superiores de la cabecera de una quebrada, en la Unidad Geomorfológica *Planicies fuertemente disectadas* (Capítulo 5). Se trata de uno de los aleros de mayores dimensiones en el área: su boca tiene un largo de 23 m, su profundidad media es de 5 m y la altura del techo es superior a los 2 m, en tanto que el frente del abrigo está expuesto hacia el sur (Foto 6.1, Figura 6.2).

Excavados en la roca que conforma el piso del interior se localizaron 24 instrumentos de molienda (morteros y molinos planos o conanas), mientras que otros 39 morteros se agrupan en el exterior, sobre una roca plana ubicada a unos 15 m de la abertura.

El sitio se localiza en un ambiente frío y agreste, con abundantes afloramientos rocosos y vegetación de pastos y gramíneas, los que constituyeron un excelente forraje natural para la fauna silvestre que ocupó el área, como *Lama guanicoe,* y *Ozotoceros bezoarticus* (Capítulo 4).

Trabajos de excavación realizados.

Al momento de su localización, el piso del alero estaba conformado, en más de un 90%, por la roca base, en tanto que los sedimentos existentes tenían una escasa potencia. Fuera del alero se ubica una explanada que fue erosionada por una cárcava, dejando al descubierto un perfil en lo que antes debió ser un espacio ocupacional exterior.

El examen de este perfil, de 160 cm de alto, permitió distinguir cinco unidades sedimentológicas, donde afloraban materiales arqueológicos hasta los 130 cm de profundidad.

A partir de esta evidencia se planificaron y desarrollaron los trabajos de excavación en la explanada exterior y en el sector interior, que implicaron la apertura de cuatro cuadrículas de 1m por 1 m en el exterior y dos cuadrículas de 1m por 1 m en el interior (Figura 6.2). Si bien la excavación fue efectuada a partir de capas artificiales de 5 cm de profundidad, se registraron las discontinuidades sedimentológicas existentes, en todo coherentes con las observaciones del perfil. La excavación en el exterior alcanzó 160 cm de profundidad, en los que se identificaron cuatro componentes[1] arqueológicos, los tres inferiores correspondientes a cazadores-recolectores y el superior a comunidades agroalfareras. En tanto que en los sondeos realizados en el interior del alero únicamente se identificaron materiales agroalfareros, por lo que no serán tratados en este estudio.

Debido a las condiciones de extrema acidez de los sedimentos, no se recuperaron restos óseos en ninguno de los estratos y toda la evidencia material se compone de instrumentos y desechos líticos. Es necesario establecer que las clasificaciones tipológicas de artefactos líticos se hicieron siguiendo las propuestas de Aschero (1975, 1983) y Aschero y Hocsman (2004), con modificaciones.

Estratigrafía del sitio.

Las unidades sedimentarias detectadas fueron descriptas siguiendo la metodología propuesta por Butzer (1989)[2] (Figura 6.3):

> · *Unidad Sedimentaria Nº 5.* Desde los 160 cm a los 130 cm. Constituye la base del perfil. Es un sedimento areno- limoso, con presencia de clastos de hasta 15 mm, de color en húmedo pardo oscuro (10YR3/1). Ligeramente plástico. Mineralógicamente se observan feldespatos, micas

Figura 6.1. Localización del sitio El Alto 3.

Foto 6.1. Vista del sitio El Alto 3 (Pampa de Achala).

y fragmentos líticos de granitos. El ph tomado en el campo es ácido. El porcentaje de materia orgánica es de 3,62. Esta unidad es arqueológicamente estéril.

· *Unidad Sedimentaria Nº 4.* Desde los 130 cm a los 110 cm. Presenta una granulometría limo-arenosa, es ligeramente plástico, con estructuras de bloques. Los fragmentos líticos angulosos tienen un diámetro máximo de 18 mm. El color en húmedo es pardo (10YR3/3). Se observan restos de carbón. El ph tomado en el campo es ácido. Tiene 1,57% de materia orgánica.

· *Unidad Sedimentaria Nº 3.* Desde los 110 cm a los 65 cm. Es un sedimento areno- limoso.

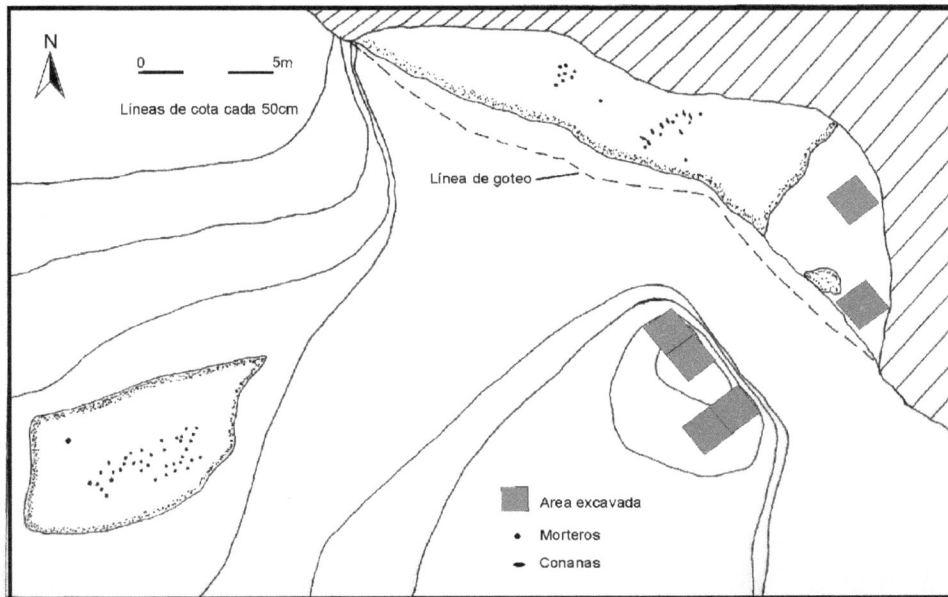

Figura 6.2. Plano de El Alto 3

Tiene abundantes fragmentos líticos angulosos de hasta 23 mm. Carece de estructura sedimentaria. Es brilloso y denso. Presenta restos carbonosos. Tiene escasas evidencias de bioturbación. El color en húmedo es muy oscuro (10YR1,7/1) en correspondencia con el alto porcentaje de materia orgánica (5,88). El ph tomado en el campo es ácido.

· *Unidad Sedimentaria N° 2*. Desde los 65 cm a los 40 cm. No se realizó el análisis granulométrico en laboratorio, debido a su notable semejanza macroscópica con la muestra de la unidad sedimentaria N°1. Su textura a campo corresponde a un sedimento areno- limoso. Es de color pardo en húmedo muy oscuro (10YR2/1). Escasas evidencias de bioturbación. Se observan restos de carbón. El ph tomado en el campo es ácido. El porcentaje de materia orgánica es de 7,66.

· *Unidad Sedimentaria N° 1*. Desde los 40 cm a la superficie. Granulométricamente es un sedimento areno- limoso, con fragmentos líticos de hasta 10 mm, subesféricos a muy poco redondeados. Es de color pardo en húmedo muy oscuro (10YR2/1). Presenta estructura de bloques subangulares medios, moderados. Tiene restos de carbón y abundantes raíces. Es de muy baja densidad y esponjoso. El ph tomado en el campo es ácido. El porcentaje de materia orgánica es de 7,41.

Componentes arqueológicos. Descripción de los materiales recuperados.

A partir de los materiales obtenidos y de las unidades sedimentológicas descriptas, se definieron cuatro componentes superpuestos estratigráficamente. Los tres inferiores corresponden a grupos cazadores-recolectores y el más superficial a comunidades agroalfareras (Figura 6.3). La información obtenida en cada uno de los tres componentes inferiores, es la siguiente:

Componente 1A:

Se desarrolla en la Unidad Sedimentaria N°4. Los desechos de talla e instrumentos líticos constituyen la totalidad del registro arqueológico recuperado. Los primeros son escasos (Tabla 6.1), correspondiendo en su mayoría a lascas internas de tamaños pequeños y muy pequeños de cuarzo, una lasca de adelgazamiento bifacial de brecha, cuatro núcleos de cuarzo, y una punta burilante de ópalo. En este conjunto no se obtuvieron puntas de proyectil.

Detalle de los instrumentos y núcleos:

· Punta burilante angular: constituye el único instrumento obtenido en este Componente. Manufacturado en ópalo, una roca cuyas fuentes más próximas se encuentran a más de 100 km hacia el Norte del sitio, aunque por sus características macroscópicas –diferentes a las conocidas para la región- puede tener un origen extraserrano. Su serie técnica consiste en retoques marginales (Tabla 6.2).

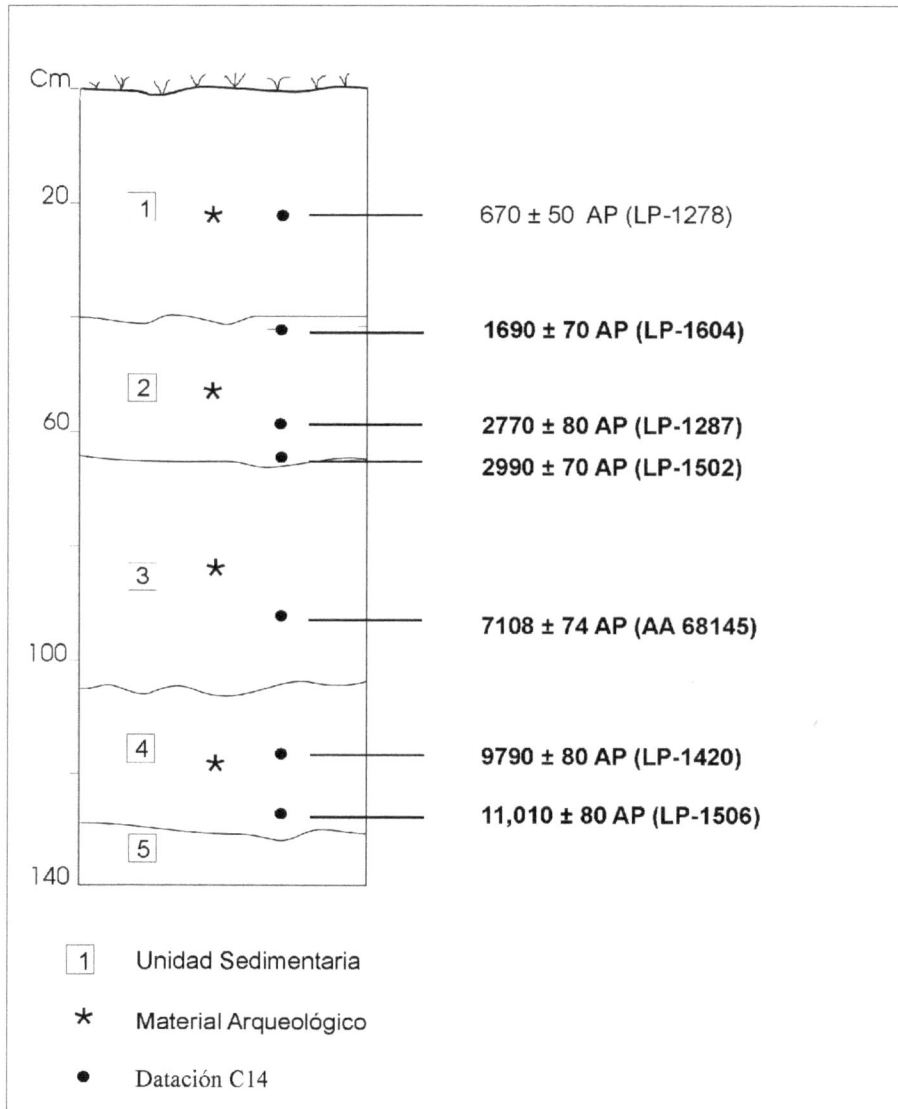

Figura 6.3. Estratigrafía del sitio El Alto 3.

· Núcleos y nucleiformes: Se obtuvieron cuatro núcleos/nucleiformes de cuarzo, que presentaban escasas extracciones (2 o 3). Posiblemente se emplearon para obtener lascas utilizables o formas base para instrumentos informales, aunque no se recuperó ningún instrumento de cuarzo. El tamaño es mediano-grande o grande[3].

Este Componente se dató mediante dos fechados radiocarbónicos sobre dispersiones de carbón vegetal asociadas al material arqueológico. Las fechas obtenidas fueron 9790 ± 80 años AP (LP-1420) y 11.010 ± 80 años AP (LP-1506) (Rivero y Roldán 2005). Estas dataciones constituyen las de mayor antigüedad, hasta el momento, para la región de las sierras de Córdoba, y permiten comenzar a plantear problemáticas referidas al proceso de ocupación humana inicial de estos espacios durante la transición Pleistoceno-Holoceno.

Componente 1B:

Se desarrolla en la Unidad Sedimentaria N°3. Se obtuvieron 3845 desechos de talla (Tabla 6.2), el 99% de los cuales son de cuarzo mientras el 1% restante se reparte entre materias primas locales[4] como ortocuarcita y no locales como calcedonia, ópalo y brecha. El tamaño dominante entre los desechos es el pequeño y muy pequeño. La mayor parte de las lascas son internas, identificándose la presencia de lascas de adelgazamiento bifacial.

Asimismo, se recuperaron 68 artefactos formatizados (Tabla 6.3) y 83 núcleos y nucleiformes, en su mayoría de cuarzo. Una característica distintiva de este componente, es la presencia de puntas de proyectil apedunculadas de limbo lanceolado y con pedúnculo destacado y hombros. Algunas de estas puntas fueron confeccionadas en materiales no disponibles localmente, como calcedonia, pórfiro, brecha

Fragmentación de la muestra	Cuarzo	%	Brecha	%
NMD	234	77	1	100
LFST	28	9	-	-
INDI	43	14	-	-
TOTAL DESECHOS	305	100	1	100
Origen de las extracciones				
Lascas externas	23	10	-	-
Lascas internas	204	87	-	-
Lascas int. de formatización	6	3	-	-
Lascas de adelg. Bifacial	-		1	100
Tamaño de los desechos				
Hipermicrolascas	82	35.1	-	-
Microlascas	128	54.9	1	100
Lascas pequeñas	21	8.5	-	-
Lascas	2	0.8	-	-
Lascas grandes	1	0.4	-	-

Tabla 6.1. Análisis lítico del Componente 1A.

Fragmentación de la muestra	Cuarzo	Calcedonia	Ortocuarcita	Opalo
NMD	2565	8	4	7
LFST	870	3		1
INDI	410	-		-
TOTAL DESECHOS	3845	11	4	8
Origen de las extracciones				
Lascas externas	312	-	-	1
Lascas internas	1820	3	1	-
Lascas int. de formatización	287	2	1	1
Lascas de adelg. bifacial	146	3	2	5
Tamaño de los desechos				
Hipermicrolascas	541	1	-	-
Microlascas	1296	5	3	5
Lascas pequeñas	505	-	1	2
Lascas	176	2	-	-
Lascas grandes	47	-	-	-

Tabla 6.2. Análisis lítico del Componente 1B.

y ópalo, y constituyen los únicos artefactos de materias primas no locales.

Detalle de los instrumentos y núcleos:

· Puntas de proyectil: Se recuperaron diez puntas de proyectil de morfología lanceolada, tres de ellas con pedúnculo destacado y hombros (Figura 6.4). Los ejemplares muestran una importante variabilidad en cuanto a sus dimensiones, aspecto que será tratado más adelante. Todas las puntas han sido obtenidas mediante técnicas de adelgazamiento bifacial, con los bordes regularizados por retoques y microrretoques por presión. Seis puntas fueron confeccionadas en cuarzo, dos en ópalo, una en calcedonia y una en pórfiro. Un ápice confeccionado en cuarzo, que fue recuperado en

este Componente, posee características que permiten considerarlo como perteneciente a una punta de proyectil lanceolada.

· Preformas y esbozos bifaciales: Se recuperaron cinco preformas y un esbozo de pieza bifacial (*sensu* Aschero y Hocsman 2004) de limbo lanceolado, confeccionadas en cuarzo. Estos artefactos presentan evidencias de haber sido trabajados mediante adelgazamiento bifacial y retoques marginales por percusión. Estimamos que estos artefactos fueron abandonados, en las etapas medias de formatización de puntas de proyectil lanceoladas, debido a fracturas o por errores de manufactura irreparables.

· Raspadores: Quince artefactos corresponden a este grupo tipológico, aunque pueden

Grupos Tipológicos	N	%
Raspadores	15	20
Filos bisel asimétrico microrretoque ultramarginal	2	2.7
Raederas	3	4
Cuchillos de filo retocado	2	2.7
Muescas de lascado simple	8	11
Denticulados	2	2.7
Puntas entre muescas	3	4
Artefacto burilante	1	1.3
Puntas de proyectil apedunculadas	7	10.3
Puntas de proy. c/pedúnculo destacado y hombros	3	4
Preformas de puntas apedunculadas	4	5.8
Fragmento apical de punta de proyectil	1	1.3
Esbozo de pieza bifacial	1	1.3
Percutores	1	1.3
Artefactos o filos de formatización sumaria	3	4
Fragmento no diferenciado de artefacto	1	1.3
Raspador+muesca de lascado simple	2	2.7
Filo bisel asimétrico+filo c/microrretoque sumario	1	1.3
Filo bisel asimétrico+raedera	1	1.3
Raedera+muesca de lascado simple	1	1.3
Punta entre muescas+muesca de lascado simple	1	1.3
Filo form. bif. arista sinuosa+muesca de lasc. Simple	1	1.3
Manos de molino	2	2.7
Placa grabada	1	1.3
Artefacto pulido	1	1.3
Total	68	100

Tabla 6.3. Instrumentos recuperados en el Componente 1B.

Ejemplar	Largo mm	Ancho mm	Espesor mm	Masa gr	Pedúnculo esbozado	Materia prima
1	20 (-)	23	6.8	-	no	Ópalo
2	43.3	17.8	8.7	7	no	Cuarzo
3	19 (-)	25.4	11	-	no	Cuarzo
4	36.5	19.2	9.9	6.4	no	Pórfiro
5	53.5	24	11.6	13.5	no	Cuarzo
6	50	26	11.2	14.4	no	Cuarzo
7	38.5	20	9.5	7	no	Calcedonia
8	43.6	20	9.8	7	si	Cuarzo
9	32.6	17	8.8	5.15	si	Cuarzo
10	41.6	21.4	11	8	si	Ópalo

Tabla 6.4. Características de las puntas de proyectil del Componente 1B.

diferenciarse varios subgrupos. Las formas base son lascas, en su totalidad, y la serie técnica comprende la retalla extendida y retoques marginales. La materia prima utilizada es exclusivamente el cuarzo.

· Muescas de lascado simple: Se recuperaron ocho ejemplares confeccionados en cuarzo. Las formas base son lascas internas y la serie técnica consiste en el lascado simple.

· Cuchillos, denticulados y filos de retoque marginal: Se trata, en general, de instrumentos elaborados sobre lascas que presentan un filo más o menos recto y agudo, marginalmente retocado en forma continua. En un caso se trata de un instrumento de limbo lanceolado unifacial, cuya

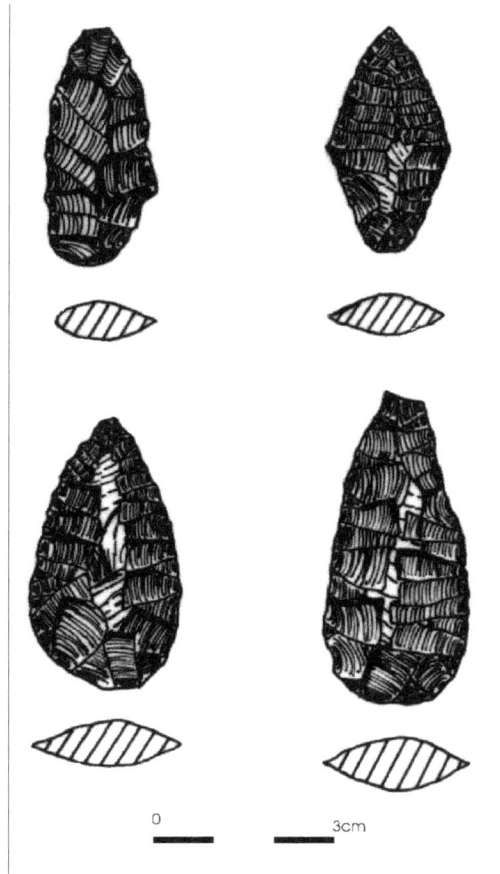

Figura 6.4. Puntas lanceoladas y preformas del Componente 1B.
Arriba puntas pedunculadas, abajo izq. Lanceolada apedunculada, abajo der. Preforma lanceolada.

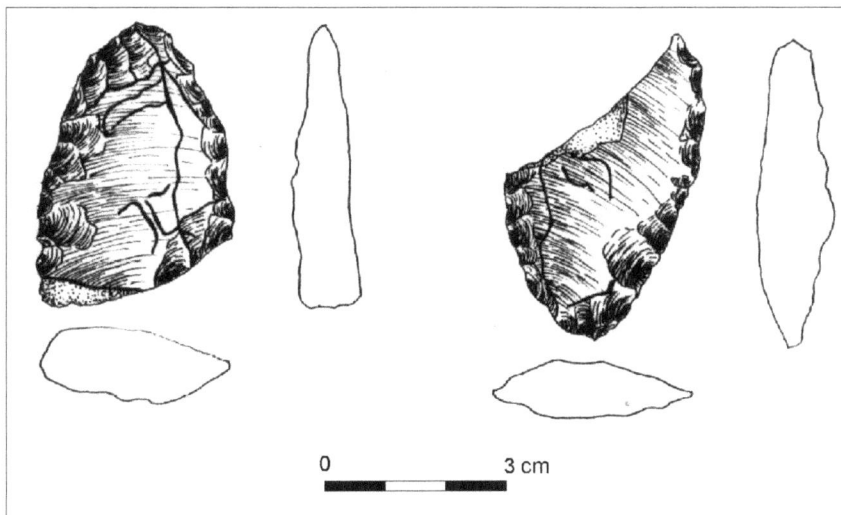

Figura 6.5. Raederas con filos convergentes en punta del C1B.

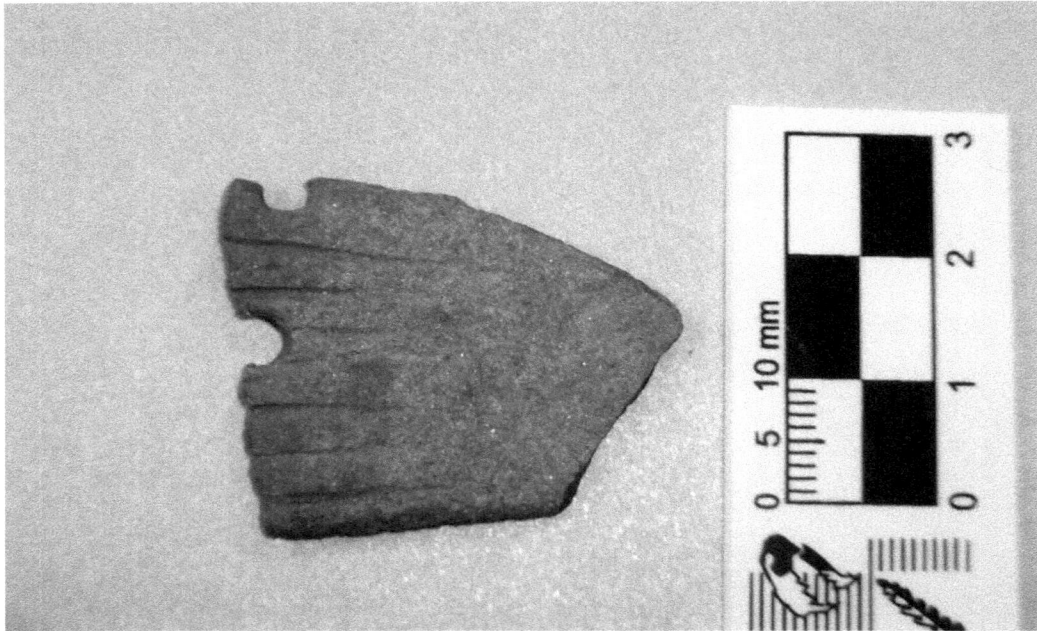

Foto 6.2. Placa grabada (izq.) proveniente del C1B.

base fue trabajada bifacialmente, tal vez para adecuarlo para el enmangue. Se recuperaron seis ejemplares en total, confeccionados en cuarzo.

· Raederas: Se obtuvieron tres ejemplares elaborados en cuarzo. Las formas base son lascas y la serie técnica consiste en retoques marginales y parcialmente extendidos (Figura 6.5).

· Placa grabada: Se trata de un instrumento elaborado sobre una placa de esquisto, que exhibe surcos subparalelos grabados (Foto 6.2). Artefactos de características similares han sido identificados en los niveles inferiores de la Gruta de Intihuasi (González 1960).

· Mano de molino plano: Se recuperaron dos ejemplares elaborados sobre una roca granítica rodada. Presentan desgaste en dos caras y pudo utilizarse en el procesamiento de vegetales.

· Artefacto pulido: Se trata de un ejemplar elaborado sobre una roca granítica plana, de forma rectangular; exhibe desgaste en las dos caras. Hasta el momento, no tenemos ninguna estimación acerca de la función a la que estaba destinado.

· Artefactos compuestos: siete de los artefactos de este Componente consistieron en instrumentos compuestos que combinan dos filos activos, principalmente muescas de lascado simple y filos retocados marginalmente como raspador o raedera

· Núcleos y nucleiformes: Se obtuvieron 83 núcleos y nucleiformes confeccionados en cuarzo, de tamaños dominantes mediano grande, grande y muy grande. Las formas base utilizadas son nódulos, muy abundantes en afloramientos próximos al sitio. La forma total de las piezas corresponde a la categoría amorfa. No se observan, en ningún caso, técnicas de preparación de las plataformas. De acuerdo a las características de los negativos de lascado, se trata de núcleos para la obtención de lascas. De ninguno de los núcleos analizados pudieron obtenerse formas bases adecuadas para la manufactura de útiles altamente formatizados, como las puntas de proyectil. Su reducción apuntó, seguramente, a la obtención de lascas con filos naturales utilizables o para obtener formas base para artefactos de bajo nivel de formatización, como los cuchillos con filos retocados y raederas, entre otros.

En este componente, debido a que no se recuperaron muestras de carbón en cantidad suficiente para ser fechadas mediante el método de Carbono 14 convencional, se decidió datar unas espículas de carbón asociadas a puntas lanceoladas mediante AMS. Esta datación arrojó una fecha de 7108±74 años AP (AA68145)[5], que resultó coherente con los fechados realizados en los niveles inferiores de la Gruta de Intihuasi en *ca.* 8000 años AP (González, 1960), en asociación a puntas de proyectil de morfología similar.

Fragmentación de la muestra	Cuarzo	%
NMD	657	34.7
LFST	747	39.5
INDI	486	25.8
TOTAL DESECHOS	1890	100
Origen de las extracciones		
Lascas externas	243	36.9
Lascas internas	263	40
Lascas int. de formatización	141	21.5
Lascas de adelg. bifacial	10	1.5
Tamaño de los desechos		
Hipermicrolascas	327	49.8
Microlascas	289	44
Lascas pequeñas	41	6.2
Lascas	-	-
Lascas grandes	-	-

Tabla 6.5. Análisis lítico del Componente 2.

Grupos Tipológicos	N	%
Raspadores	6	35,3
Cuchillos de filo retocado	1	5,9
Muescas de lascado simple	1	5,9
Denticulados	1	5,9
Cuchillo denticulado	1	5,9
Puntas entre muescas	1	5,9
Puntas de proyectil apedunculadas	2	11,8
Fragmento no diferenciado de artefacto	1	5,9
Punta entre muescas+filo c/microrretoque sumario	1	5,9
Mano	1	5,9
Total	16	100

Tabla 6.6. Instrumentos recuperados en el Componente 2.

Componente 2:

Se encuentra contenido en la Unidad Sedimentaria N°2. La muestra de desechos de talla se compone de 1890 artefactos (Tabla 6.5), en su totalidad de cuarzo, cuyos tamaños dominantes son muy pequeños y pequeños. Corresponden en su mayoría a lascas internas, aunque las externas son las segundas en importancia. Con respecto a las lascas de adelgazamiento bifacial, están presentes en menor proporción que en el componente anterior.

En cuanto a los artefactos, constan de 16 instrumentos (Tabla 6.6) y 19 núcleos y nucleiformes. La totalidad de los instrumentos y núcleos son de cuarzo, con excepción de un raspador de ortocuarcita, una roca localmente disponible al igual que el cuarzo. Los artefactos distintivos de este componente corresponden a las puntas de proyectil apedunculadas de limbo triangular.

Detalle de los instrumentos y núcleos:

· Puntas de proyectil: Se identificaron dos puntas de proyectil de forma triangular (Tabla 6.7, Foto 6.3). Las formas base son lascas y las series técnicas comprenden la retalla extendida y los retoques marginales. La materia prima utilizada es el cuarzo.

· Raspadores: Se recuperaron seis raspadores elaborados sobre lascas de cuarzo lechoso y ortocuarcita. La serie técnica comprende la retalla extendida y el retoque marginal. Algunos ejemplares presentan filos perimetrales.

· Cuchillos y denticulados: Se recuperaron tres artefactos elaborados en cuarzo. Las formas base utilizadas son lascas de cuarzo y la serie técnica comprende retoques marginales.

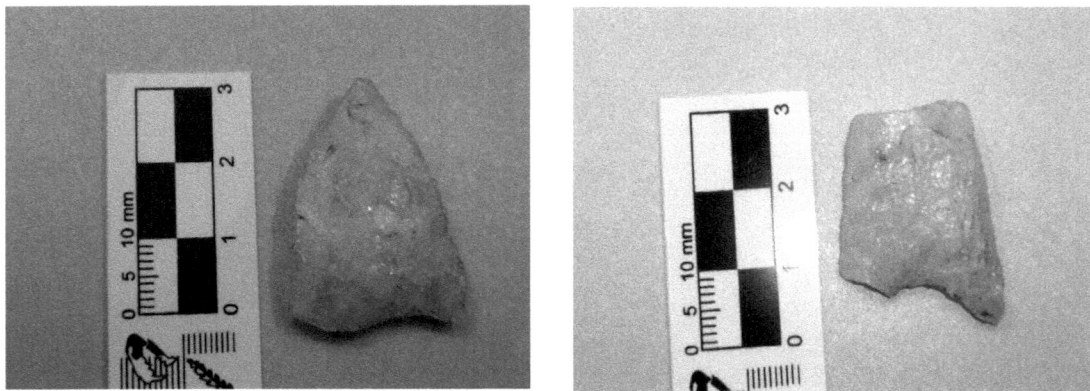

Foto 6.3. Puntas de proyectil del Componente 2.

Ejemplar	Largo mm	Ancho mm	Espesor mm	Masa gr	Pedúnculo esbozado	Materia prima
1	33.5	26.1	8	6.5	no	Cuarzo
2	22 (-)	22	6	-	no	Cuarzo

Tabla 6.7. Características de las puntas de proyectil del Componente 2.

· Muesca de lascado simple: se trata de un artefacto confeccionado en cuarzo, sobre una lasca externa de extracción. Su tamaño es grande.

· Punta entre muescas: un ejemplar confeccionado en cuarzo fue obtenido en este Componente. La forma base empleada fue una lasca interna de extracción de cuarzo. Su tamaño es grande.

· Instrumento compuesto: se trata de un artefacto que combina una punta entre muescas y un filo con microrretoques sumarios. Esta confeccionado sobre una lasca interna de cuarzo. Su tamaño es grande.

· Mano: Un ejemplar fragmentado, elaborado sobre una roca granítica rodada que exhibe desgaste en una sola cara. En base a su morfología, puede postularse su uso para el procesamiento de cueros.

· Núcleos y nucleiformes: Se identificaron 19 ejemplares de cuarzo lechoso, que comparten las mismas características que los del Componente 1B. Se trata de núcleos de formas no estandarizadas, adecuados para la obtención de útiles escasamente formatizados o sin formatización. Sus tamaños dominantes son el mediano pequeño y mediano grande.

Hasta el momento, se cuenta con tres dataciones radiocarbónicas obtenidas de concentraciones carbón vegetal, asociadas estratigráficamente con artefactos líticos, que dieron las fechas 1690 ± 70 años AP (LP-1604), 2770 ± 80 años AP (LP-1287) y 2990 ± 70 años AP (LP-1502). Estas dataciones ubican el inicio del componente en los comienzos del Holoceno tardío.

Discusión acerca de la interpretación funcional de los componentes.

Los grupos cazadores-recolectores utilizan, básicamente, dos tipos de asentamientos: las bases residenciales y los sitios logísticos -v.g. campamentos breves, puestos de caza- (Binford 1980, 1982). En cada uno de ellos se generan «firmas» arqueológicas distintivas, que posibilitan la identificación de su funcionalidad principal.

En general, en las bases residenciales, que es donde la mayor parte del grupo reside en forma permanente, se realizan múltiples actividades que generan áreas de descarte de artefactos y desechos. El grado de correlación de estos items con las actividades realizadas depende de varios factores, entre los que se cuentan la duración de la ocupación, la frecuencia de cambios de lugar de las áreas de actividad y el número de integrantes de la comunidad (Binford 1988; O´Connell 1987). Por otra parte, en los sitios logísticos se desarrolla un número más limitado de actividades dependiendo de la distancia a las bases residenciales, el objetivo de la salida logística y el número de integrantes de la misma (Binford 1977, 1978b).

Asimismo, es muy frecuente que al cambiar de localización un campamento base, el anterior asentamiento residencial sea empleado como sitio logístico para el establecimiento de campamentos breves, debido a que ambas clases de asentamientos precisan de condiciones de emplazamiento similares (cercanía a fuentes de agua y leña, entre otras) (Binford 1982). Esta situación se agudiza en los ambientes montañosos, ya que la disponibilidad de localidades apropiadas es bastante acotada, por lo que se espera que la reutilización de los mismos espacios constituya un fenómeno frecuente.

Debido a esta situación, los estudios etnoarqueológicos efectuados por Binford (1978b, 1982, 1988) sugieren que las localidades empleadas para establecer campamentos base, presentan una variedad más compleja de restos arqueológicos que aquellas empleadas únicamente para establecer sitios logísticos. Asimismo, debería haber una correspondencia entre el potencial económico de un lugar y la naturaleza de las actividades efectuadas allí, así como entre éstas y los ítems que ingresan al registro arqueológico.

En nuestro caso, debido a la ausencia de registro arqueofaunístico, casi la totalidad de la discusión funcional de las ocupaciones se basará en el estudio de los artefactos líticos (desechos e instrumentos). En este sentido, a partir de fines de la década del ´60, se realizaron varios intentos por vincular los artefactos líticos recuperados en los sitios arqueológicos con las actividades en las que habían sido empleados, y de esta manera determinar la funcionalidad de los asentamientos (Ammerman y Feldman 1974; Binford y Binford 1966; Carr 1994; Cowan 1999).

Sin embargo, numerosos estudios han alertado acerca de que los patrones de organización espacial de artefactos, desechos y rasgos, que constituyen lo que se conoce como la «estructura del sitio», no siempre poseen una relación directa con la naturaleza de las actividades realizadas en la localidad, o con su función en el sistema de asentamiento regional (Binford 1977, 1978b; O´Connell 1987; Gamble 1990; Schiffer 1972).

Como una vía de solución para este inconveniente, algunos investigadores han propuesto realizar excavaciones en las que se expongan grandes superficies, para lograr una interpretación más acertada de los patrones presentes en la estructura del sitio (Aldenderfer 1998; Farizy 1994; Gamble 1990; O´Connell 1987). Sin embargo, no siempre es posible realizar intervenciones de esta naturaleza. Además, los conjuntos líticos obtenidos en las excavaciones con frecuencia son el resultado de palimpsestos, producto de múltiples ocupaciones que no tuvieron, necesariamente, la misma función (Binford 1982).

En un trabajo anterior (Rivero y Srur 2006), propusimos que la relación de los tamaños de los instrumentos con las dimensiones de los negativos de lascado en los núcleos, la presencia de reactivación, la proporción de instrumentos fracturados y el tamaño de los desechos de talla, son las vías de análisis que se revelan más diagnósticas de la función de un sitio. En tanto que la diversidad de los artefactos, si bien es una característica útil para determinar funcionalidad de sitios, su empleo se ve reducido debido a que puede estar afectada por problemas como el «palimpsesto» y el tamaño de la muestra, requiriendo cuidadosos controles antes de emplear este indicador (Borrero 1989).

Componente 1A

El análisis de los artefactos obtenidos en este componente indica una baja frecuencia de artefactos, altos porcentajes de desechos procedentes de las etapas iniciales de manufactura, bajos porcentajes de lascas de reactivación, ausencia de raspadores y alta frecuencia de materias primas locales. Si bien el registro arqueológico es muy escaso, y no contamos con evidencias de similar cronología en otros sitios de las sierras de Córdoba, podemos interpretar las ocupaciones que los generaron como campamentos de corta duración.

Los resultados del análisis lítico son coherentes con las expectativas generadas por Franco (2002) para momentos exploratorios de un territorio. Esta investigadora señala que entre las características que tendrían los conjuntos arqueológicos, se destaca la presencia de artefactos enteros manufacturados en materias primas no locales, altas frecuencias de rocas disponibles localmente y núcleos sobre materias primas disponibles en la localidad.

Componente 1B

El conjunto lítico consiste en 68 artefactos formatizados, 83 núcleos y nucleiformes, y 3845 desechos de talla, como se presentó anteriormente (Tabla 6.4). La muestra presenta alta diversidad de grupos tipológicos, donde las puntas de proyectil, preformas y raspadores conforman los grupos dominantes, mientras que se destaca que el 10% de los artefactos son compuestos. Por otra parte, el 71% de los artefactos se encuentran fracturados, lo que representa un porcentaje muy alto. Asimismo, se han identificado evidencias de mantenimiento en el filo de algunos útiles (principalmente puntas de proyectil y raspadores).

Con respecto al tamaño de los instrumentos, predominan los mediano grandes y grandes. Coinciden en parte con el tamaño de las extracciones de los núcleos recuperados (Gráfico 6.1), y con las dimensiones del 26 % de los desechos de talla.

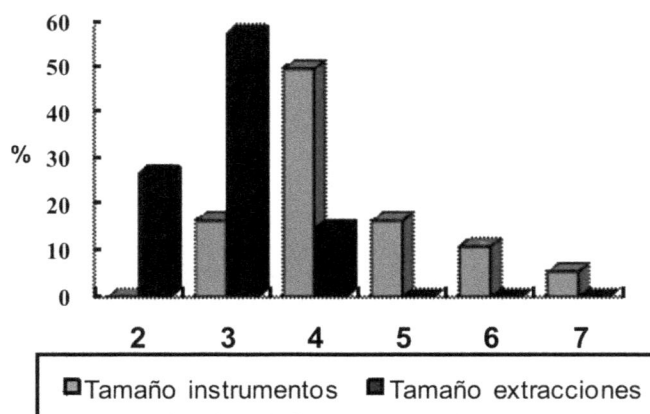

Referencias: 2:pequeño, 3:mediano pequeño, 4:mediano grande
5:grande, 6:muy grande, 7:grandísimo

Gráfico 6.1. Relación tamaño de instrumento-tamaño de extracción para el C1B.

La materia prima principal en la que están trabajados los instrumentos es el cuarzo (94.2%), que constituye un recurso local y abundante en el área. El 5.8 % restante lo conforman rocas no locales como ópalo, calcedonia y pórfiro, cuya localización se encuentra en un radio que va de 10 a 100 km de distancia. Estas materias primas se emplearon exclusivamente para la confección de algunas de las puntas de proyectil (N=4).

El alto grado de fragmentación que presenta el conjunto lítico del C1B (71%), sumado a la presencia de artefactos con evidentes marcas de reactivación, sostienen la idea que en esta localidad se habrían realizado actividades de descarte de artefactos fracturados y/o agotados y de mantenimiento de equipos.

Asimismo, el análisis del tamaño de los instrumentos y de las extracciones en los núcleos, permite sugerir que en el C1B se produjo la extracción de formas bases adecuadas para la formatización de instrumentos mediano-pequeños y mediano-grandes. Los útiles de mayor tamaño, que constituyen la mayor parte, seguramente fueron introducidos al sitio. Debe destacarse que los núcleos poseen pocas extracciones y no existen evidencias de que hayan sido muy explotados, seguramente debido a la gran disponibilidad local de cuarzo.

Los indicadores señalados, apoyarían la hipótesis de que la localidad de El Alto 3, durante el período representado por el C1B, se habría utilizado principalmente para la instalación de campamentos base, en los que realizaron tareas de manufactura, uso, mantenimiento y descarte de instrumentos.

Componente 2

La muestra consiste en 16 instrumentos, 19 núcleos y 1890 desechos de talla (Tabla 6.13). Los instrumentos con mayor grado de inversión de trabajo consisten en puntas de proyectil apedunculadas de limbo triangular, confeccionadas mediante reducción bifacial (*sensu* Aschero y Hocsman 2004). Los restantes instrumentos poseen únicamente retoques marginales y parcialmente extendidos, como cuchillos, raspadores y puntas entre muescas. La mayoría de los instrumentos fueron manufacturados en cuarzo, con excepción de un raspador de ortocuarcita, que es una roca local disponible a menos de 10 km del sitio.

El conjunto de instrumentos presenta baja diversidad, destacándose los raspadores y en segundo término las puntas de proyectil. Ambos grupos tipológicos constituyen aproximadamente el 50% de la muestra. Es notable la baja frecuencia de artefactos compuestos y la ausencia de evidencias de mantenimiento de filos. Los únicos instrumentos fracturados corresponden al grupo tipológico puntas de proyectil.

Los instrumentos, en cuanto al tamaño se reparten entre las categorías mediano-grande y grande; son considerablemente mayores al tamaño de los desechos y de los negativos de lascado medidos en los núcleos, que corresponden casi en su totalidad a los tamaños pequeño y mediano-pequeño (Gráfico 6.2).

En resumen, el Componente 2, a diferencia del C1B, posee muy bajo porcentaje de instrumentos fracturados (12,5%), y todos tienen tamaños mayores a aquellos de los negativos de lascado medidos en los núcleos, lo que permite asumir que la producción en la localidad habría sido una actividad secundaria, y que fueron introducidos al sitio, en su mayoría,

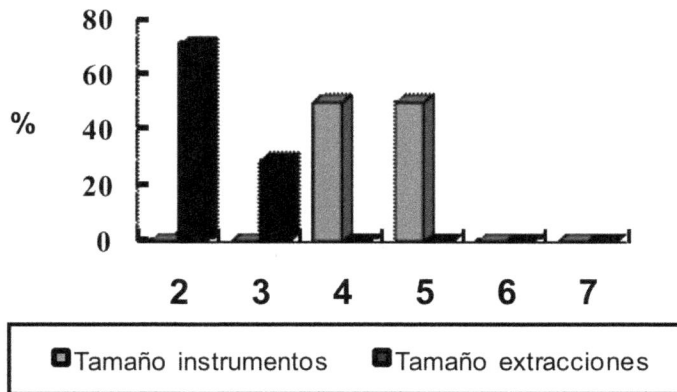

Referencias: 2:pequeño, 3:mediano pequeño, 4:mediano grande,
5:grande, 6:muy grande, 7:grandísimo

Gráfico 6.2. Relación tamaño de instrumento-tamaño de extracción para el C2.

y descartados luego de ser empleados en sus tareas, o dejados como equipamiento (*site furniture*, Binford 1979). Destaca el hecho que los únicos instrumentos fracturados consisten en las puntas de proyectil, sugiriendo la reparación de los sistemas de armas o *retooling*.

Los indicadores mencionados, permiten apoyar la hipótesis de que El Alto 3 fue empleado, durante el período representado por el C2, para la instalación de sitios logísticos, como campamentos transitorios, en los cuales la principal actividad de talla habría consistido en el mantenimiento de las armas.

Conclusión.

En este Capítulo se presentó la información acerca de las actividades de excavación y los resultados del análisis de los materiales obtenidos en el sitio arqueológico multicomponente El Alto 3. Se describieron las tareas realizadas así como los criterios empleados para definir los diferentes componentes identificados. Asimismo, se realizó una descripción de los materiales arqueológicos recuperados en aquellos adscribibles a grupos cazadores-recolectores, como también una interpretación funcional de las diferentes ocupaciones de la localidad a lo largo del extenso lapso que reflejan las dataciones radiocarbónicas obtenidas.

El sitio El Alto 3 adquiere una destacada importancia en el marco arqueológico regional. Aquí se han registrado las más antiguas ocupaciones humanas del sector serrano hasta la fecha, ubicándolas durante la transición Pleistoceno-Holoceno, la cual permite discutir hipótesis referidas al proceso de poblamiento inicial del sector durante finales del Pleistoceno (Capítulo 9).

El análisis del material lítico de los diferentes componentes, reveló importantes diferencias, principalmente en lo referido a las clases de instrumentos presentes, inversión de trabajo en su manufactura y uso de materias primas. Estas diferencias son indicadores importantes para abordar cambios en las estrategias tecnológicas y adaptativas, así como de la evolución de las comunidades cazadoras-recolectoras en la región, como se discute en el Capítulo 11.

[1] Por componente hacemos referencia al contenido material de un sitio en una posición estratigráfica dada.

[2] La descripción del perfil sedimentario fue realizado por el Dr. Jorge Sanabria de la Escuela de Geología, de la Facultad de Ciencias Exactas, Físicas y Naturales, Universidad Nacional de Córdoba.

[3] El tamaño de los instrumentos y desechos se determinó según lo establecido por el gráfico de Bagolini modificado por Aschero (1975, 1983).

[4] Se considera locales a aquellas materias primas cuyas fuentes más próximas al sitio se encuentran dentro de un radio de 10 km.

[5] La datación fue realizada gracias a la gentileza de Timothy Jull (NSF Arizona AMS Facility) y la Nacional Science Foundation (Grant EAR01-15488).

CAPÍTULO 7
EXCAVACIONES SISTEMÁTICAS EN EL SITIO ARQUEOLÓGICO ARROYO EL GAUCHO 1

El sitio Arroyo El Gaucho 1, junto con El Alto 3 (Capítulo 6), constituyen los únicos sitios multicomponentes en estratigrafía detectados hasta el momento en el área de estudio. Su importancia radica en que contienen evidencias de numerosas ocupaciones diacrónicas de cazadores-recolectores, durante un lapso muy extendido, y permiten obtener información útil para el estudio de las estrategias adaptativas dominantes en distintos momentos durante el desarrollo del modo de vida depredador en la región.

La evidencia recuperada en Arroyo el Gaucho 1 (AEG1) se destaca por incluir la primera muestra arqueofaunística numéricamente importante correspondiente al período cazador-recolector de las sierras de Córdoba, en ser analizada empleando metodologías actuales. Los resultados de estos estudios fueron útiles para las interpretaciones que realizamos acerca de los cambios en los modos de vida de los pobladores serranos durante el holoceno.

Los trabajos de excavación se realizaron en el marco de un convenio firmado entre la Cátedra de Prehistoria y Arqueología de la Escuela de Historia, Facultad de Filosofía y Humanidades, y la Administración de Parques Nacionales, para la generación de la Línea de base cultural de la Unidad de Conservación Parque Nacional Quebrada del Condorito y Reserva Hídrica Provincial Pampa de Achala.

El sitio Arroyo El Gaucho 1.

Se trata de un abrigo rocoso localizado a 1843 m s.n.m. en el sector central del Parque Nacional, en la Unidad Geomorfológica *Planicies suavemente disectadas* (Capítulo 5). Se emplaza en un fondo de quebrada en los márgenes del arroyo El Gaucho (Figura 7.1, Foto 7.1).

Las dimensiones del alero son de 9m de largo de la boca, con una altura de 4,70m y una profundidad de 4,60m. El área cubierta es de aproximadamente unos 20m^2, y ofrece óptimas condiciones de protección contra los vientos y las precipitaciones (Figura 7.2).

En el interior del alero, manufacturados sobre una gran piedra se encuentran 5 morteros cuyos diámetros varían entre 11 y 20cm, y sus profundidades escasamente pasan los 7cm, excepto dos que poseen 15cm de profundidad aproximadamente.

Hacia el sureste de esta roca con morteros se encuentra el único sector del abrigo que contenía sedimentos potencialmente excavables. Debido a ello, se plantearon tres cuadrículas en dirección suroeste-noreste, excavándose totalmente dos de ellas.

Excavación y definición de Componentes arqueológicos.

La excavación se realizó mediante niveles artificiales de 5cm, alcanzándose una profundidad promedio de 1,10m. La matriz sedimentaria es limo-arenosa, con numerosas lentes de carbón, y no se distinguen unidades sedimentarias claramente diferenciadas. Se realizaron análisis de pH de los sedimentos para evaluar su incidencia en la conservación del material óseo. Los resultados dieron un pH=8, lo que indica que los sedimentos son moderadamente alcalinos, no afectando significativamente la conservación de los restos arqueofaunísticos (Lyman 1994).

La distribución de materiales arqueológicos, que incluyen artefactos y desechos líticos y restos faunísticos, es continua y es posible distinguir dos componentes principales en base a su posición estratigráfica y algunas clases de artefactos predominantes en cada uno de ellos.

Componente 1

Se desarrolla a partir de los 40cm hasta 140cm de profundidad, y se destaca por la presencia dominante de puntas de proyectil de limbo lanceolado con y sin pedúnculo. Se detectaron varias concentraciones de carbón, de una de ellas, asociada con artefactos líticos a 85cm de profundidad, se extrajo una muestra que fue datada radiocarbónicamente en 7160±90 años AP (LP-1722), ubicando temporalmente este componente en el Holoceno Temprano.

Análisis lítico:

En las excavaciones realizadas se obtuvo una muestra de 1161 desechos líticos (Tabla 7.1) y 27 artefactos líticos (Tabla 7.2). El análisis del material lítico correspondiente a este Componente fue realizado por Valeria Franco Salvi, en el marco de su trabajo final de Licenciatura.

Como puede observarse en la Tabla 7.1 el estado de fragmentación de la muestra es reducido, la mayor parte de los desechos están enteros. Asimismo, se aprecia una variedad de materias primas utilizadas, muchas de ellas de procedencia no local, como la calcedonia y la brecha cuyas fuentes más próximas se encuentran a más de 40 km del sitio.

Figura 7.1. Ubicación del sitio AEG-1.

Foto 7.1. Vista del alero Arroyo El Gaucho 1.

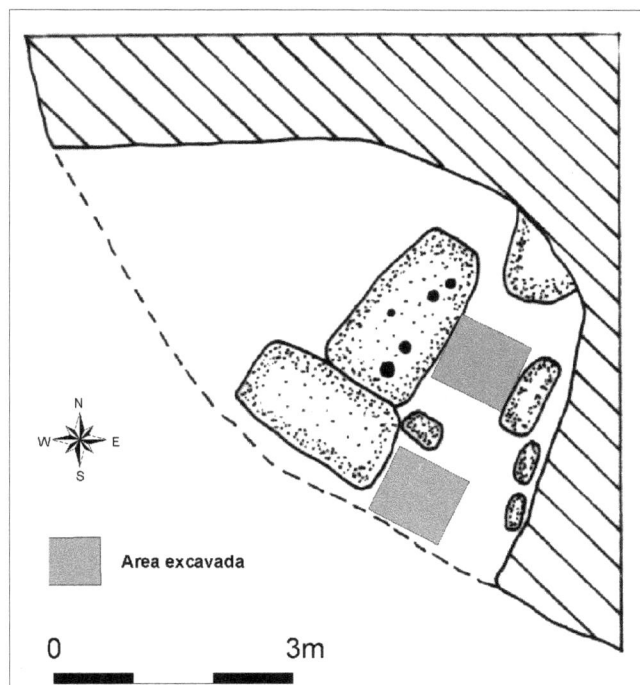

Figura 7.2. Planta del sitio Arroyo El Gaucho 1.

En cuanto al tipo y tamaño de las lascas, es evidente la dominancia de los desechos provenientes de las etapas medias y finales de la formatización de instrumentos, como lo indican la baja proporción de lascas externas y el tamaño de los desechos, principalmente correspondiente a microlascas y lascas pequeñas. De esta forma, la mayor parte de las formas base habrían sido ingresadas al abrigo, mientras que las actividades de reducción de núcleos no parecen haber sido muy importantes.

Asimismo, están presentes lascas de adelgazamiento bifacial, especialmente entre los tipos de materias primas no locales, lo que indicaría la formatización de instrumentos bifaciales con alta inversión de energía en su confección.

Instrumentos y núcleos recuperados:

- Puntas de proyectil: Se identificaron nueve ejemplares correspondientes a puntas de proyectil de limbo lanceolado con y sin pedúnculo, de limbo triangular y fragmentos no diferenciados (Tabla 7.3). Las formas base son lascas y las series técnicas comprenden el adelgazamiento bifacial, la reducción bifacial, la retalla extendida y los retoques y microrretoques marginales. La materia prima utilizada con exclusividad es el cuarzo (Foto 7.2).

- Bifaces y preformas: Se obtuvieron una preforma y dos bifaces elaboradas en cuarzo. Presentan retoques extendidos y evidencias de adelgazamiento bifacial. Su limbo es lanceolado y su tamaño es grande. Una de las bifaces se encuentra fracturada en el sector medial, posiblemente a un error de manufactura.

- Denticulados y cuchillos denticulados: se recuperaron cuatro ejemplares confeccionados sobre lascas de cuarzo mediante retoques marginales. Sus filos son extendidos y su tamaño dominante es Mediano Grande.

- Raedera: de este grupo tipológico sólo se obtuvo un ejemplar de cuarzo elaborado sobre una gran lasca mediante retoques marginales que conforman un filo extendido. Su tamaño es Grandísimo.

- Muesca de lascado simple: se trata de un artefacto elaborado sobre una lasca de cuarzo, su tamaño es Grande.

- Artefactos de retoque marginal: se obtuvieron dos artefactos confeccionados mediante retoques y microrretoques marginales discontinuos sobre lascas de cuarzo. Su tamaño dominante es Mediano pequeño.

- Núcleos y percutores: Se recuperaron seis núcleos y nucleiformes de cuarzo y un percutor de la misma roca. Los núcleos son amorfos con una cantidad de extracciones que varían entre cuatro y ocho.

Fragmentación de la muestra	Cuarzo	%	Calcedonia	%	Brecha	%	Ortocuarcita	%
NMD	676	59	2	100	2	50	1	100
LFST	374	32.4	-	-	2	50	-	-
INDI	76	6.6	-	-	-	-	-	-
TOTAL								
DESECHOS	1154	100	2	100	4	100	1	100
Origen de las extracciones								
Lascas externas	77	11.4	-	-	-	-	-	-
Lascas internas	370	54.7	-	-	-	-	-	-
L. int. de format.	189	28	1	50	-	-	-	-
L. de ad. bifacial	40	6	1	50	2	100	1	100
Tamaño de los desechos								
Hipermicrolascas	37	5.5	-	-	-	-	-	-
Microlascas	360	53.2	2	100	1	50	1	100
Lascas pequeñas	188	27.8	-	-	1	50	-	-
Lascas	59	8.7	-	-	-	-	-	-
Lascas grandes	31	4.6	-	-	-	-	-	-
Grandísimas	1	0.14	-	-	-	-	-	-

Tabla 7.1. Análisis lítico del Componente 1.

Grupos Tipológicos	N	%
Cuchillos denticulado	2	7.4
Denticulados	2	7.4
Muescas de lascado simple	1	3.7
Raedera	1	3.7
Artefacto de retoque marginal	2	7.4
Puntas de proyectil apedunculadas	6	22.2
Puntas de proyectil c/pedúnculo	2	7.4
Fragmento no diferenciado de punta de proyectil	1	3.7
Preformas	1	3.7
Biface	2	7.4
Percutor	1	3.7
Núcleos y nucleiformes	6	22.2
Total	27	100

Tabla 7.2. Instrumentos recuperados en el Componente 1.

Sus tamaños varían entre Grande (2), Muy grande (1) y Grandísimo (3).

Registro arqueofaunístico:

El total de restos faunísticos recuperados se analizó siguiendo los criterios corrientes utilizados en estudios arqueofaunísticos (Klein y Cruz-Uribe 1984; Lyman 1994; Mengoni Goñalons 1999; Stiner 1994). De esta manera, los especimenes fueron identificados a nivel de elemento anatómico, porción, lateralidad y al mayor nivel taxonómico posible. En forma paralela, se registró su clase etaria (fusionados y no fusionados). Para la identificación taxonómica se emplearon materiales comparativos y las guías osteológicas de camélidos (Pacheco Torres et al. 1979) y cérvidos (Altamirano Enciso 1983), además de consultar obras generales de anatomía ósea sobre las principales especies de nuestra región.

La abundancia taxonómica relativa se cuantificó mediante el número de especimenes identificados por taxón (NISP). La riqueza taxonómica fue evaluada mediante la sumatoria del número de taxones (ΣNTAXA). Su determinación implicó la cuantificación de las categorías evitando su superposición. Por su parte, la intensificación en el procesamiento de las presas fue medido mediante el NISP con huellas de corte ($NISP_c$) y el NISP con fractura de origen antrópico ($NISP_f$). A modo de control tafonómico y para medir la integridad de la muestra, se agrega el NISP con marcas de carnívoro ($NISP_{ca}$). Además, se incorporó el número de especimenes que presentan evidencias de haber sido expuestos al fuego ($NISP_Q$).

Ejemplar	Largo mm	Ancho mm	Espesor mm	Masa gr	Pedúnculo esbozado	Limbo	Materia prima
1	22 (-)	25	10	5.54	No	Lanceolado	Cuarzo
2	18 (-)	25	7	3.3	No	Lanceolado	Cuarzo
3	33 (-)	22	9	6.8	Si	Lanceolado	Cuarzo
4	24 (-)	20	10	5.65	No	Lanceolado	Cuarzo
5	23 (-)	18.5	7	3	No	Lanceolado	Cuarzo
6	43 (-)	21	10	9.75	Si	Lanceolado	Cuarzo
7	38	26	7	6.7	No	Triangular	Cuarzo
8	13 (-)	30.5	7	-	No	Triangular	Cuarzo
9	18 (-)	13	5	-	-	Lanceolado?	Cuarzo

Tabla 7.3. Características de las puntas de proyectil del Componente 1.

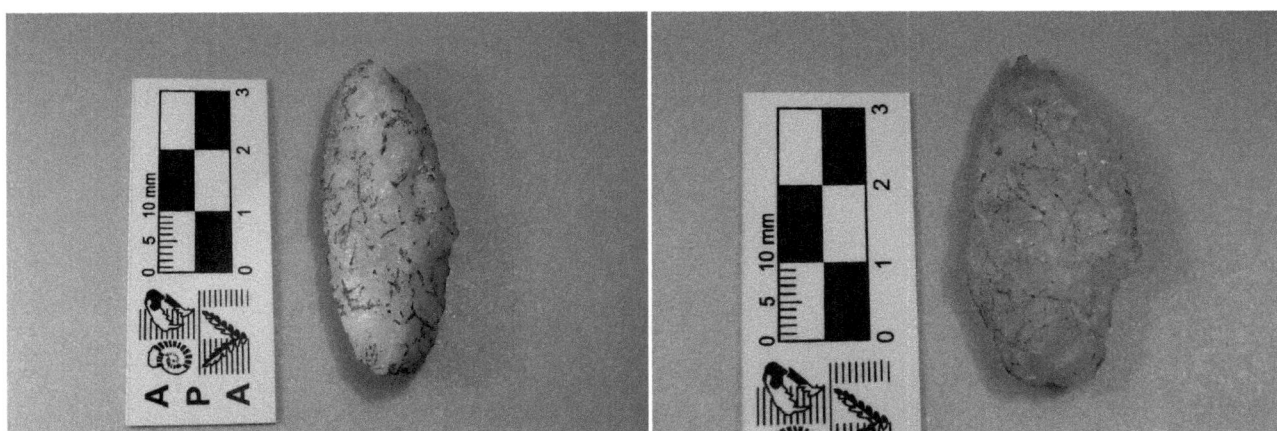

Foto 7.2. Puntas de limbo lanceolado y pedunculadas.

Los restos faunísticos recuperados en este componente consisten en 3534 fragmentos óseos que presentan un buen estado de conservación con un grado de meteorización que varía entre 1 y 2, según la escala de Berhensmeyer (1978), lo que indicaría una sedimentación bastante rápida. Asimismo, la muestra no parece estar afectada significativamente por la acción de carnívoros que puedan haber destruido los huesos. En la Tabla 7.4 se resumen las principales características de los restos faunísticos obtenidos, expresados en NISP (Número de especimenes óseos identificados por taxón).

En este componente se obtuvo un único instrumento óseo, que resulta muy interesante, ya que se trata de un diente de carnívoro, posiblemente de alguna especie de zorro (Matías Medina, com. pers.), que posee una perforación circular en la zona de la raíz del diente (Foto 7.3).

Es posible que dicho diente haya sido empleado como un pendiente, o formado parte de alguna especie de artefacto compuesto. Lamentablemente, no podemos proponer ningún tipo de uso, sólo mencionar que es el primer instrumento de esta clase que se registra en la región en estudio.

Existe una recurrente asociación con restos de zorros en varios sitios tempranos de Argentina y Chile, especialmente sitios del Holoceno Temprano, lo que indicaría una cierta importancia de este recurso para los primeros exploradores del territorio. En los momentos más tardíos, sin embargo, este recurso parece ser ignorado, como sugiere su baja representación en los contextos arqueológicos (Borrero 1999). En este sentido, debemos resaltar que en los niveles inferiores de la Gruta de Intihuasi, datados en *ca.* 8000 años AP, también se encontraron restos de zorro (*Pseudalopex* sp.) (Pascual 1960).

Taxón	NISP	NISPc	NISPf	NISPq	NISPca
Camelidae	649	76	13	116	4
Cervidae	11	2	-	2	1
Artiodactyla	288	4	3	28	-
Caviinae	316	1	-	14	-
Ctenomys sp.	2	-	-	-	-
Holochilus Brasiliensis	3	-	-	-	-
Chaetophractus sp.	3	-	-	-	-
Anatidae	1	-	-	-	-
Ave mediano-pequeña	4	-	-	-	-
Rodentia	5	-	-	1	-
Mamífero Grande	1628	28	-	107	-
Mamífero Pequeño	35	-	-	5	-
Indeterminados	589	-	-	279	-
Total	3534	85	16	552	5

$NISP_c$: con marcas de corte/percusión. $NISP_f$: con fracturas de origen antrópico. $NISP_q$: quemados. $NISP_{ca}$: con marcas de carnívoros.

Tabla 7.4. Número de especimenes identificados por taxón (NISP) del Componente 1 del sitio Arroyo El Gaucho 1.

Foto 7.3. Diente de zorro con perforación, posiblemente empleado como pendiente. Componente 1.

Componente 2

Se desarrolla en los primeros 40cm y se caracteriza por la presencia exclusiva de puntas de proyectil apedunculadas de limbo triangular. Posee varias concentraciones de carbón, dos de las cuales consistían en estructuras de combustión a las que se asociaban artefactos líticos, entre ellos una punta de proyectil, y restos óseos. De éstas dos concentraciones de carbón se extrajeron muestras que fueron datadas en 3590±60 años AP (LP-1599) y 3700±70 años AP (LP-1612), ubicando este componente a finales del Holoceno Medio.

Análisis lítico:

Los materiales recuperados constan de 828 desechos líticos de cuarzo (Tabla 7.5) y 25 artefactos líticos (Tabla 7.6), elaborados en esta materia prima. El análisis de los desechos de talla, indica una baja fragmentación y bajos porcentajes de lascas externas, lo que estaría reflejando que las actividades de reducción de núcleos no habrían sido muy importantes.

La mayor parte de los desechos corresponden a lascas internas y de formatización, de tamaños dominantes

Fragmentación de la muestra	Cuarzo	%
NMD	500	60.3
LFST	190	23
INDI	138	16.7
TOTAL DESECHOS	828	100
Origen de las extracciones		
Lascas externas	90	18
Lascas internas	223	44.6
Lascas int. de formatización	156	31.2
Lascas de adelg. bifacial	31	6.2
Tamaño de los desechos		
Hipermicrolascas	98	19.6
Microlascas	271	54.2
Lascas pequeñas	94	18.8
Lascas	29	5.8
Lascas grandes	6	1.2

Tabla 7.5. Análisis lítico del Componente 2.

Grupos Tipológicos	N	%
Raspadores	1	4
Cuchillos de filo retocado	1	4
Muescas de lascado simple	2	8
Denticulados	1	4
Artefacto de retoque marginal	5	20
Puntas de proyectil apedunculadas	7	28
Biface	1	4
Filo natural c/rastros complementarios	1	4
Núdeos	6	24
Total	25	100

Tabla 7.6. Instrumentos recuperados en el Componente 2.

correspondientes a microlascas e hipermicrolascas, lo tamaños más pequeños parecen corresponder a actividades de reactivación de filos o etapas finales de manufactura de instrumentos. Asimismo, se recuperaron algunas lascas de adelgazamiento bifacial señalando la elaboración de artefactos bifaciales en la localidad.

Instrumentos y núcleos recuperados:

- Puntas de proyectil: Se identificaron siete puntas de proyectil de limbo triangular (Tabla 7.7). Las formas base son lascas y las series técnicas comprenden el adelgazamiento bifacial, la reducción bifacial, la retalla extendida y los retoques marginales. La materia prima utilizada es el cuarzo (Figura 7.4). En su mayor parte se trata de fragmentos basales, aunque se obtuvieron dos ejemplares enteros, uno de ellos con evidentes signos de reactivación.
- Biface: Se recuperó una biface elaborada en cuarzo. Presenta retoques extendidos y evidencias

de adelgazamiento bifacial. Su tamaño es mediano grande.

- Raspadores: Se trata de un ejemplar confeccionado sobre una lasca de cuarzo mediante retoques marginales. Su tamaño es mediano grande.
- Cuchillo de filo retocado: Es un cuchillo confeccionado sobre una lasca de calcedonia mediante retoques marginales bifaciales. Se encuentra fracturado.
- Muescas de lascado simple: Se obtuvieron dos muescas elaboradas sobre lascas de cuarzo.
- Artefactos de retoque marginal: En este grupo tipológico se agrupan cinco ejemplares de cuarzo elaborados sobre lascas mediante retoques unifaciales marginales.
- Denticulado: Se trata de un ejemplar manufacturado sobre una lasca de calcedonia,

Ejemplar	Largo mm	Ancho mm	Espesor mm	Masa gr	Pedúnculo esbozado	Materia prima
1	55	36	7	14.6	No	Cuarzo
2	32	26	7	5.75	No	Cuarzo
3	25(-)	26(-)	4	-	No	Cuarzo
4	25(-)	30	6	-	No	Cuarzo
5	24(-)	22(-)	5	-	No	Cuarzo
6	15(-)	20(-)	6	-	No	Cuarzo
7	17(-)	21(-)	6	-	No	Cuarzo

Tabla 7.7. Características de las puntas de proyectil del Componente 2.

Figura 7.4. Punta de proyectil del Componente 2.

mediante retoques marginales unifaciales. Su tamaño es mediano grande.

- Filo natural con rastros complementarios: Se trata de un ejemplar de calcedonia que presenta daños en el filo en forma de melladuras en media luna, lo que indicaría su empleo en actividades de corte. Su tamaño es mediano pequeño.

- Núcleos: Se obtuvieron seis núcleos de cuarzo. Se trata de núcleos amorfos con escasas extracciones. Sus tamaños dominantes son mediano grandes y grandes.

Registro arqueofaunístico:

En el Componente 2 se obtuvieron 2242 restos faunísticos, los que presentan un grado de meteorización de 1 a 2, según la escala de Berhensmeyer (1978), indicando una conservación bastante buena y un escaso lapso de exposición a la intemperie. Por su parte, la muestra no parece haber sido muy alterada por la acción de carnívoros, como lo indica el bajo número de especimenes con marcas de estos animales.

En la Tabla 7.8 se resumen las principales características de los restos faunísticos obtenidos, expresados en NISP (Número de especimenes óseos identificados por taxón).

Discusión acerca de la interpretación funcional de los componentes.

A continuación, en base a los resultados del análisis del registro lítico y óseo de los dos componentes, se evaluaran las principales variables empleadas para discutir posibles funcionalidades de los asentamientos y la conveniencia de emplearlas en esta investigación. En primer lugar,

Taxón	NISP	NISP$_c$	NISP$_f$	NISP$_q$	NISP$_{ca}$
Camelidae	355	47	18	76	17
Cervidae	27	3	-	5	1
Artiodactyla	61	1	2	14	1
Caviinae	88	-	-	6	-
Ctenomys sp.	7	-	-	1	-
Holochilus brasiliensis	3	-	-	-	-
Chaetophractus sp.	3	-	-	-	-
Ave mediano-pequeña	2	-	-	-	-
Rodentia	317	3	-	19	-
Mamífero grande	1065	6	9	318	4
Mamífero pequeño	16	-	-	2	-
Taxón pequeño	42	-	-	2	-
Indeterminados	256	-	-	256	-
TOTAL	2242	60	29	699	23

NISP$_c$: con marcas de corte/percusión. NISP$_f$: con fracturas de origen antrópico. NISP$_q$: quemados. NISP$_{ca}$: con marcas de carnívoros.

Tabla 7.8. Número de especimenes identificados por taxón (NISP) del Componente 2 del sitio Arroyo El Gaucho 1.

analizaremos los indicadores de funcionalidad de sitios provenientes del análisis lítico, que ya fueron definidos en el Capítulo 6, para ambos componentes. Finalmente, haremos referencia a los indicadores arqueofaunísticos comúnmente empleados para estos fines, y aplicaremos los que sean más convenientes para nuestro caso de estudio.

Análisis lítico y funcionalidad

Para abordar la problemática referida a la interpretación funcional de las ocupaciones del sitio AEG-1 a partir del análisis lítico, emplearemos los criterios definidos en un trabajo anterior (Rivero y Srur 2006), como se hizo en el Capítulo 6 con los materiales líticos de EA-3.

Componente 1:

Se caracteriza por la presencia de bifaces, preformas y puntas de proyectil, tanto enteras como fracturadas por uso, lo que sumado al tamaño de los desechos (predominando los tamaños pequeños y mediano pequeños) y al origen de las extracciones (alta representación de lascas internas y de formatización, así como de adelgazamiento bifacial), parecen indicar que en el sitio se llevaron a cabo tareas relacionadas con las etapas medias y finales de la manufactura de puntas de proyectil.

Es posible que en la localidad se realizara también la elaboración de otros artefactos mediante retoques marginales, como raederas, muescas y denticulados, debido al tamaño de los desechos y a la relación entre el tamaño de los instrumentos y el tamaño de los negativos de las extracciones en los núcleos (Gráfico 7.1)

La presencia de fragmentos basales de puntas de proyectil, con evidencias de fracturas originadas por uso, por otro lado, evidenciaría actividades de reparación de los sistemas de armas. De la misma forma, la existencia de desechos de materias primas no locales como calcedonia y brecha, provenientes del adelgazamiento bifacial o formatización final de artefactos, indicaría la reparación o finalización de instrumentos bifaciales que luego fueron llevados del sitio, ya que la totalidad de los artefactos formatizados recuperados fueron manufacturados en cuarzo.

Resumiendo, los artefactos y desechos líticos del C1 indicarían que en la localidad se realizaron principalmente actividades de manufactura de artefactos bifaciales y de retoques marginales, y secundariamente la reparación de armas y otros artefactos que fueron llevados del sitio. Estas características serían coherentes con una ocupación de tipo residencial, sin embargo la baja densidad de artefactos y desechos presentes (comparadas con EA-3, por ejemplo) podría estar indicando ocupaciones no muy prolongadas por parte de grupos poco numerosos, así como una baja reutilización del sitio.

Componente 2:

Se destaca por la presencia de puntas de proyectil apedunculadas de limbo triangular, de tamaño Grande y Mediano Grande. Estas puntas en su mayor parte se encuentran fracturadas, recuperándose únicamente sus partes basales. La morfología de las fracturas indica que se quebraron debido a un impacto, posiblemente producto de su utilización en actividades de caza.

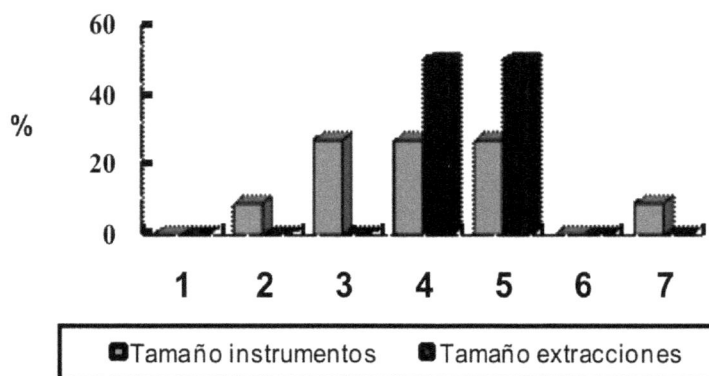

Referencias: 1: muy pequeño, 2:pequeño, 3:mediano pequeño, 4:mediano grande, 5:grande, 6:muy grande, 7:grandísimo

Gráfico 7.1. Relación entre el tamaño de los instrumentos y el tamaño de las extracciones de los núcleos del C1.

El resto de los artefactos corresponden a instrumentos de retoques marginales con baja inversión de trabajo en su manufactura. En su mayor parte, se trata de instrumento vinculados al procesamiento de animales (v.g. denticulados, cuchillos, artefactos de retoques marginales), con tamaños dominantes entre Mediano Grande y Grande.

Si comparamos estos tamaños con las medidas máximas de las extracciones en los núcleos recuperados (Gráfico 7.2), se observa que los artefactos son, en su mayor parte, más grandes que las extracciones, lo que indicaría que fueron traídos al sitio y no manufacturados allí.

Se recuperaron, además, algunos artefactos elaborados en materias primas no locales como la calcedonia, mientras que todos los desechos corresponden a cuarzo, lo que refuerza la idea de que en el sitio se introdujeron artefactos.

Otro indicador que apoya el uso de la localidad para el descarte y reparación de instrumentos, más que para la manufactura, es la dominancia de desechos de talla de tamaños pequeños y muy pequeños, propios de las etapas finales de elaboración o de la reactivación de filos.

El análisis lítico indicaría que la evidencia correspondiente al componente 2 fue el producto de ocupaciones no residenciales, vinculadas a la reparación de armas y otros instrumentos líticos y con poca dedicación a la manufactura de artefactos. Posiblemente, esto esté indicando que el abrigo fue empleado principalmente para establecer campamentos transitorios relacionados con las actividades de caza.

Análisis arqueofaunístico y funcionalidad

El estudio de los restos óseos de grandes animales en sitios arqueológicos posee la ventaja de permitir realizar inferencias acerca de la relación entre la frecuencia con que están presentes las distintas partes esqueletarias y las decisiones humanas que produjeron ese registro. Esto no es una tarea libre de obstáculos, ya que se deben tener en cuenta las condiciones bajo las cuales se formaron los conjuntos óseos, qué actividades estuvieron involucradas (v.g. procesamiento inicial, consumo), y los procesos post-deposicionales no antrópicos que pudieron haber afectado la integridad del registro, entre otros aspectos (Klein y Cruz-Uribe 1984; Lyman 1994; Mengoni Goñalons 1999).

Uno de los modelos más populares que trata con la abundancia relativa de partes esqueletarias y su relación con el comportamiento humano, y que es muy útil para discutir funcionalidad de sitios, es el de transporte selectivo propuesto por Binford (1978a). Éste realizó estudios etnoarqueológicos de grupos cazadores-recolectores Nunamiut, donde recolectó la información de varios eventos de caza, procesamiento y transporte de restos de caribú, registrando los restos faunísticos que eran dejados en los sitios, y realizó excavaciones en sitios recientes de funcionalidad conocida, ya que fueron generados por los mismos cazadores unos años antes.

Binford (1978a) observó los distintos factores que condicionaban el transporte de las carcasas de caribú desde los lugares de caza a los de residencia. Algunos de estos factores fueron: la disponibilidad de medios de movilidad, el número de integrantes de la partida de caza, la distancia a recorrer hasta los asentamientos residenciales, el tamaño y el número de las presas cazadas. Estos condicionantes fueron comprobados en otros casos arqueológicos, etnográficos y etnoarqueológicos en distintas partes del mundo (White 1954; O´Connell et al. 1988; Bartram 1993; Bunn 1993).

Para enfrentar estos condicionantes, se adoptaban distintas estrategias relacionadas con el transporte del producto de

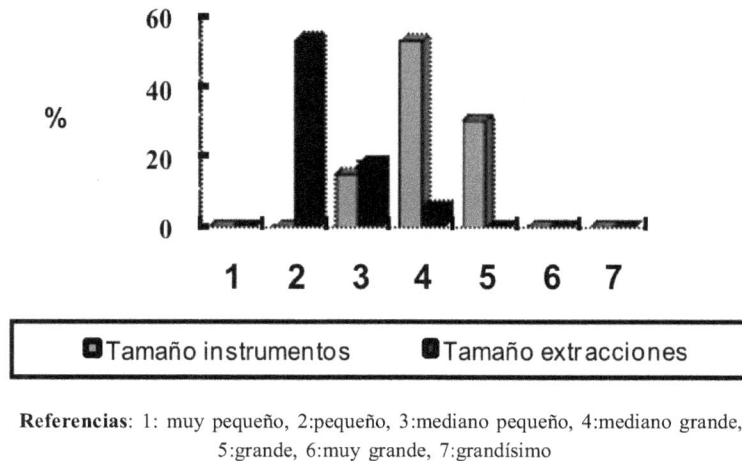

Referencias: 1: muy pequeño, 2:pequeño, 3:mediano pequeño, 4:mediano grande,
5:grande, 6:muy grande, 7:grandísimo

Gráfico 7.2. Relación entre el tamaño de los instrumentos y el tamaño de las extracciones de los núcleos del C2.

la caza, y Binford (1978a) razonó que las partes esqueletarias se transportaban en base a un índice o jerarquía que denominó *utilidad económica*, medida calculada según el rendimiento de carne, grasa y médula ósea que poseen las diferentes partes anatómicas. Este índice se llamó "Índice de Utilidad General Modificado" o MGUI, y ha sido ampliamente empleado en diversos contextos arqueológicos.

Binford (1978a) postula en su modelo que las partes anatómicas de alto rendimiento serían transportadas hacia los campamentos residenciales, mientras que las de baja utilidad económica serían descartadas en los lugares de matanza, y las de moderado retorno serían transportadas dependiendo de la situación. Se diferenciaron tres tipos de estrategias:

- *Estrategia global*: selecciona partes de alto y moderado rendimiento, abandonando las partes de baja utilidad.
- *Estrategia no distorsionada*: la representación de partes anatómicas presentes son proporcionales a su rendimiento.
- *Estrategia gourmet*: presencia casi exclusiva de partes de alto valor económico.

Thomas y Mayer (1983), introdujeron la llamada "estrategia reversa" (*reverse utility strategy*) donde las partes de bajo rendimiento están altamente representadas, lo que sería característico de los lugares de matanza.

Estos modelos han recibido críticas, sobre base de estudios etnoarqueológicos, acerca de aspectos que no son tenidos en cuenta, como el descarne de los huesos (Bartram 1993) o distintos criterios de selección de partes (O'Connell et al. 1988, 1990; O'Connell 1993). Sin embargo, continúan siendo un instrumento de medida útil para discutir

problemáticas como la interpretación funcional de los sitios arqueológicos o estrategias económicas (ver Mengoni Goñalons 1999).

Basándonos en los modelos mencionados, consideramos que la representación de partes esqueletarias presentes en el sitio sería un reflejo del carácter funcional de la ocupación. Se espera que en las ocupaciones producto de actividades de tipo logístico (*sensu* Binford 1980) exista una representación de partes anatómicas coherentes con una *estrategia reversa*, en tanto que las ocupaciones residenciales deberían evidenciar partes esqueletarias adecuadas a una *estrategia global* o *estrategia no distorsionada*.

No obstante la utilidad de estos modelos de selección de partes anatómicas, diversas investigaciones realizadas en los '80 revelaron que existía una correlación inversa entre el valor económico de las partes anatómicas y su respectiva densidad ósea. Esto significa que las partes de mayor rendimiento, al ser menos densas, son más propensas a su destrucción física por procesos postdepositacionales (Lyman 1994), lo que genera un problema de equifinalidad ya que los patrones que podrían interpretarse como evidencia de estrategias reversas pueden ser un artefacto de la destrucción diferencial de partes de alto rendimiento.

Para salvar este problema, las variables referidas a densidad ósea, frecuencia de partes anatómicas y utilidad económica son comparadas y evaluadas mediante el test estadístico de Spearman (con significancia pd»0.05), según lo sugerido por Lyman (1994). Para esta investigación, empleamos los índices de utilidad del guanaco (IUG) calculados por Borrero (1990) y los índices de densidad ósea elaborados por Elkin (1995) (Tabla 7.9).

ELEMENTOS	Utilidad económica (Borrero 1990)	Densidad ósea (Elkin 1995)
Cráneo	10	-
Mandíbula	5.7	-
Atlas	8.8	0.82
Axis	8.8	0.67
Cervical	51.3	0.56
Toráxico	22.1	0.64
Lumbar	44.9	0.42
Sacra	-	0.35
Esternón	8.5	0.2
Costilla	100	0.71
Escápula	38.4	0.6
Húmero proximal	23.8	0.42
Húmero distal	23.8	0.79
Radio Ulna proximal	15.8	0.81
Radio Ulna distal	7.8	0.72
Carpianos	1.3	0.71
Metacarpiano proximal	1.3	0.98
Metacarpiano distal	1.3	0.87
Innominado	40.2	-
Fémur proximal	83.2	0.62
Fémur distal	83.2	0.48
Tibia proximal	21.3	0.55
Tibia distal	21.3	0.82
Tarsianos	1.7	-
Astrálago	1.7	0.79
Calcáneo	1.7	0.85
Metatarso proximal	1.7	0.93
Metatarso distal	1.7	0.73
1° Falange	2.1	0.95
2° Falange	2.1	0.56
3° Falange	2.1	-

Tabla 7.9. Indices de utilidad económica y de densidad ósea del guanaco.

En la Tabla 7.10 se muestra las frecuencias de partes esqueletarias expresadas en %MAU (Unidades Anatómicas Mínimas) para los dos componentes definidos en el sitio. El MAU permite examinar la configuración interna de un conjunto óseo, mientras que el MAU estandarizado o %MAU (estandarizado en una escala que va de 1 a 100, correspondiendo 100 a la unidad anatómica más representada) posibilita comparar varios conjuntos entre sí.

Los resultados alcanzados por el test de Spearman, realizado sobre los dos conjuntos óseos de camélidos provenientes del sitio AEG-1, se muestran en la Tabla 7.11. Como puede observarse, el Componente 1 posee correlaciones positiva no significativa entre %MAU-%IUG y negativa no significativa entre %MAU-Densidad Ósea, en tanto que el conjunto correspondiente al Componente 2 también muestra correlaciones positivas no significativas entre %MAU-%IUG y entre %MAU-Densidad Ósea.

Estos resultados son difíciles de interpretar, debido a que no son significativos estadísticamente. Sin embargo, como la correlación entre %MAU-%IUG en el C1 es más alta que en el C2, podría reflejar que en este último componente se descartaron más partes de bajo valor económico. Sin embargo, necesitan evaluarse otros elementos del registro arqueológico para lograr una conclusión aceptable acerca de la funcionalidad de la localidad en los distintos momentos.

Conclusión.

A partir del análisis de los artefactos líticos y los restos arqueofaunísticos, hemos podido evaluar algunos indicadores considerados diagnósticos acerca de la funcionalidad de las ocupaciones del abrigo rocoso por parte de grupos humanos.

Si bien la interpretación de las partes esqueletarias presentes en los dos momentos de ocupación y su relación con la

ELEMENTOS	NISP C1	MNE C1	%MAU AEG-1 (C1)	NISP C2	MNE C2	%MAU AEG-1 (C2)
Cráneo	45	4	47.6	35	5	100
Mandíbula	19	6	35.7	5	3	30
Atlas	0	0	0	0	0	0
Axis	2	2	23.8	5	5	100
Cervical	60	42	100	24	14	56
Toráxico	55	40	39.6	35	21	35
Lumbar	30	19	32.2	20	11	31.4
Sacro	7	1	11.9	3	3	60
Esternón	2	1	11.9	3	3	10
Costilla	185	76	38	57	21	17.4
Escápula	10	4	23.8	4	4	40
Húmero proximal	7	6	35.7	0	0	0
Húmero distal	2	1	5.9	1	1	10
Radio Ulna prox.	10	6	35.7	6	6	60
Radio Ulna distal	2	1	5.9	8	8	80
Carpianos	6	6	5	5	5	7
Metacarpo prox.	4	4	23.8	6	6	60
Metatarso prox.l	1	1	5.9	8	8	80
Innominado	10	2	23.8	5	5	100
Fémur proximal	10	10	59.5	4	4	40
Fémur distal	0	0	0	3	3	30
Tibia proximal	9	9	53.6	8	8	80
Tibia distal	4	4	23.8	7	7	70
Tarsianos	31	31	37	4	4	8
Astrálago	3	3	17.9	2	2	20
Calcáneo	8	8	47.6	3	3	30
Metapodio distal	2	2	11.9	8	8	80
Metapodio diáfisis	2	2	11.9	7	7	70
1º Falange	30	13	19	38	34	85
2º Falange	15	8	11.9	15	12	30
3º Falange	8	8	11.9	4	4	10

Tabla 7.10. Frecuencias de partes esqueletarias para los dos Componentes del sitio AEG-1.

utilidad económica de las unidades anatómicas, no arrojó un resultado estadísticamente significativo, pueden realizarse algunas consideraciones uniendo esta evidencia con la proveniente del registro lítico es posible proponer algunas ideas acerca de las actividades realizadas en el alero y la función de la localidad en los distintos momentos.

En cuanto al componente 1, que se ubica temporalmente en el Holoceno Temprano (*ca.* 7100 años AP), el estudio de los instrumentos y desechos indica la realización de actividades de manufactura, uso y descarte de artefactos, coherentes con ocupaciones de tipo residencial.

El análisis de la correlación entre la utilidad de las partes anatómicas de guanaco y su representación en el registro, por su parte, indica una tendencia muy débil al descarte de partes esqueletarias de alto valor económico. Estos resultados, aunque no son significativos estadísticamente, si se combinan con los del análisis lítico es posible visualizar un escenario de utilización del alero para su ocupación

residencial durante períodos no muy prolongados, por parte de grupos poco numerosos. Aunque no hay razón para descartar su empleo, en menor proporción, por parte de individuos involucrados en actividades de corta duración, de tipo logísticas (*sensu* Binford 1980).

El componente 2, ubicado a fines del Holoceno Medio (*ca.* 3700 años AP), generó conclusiones un tanto diferentes a las del componente más temprano. El análisis lítico indica que se realizaron, principalmente, actividades relacionadas con el ingreso y descarte de artefactos de retoques marginales (posiblemente vinculados al procesamiento de animales) y de puntas de proyectil fracturadas (en su mayor parte fragmentos basales con fracturas producidas por impacto), con una baja representación de la elaboración de instrumentos. Asimismo, existen indicios que apuntan al mantenimiento de filos de artefactos que luego fueron llevados del sitio, como en el caso de los desechos de calcedonia de tamaños pequeño y muy pequeño (no se

CONJUNTO	R	P
AEG-1 (C1) %MAU - Densidad ósea %MAU - % IUG	-0.157 0.359	>0.05 >0.05
AEG-1 (C2) %MAU - Densidad ósea %MAU - % IUG	0.29 0.006	>0.05 >0.05

Tabla 7.11. Resultados del test de Spearman sobre la correlación del %MAU y los índices de utilidad y de densidad ósea del guanaco para los dos Componentes del sitio AEG-1.

recuperó ningún instrumento elaborado en esta roca no local).

Las correlaciones entre los índices de utilidad y las partes anatómicas de guanaco presentes en AEG-1, por otro lado, poseen un valor muy bajo, lo que podría estar indicando que se descartaron más partes de bajo valor económico que en el componente 1. Aunque la correlación con la densidad ósea dio positiva, es decir que existe la posibilidad de que las partes de alto valor hayan sido destruidas por algún proceso tafonómico o diagenético, al ser tan baja y teniendo en cuenta la ausencia de un número elevado de huesos con marcas de carnívoros (Tabla 7.7) y la falta de acidez o alcalinidad extrema en los sedimentos (Ph = 8), es posible que la muestra no fuera seleccionada en mayor proporción por la densidad ósea que por el valor económico.

Una baja representación de partes esqueletarias de alta utilidad, es lo que se esperaría para ocupaciones no residenciales, es decir campamentos transitorios o logísticos, donde se realizaría un primer procesamiento del animal con el traslado de las partes de mayor rendimiento hacia los asentamientos residenciales (Binford 1978a; Thomas y Mayer 1983; Lyman 1994).

Aunque el empleo de los índices de utilidad económica y frecuencia de partes esqueletarias para establecer funcionalidad de sitios arqueológicos ha recibido varias críticas (O´Connell et al. 1988; Bartram 1993, entre otros), la evidencia proveniente del análisis lítico apoya una interpretación basada en el uso predominante del alero para establecer campamentos transitorios de tipo logísticos. Aún cuando no puede descartarse el uso residencial del abrigo, ésta no parece haber sido la funcionalidad principal de AEG-1 durante el lapso representado en el componente 2.

CAPÍTULO 8
EXCAVACIONES Y SONDEOS EN LA LOCALIDAD ARQUEOLÓGICA EL MATADERO

La localidad arqueológica El Matadero se localiza dentro de la Unidad de Prospección Los Gigantes (Capítulo 5), se trata de una pampilla de unas 15 Has y las cabeceras de las quebradas que dan acceso a esta. En el sector de bordes de quebrada y el interior de éstas, se han detectado afloramientos de cuarzo que fueron empleados como canteras y se recuperaron numerosas dispersiones de material arqueológico en todo el área, tanto en superficie como aflorando en las barrancas del arroyo principal.

La alta densidad de hallazgos alentó una investigación más profunda de todo el sector y se practicaron excavaciones y sondeos en los tres principales sitios arqueológicos detectados. Se trata de sitios al aire libre, dos de ellos en estratigrafía y el restante expuesto superficialmente, casi en su totalidad, sobre el basamento granítico de la zona.

Matadero 14.

Se encuentra localizado en el borde de una quebrada a 1525 m s.n.m. (31º 23.841' S, 64º 42.889' O) en la Unidad Geomorfológica *Lomas y laderas rocosas parcialmente disectadas* (Capítulo 5).

Se trata de una amplia dispersión superficial de artefactos líticos, que se extiende sobre una superficie aproximada de 68 por 20 m, con algunos sectores que contienen altas concentraciones de artefactos (Figura 8.1; Foto 8.1), en tanto que una pequeña parte del sitio se encuentra cubierta por sedimentos. Se destaca el hecho de que los únicos materiales arqueológicos obtenidos fueron instrumentos y desechos líticos.

En primer lugar se analizó la distribución de los materiales superficiales, mediante la recolección de todos los artefactos encontrados en cuadrículas de muestreo de 50 por 50cm, planteadas en las principales concentraciones líticas. El objetivo de este muestreo fue evaluar las características tecnológicas, con el fin de obtener información que pudiera acercarnos a la funcionalidad y posición cronológica de la ocupación.

Para obtener materiales arqueológicos que pudieran presentar una mayor integridad que los superficiales y buscando conseguir materiales datables por métodos absolutos, se planearon dos cuadrículas de 1 por 1 m en el único sector del sitio que presentaba sedimentos. Aunque en esta intervención no se lograron restos orgánicos para efectuar dataciones, la información tecnológica y de uso de materias primas líticas fue de gran utilidad para la discusión acerca de la función del sitio.

Análisis de los materiales superficiales.

En cinco de las concentraciones se plantearon cuadrículas de 50 por 50 cm y se recolectaron todos los artefactos que se encontraban en su interior. Los materiales consistieron en instrumentos y desechos líticos, elaborados en varios tipos de materias primas, en su mayoría cuarzo. Estos instrumentos fueron clasificados según los criterios definidos por Aschero (1975; 1983; Aschero y Hocsman 2004) y se consideró su grupo y subgrupo tipológico, el tamaño, clase técnica y la materia prima utilizada.

A continuación se resumen los materiales recuperados en el muestreo realizado en las diferentes concentraciones:

Concentración 1:

Se obtuvieron 35 artefactos formatizados, en su mayor parte corresponden a bifaces y preformas de puntas de proyectil elaboradas en cuarzo (Tabla 8.1), y 300 desechos líticos de cuarzo (Tabla 8.2)

Detalle de los instrumentos:

- Puntas de proyectil: Se recuperó una punta de proyectil de morfología triangular, obtenida mediante técnicas de reducción bifacial, con los bordes regularizados por retoques y microrretoques por presión. Está confeccionada en cuarzo. Sus dimensiones son 18 mm de largo, 20 mm de ancho y 6,5 mm de espesor.

- Preformas y bifaces: Se recuperaron 15 preformas de puntas lanceoladas (n=11) y triangulares (n=4) (Tabla 8.3), y 10 bifaces de limbo lanceolado (n=8) y triangular (n=2) (Tabla 8.4), trabajados mediante adelgazamiento y/o reducción bifacial y retoques marginales por percusión. Estimamos que estos artefactos fueron abandonados, en las etapas medias de formatización de puntas de proyectil, debido a fracturas o por errores de manufactura irreparables.

- Raspadores: Tres artefactos corresponden a este grupo tipológico. Las formas base son lascas, en su totalidad, y la serie técnica comprende la retalla extendida y retoques marginales. La materia prima utilizada es exclusivamente el cuarzo. Su tamaño es mediano-pequeño.

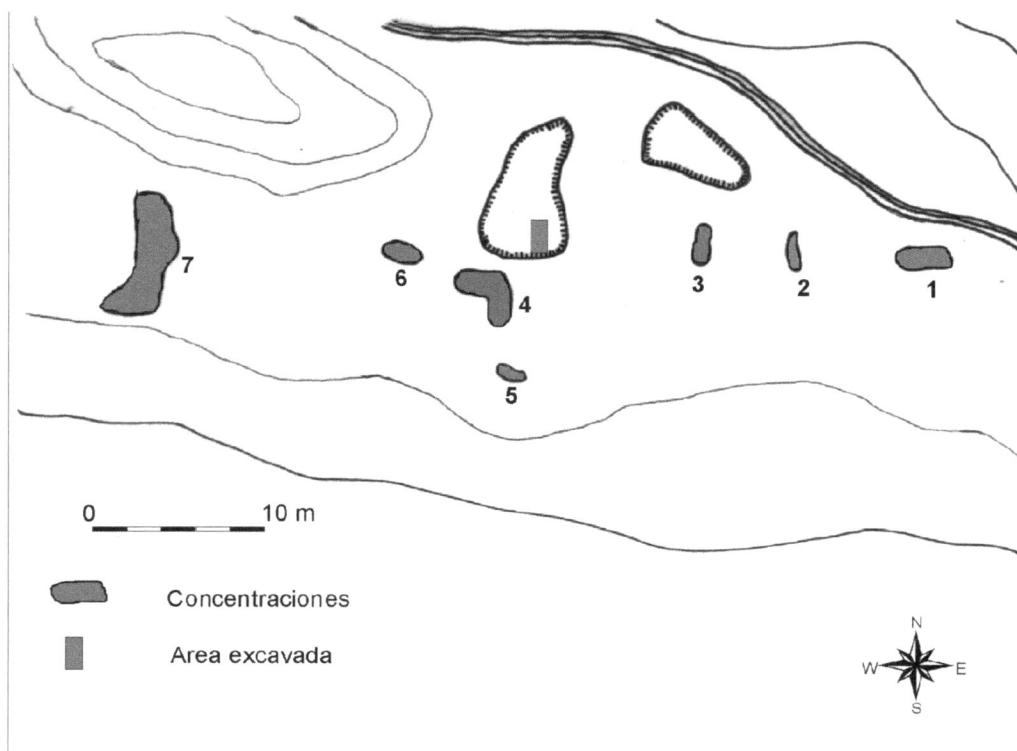

Figura 8.1. Plano del sitio Matadero 14.

*Foto 8.1. Vista Este-Oeste del sitio Matadero 14. En primer
plano la Concentración 1.*

Grupos Tipológicos	N	%
Raspadores	3	8.6
Raederas	2	5.7
Muescas	1	2.8
Denticulados	2	5.7
Puntas entre muescas	1	2.8
Puntas de proyectil apedunculadas	1	2.8
Preformas de puntas apedunculadas	15	42.8
Bifaces	10	29
Total	35	100

Tabla 8.1. Instrumentos recuperados en la Concentración 1 de Matadero 14.

Fragmentación de la muestra	Cuarzo	%
NMD	240	80
LFST	26	8.6
INDI	34	11
TOTAL DESECHOS	300	100
Origen de las extracciones		
Lascas externas	54	22.5
Lascas internas	185	77
Lascas int. de formatización	1	0.4
Lascas de adelg. bifacial	-	-
Tamaño de los desechos		
Hipermicrolascas	8	3
Microlascas	125	52
Lascas pequeñas	87	36
Lascas	17	7
Lascas grandes	3	1.25

Tabla 8.2. Desechos líticos de la Concentración 1 de Matadero 14.

Ejemplar	Largo mm	Ancho mm	Espesor mm	Materia prima	Limbo
1	31 (-)	18	12	Cuarzo	Lanceolado
2	46 (-)	23	13	Cuarzo	Lanceolado
3	41 (-)	38	12	Cuarzo	Lanceolado
4	51	35	13	Cuarzo	Lanceolado
5	34 (-)	33	10	Cuarzo	Lanceolado
6	35 (-)	25	12	Brecha	Lanceolado
7	31 (-)	27	10	Cuarzo	Lanceolado
8	27 (-)	27	10	Cuarzo	Lanceolado
9	28 (-)	26	10	Cuarzo	Lanceolado
10	20 (-)	25	12	Cuarzo	Lanceolado
11	21 (-)	28	10	Cuarzo	Lanceolado
12	29 (-)	29	7	Cuarzo	Triangular
13	24 (-)	26	10	Cuarzo	Triangular
14	27	17 (-)	8	Cuarzo	Triangular
15	18 (-)	23	8	Cuarzo	Triangular

Tabla 8.3. Características de las preformas de la Concentración 1.

Ejemplar	Largo mm	Ancho mm	Espesor mm	Materia prima	Limbo
1	46 (-)	43	22	Cuarzo	Lanceolado
2	42	31	11	Cuarzo	Lanceolado
3	31 (-)	39	13	Cuarzo	Lanceolado
4	26 (-)	38	12	Cuarzo	Lanceolado
5	26 (-)	39	11	Cuarzo	Lanceolado
6	33 (-)	28	9	Cuarzo	Lanceolado
7	27 (-)	31	13	Cuarzo	Lanceolado
8	32	29	10	Cuarzo	Triangular
9	24 (-)	34	9	Cuarzo	Lanceolado
10	25 (-)	22	9	Cuarzo	Triangular

Tabla 8.4. Características de las bifaces de la Concentración 1.

- Muescas: Se recuperó un ejemplar confeccionado en cuarzo. La forma base es una bifaz y la serie técnica consiste en retoques marginales. Su tamaño es mediano-pequeño.

- Punta entre muescas: Es un ejemplar confeccionado en cuarzo. La forma base es una lasca y la serie técnica consiste en retoques marginales. Su tamaño es mediano-pequeño.

- Denticulados: Se trata de dos instrumentos elaborados sobre lascas que presentan un filo más o menos recto y agudo, marginalmente retocado en forma continua, confeccionados en cuarzo. Su tamaño es mediano-pequeño.

- Raederas: Se obtuvieron dos ejemplares elaborados en cuarzo. Las formas base son lascas y la serie técnica consiste en retoques marginales y parcialmente extendidos. Su tamaño es mediano-pequeño.

Concentración 4:

Se obtuvieron 12 artefactos formatizados, en su mayor parte corresponden a artefactos de retoque marginal, elaborados en cuarzo (Tabla 8.5), y 53 desechos de talla (Tabla 8.6).

Detalle de los instrumentos:

- Puntas de proyectil: Se recuperaron dos puntas de proyectil, una de morfología triangular, obtenida mediante técnicas de reducción bifacial, con los bordes regularizados por retoques y microrretoques por presión, y la restante de limbo lanceolado confeccionada mediante adelgazamiento bifacial y retoques extendidos y parcialmente extendidos. La materia prima de ambas es el cuarzo (Tabla 8.7).

- Raspadores: Tres artefactos corresponden a este grupo tipológico. Las formas base son lascas, en su totalidad, y la serie técnica comprende la retalla extendida y retoques marginales. La materia prima utilizada es exclusivamente el cuarzo. Su tamaño es mediano-grande.

- Muescas: Son tres ejemplares confeccionados en cuarzo. Las formas base son lascas y la serie técnica consiste en lascado simple. Su tamaño es mediano-pequeño (N=2) y mediano-grande (N=1).

- Punta entre muescas+denticulado: Se recuperó un instrumento compuesto confeccionado en cuarzo que combina un filo denticulado y una punta entre muescas. La forma base es una lasca y la serie técnica consiste en retoques marginales y su tamaño es mediano-grande.

- Cuchillo: Se trata de un instrumento elaborado sobre una lasca de cuarzo. Presenta un filo más o menos recto y agudo, marginalmente retocado en forma continua. Su tamaño es mediano-pequeño.

- Raedera: Se obtuvo un ejemplar elaborado en cuarzo. Las forma base es una lasca y la serie técnica consiste en retoques marginales. Su tamaño es mediano-pequeño.

- Percutor: Es un ejemplar elaborado en cuarzo. Las forma base es un nódulo de tamaño mediano grande.

Concentración 7:

En la cuadrícula localizada en esta concentración se obtuvieron 21 instrumentos y núcleos (Tabla 8.8) y 24 desechos de talla (Tabla 8.9).

Grupos Tipológicos	N	%
Raspadores	3	25
Raederas	1	8.33
Muescas	3	25
Cuchillo	1	8.33
Puntas entre muescas+denticulado	1	8.33
Puntas de proyectil apedunculadas	2	16.6
Percutor	1	8.33
Total	12	100

Tabla 8.5. Instrumentos recuperados en la Concentración 4 de Matadero 14.

Fragmentación de la muestra	Cuarzo	%	Brecha	%
NMD	50	98	2	100
LFST	1	2	-	-
INDI	-	-	-	-
TOTAL DESECHOS	51	100	2	100
Origen de las extracciones				
Lascas externas	20	40	-	-
Lascas internas	30	60	1	50
Lascas int. de formatización	-	-	-	-
Lascas de adelg. bifacial	-	-	1	50
Tamaño de los desechos				
Hipermicrolascas	6	12	-	-
Microlascas	32	64	2	100
Lascas pequeñas	8	16	-	-
Lascas	3	6	-	-
Lascas grandes	1	2	-	-

Tabla 8.6. Desechos líticos de la Concentración 4 de Matadero 14.

Ejemplar	Largo mm	Ancho mm	Espesor mm	Masa gr	Limbo	Materia prima
1	28 (-)	22	5.5	5.5	Triangular	Cuarzo
2	32	21	9	7.3	Lanceolado	Cuarzo

Tabla 8.7. Características de las puntas de proyectil de la Concentración 4.

Detalle de los instrumentos:

- Puntas de proyectil: Se recuperaron tres puntas de proyectil de morfología triangular, obtenidas mediante técnicas de reducción bifacial, con los bordes regularizados por retoques extendidos y microrretoques por presión. La materia prima empleada es el cuarzo (Tabla 8.10).

- Bifaces: Se obtuvieron dos bifaces de morfología lanceolada, confeccionadas en cuarzo mediante adelgazamiento y reducción bifacial.

- Raspadores: Un artefacto corresponde a este grupo tipológico. La forma base es una lasca y la serie técnica comprende la retalla extendida y retoques marginales. La materia prima utilizada es el cuarzo. Su tamaño es mediano-pequeño.

- Puntas entre muescas: Se recuperaron cinco ejemplares confeccionados en cuarzo. Las formas base son lascas y la serie técnica consiste en lascado simple. Su tamaño es mediano-pequeño.

- Denticulados: Se obtuvieron dos instrumentos elaborados sobre lascas que presentan un filo más o menos recto y agudo, marginalmente retocado en forma continua, confeccionados en cuarzo. Su tamaño es mediano-grande.

- RBO: Un artefacto corresponde a este grupo tipológico. La forma base es una lasca y la serie técnica comprende microrretoques marginales. La

Grupos Tipológicos	N	%
Raspadores	1	4.7
RBO	1	4.7
Punta entre muescas	5	24
Denticulado	2	9.6
Puntas de proyectil apedunculadas	3	14.3
Bifaces	2	9.6
Núcleos y nucleiformes	6	28.6
Mano	1	4.7
Total	21	100

Tabla 8.8. Instrumentos recuperados en la Concentración 7 de Matadero 14.

Fragmentación de la muestra	Cuarzo	%	Ortocuarcita	%
NMD	15	65.2	-	-
LFST	7	30.4	-	-
INDI	1	4.3	1	100
TOTAL DESECHOS	23	100	1	100
Origen de las extracciones				
Lascas externas	3	20	-	-
Lascas internas	12	80	-	-
Lascas int. de formatización	-	-	-	-
Lascas de adelg. bifacial	-	-	-	-
Tamaño de los desechos				
Hipermicrolascas	-	-	-	-
Microlascas	7	46.6	-	-
Lascas pequeñas	4	26.6	-	-
Lascas	2	13.3	-	-
Lascas grandes	2	13.3	-	-

Tabla 8.9. Desechos líticos de la Concentración 7 de Matadero 14.

Ejemplar	Largo mm	Ancho mm	Espesor mm	Masa gr	Limbo	Materia prima
1	28 (-)	21 (-)	8	4.3	Triangular	Cuarzo
2	19 (-)	17	7	2.7	Triangular	Cuarzo
3	19 (-)	22	7	3.5	Triangular	Cuarzo ahumado

Tabla 8.10. Características de las puntas de proyectil de la Concentración 7.

materia prima utilizada es el cuarzo. Su tamaño es pequeño.

- Núcleos y nucleiformes: Se recuperaron 6 núcleos y nucleiformes, tres de ellos son de cuarcita, uno de cuarzo, uno de calcedonia y uno de brecha. El tamaño de estos instrumentos es el mediano pequeño.

- Mano: Se trata de un fragmento de mano de moler de granito.

Asimismo, se obtuvieron cuatro puntas de proyectil de limbo triangular y manufacturadas en cuarzo que se encontraban en la superficie del basamento rocoso, dispersas entre las concentraciones.

Actividades de excavación en Matadero 14.

En el sector que se encuentra cubierto por sedimentos se plantearon dos cuadrículas adyacentes de 1m² (Figura 8.1) con el fin de tratar de obtener materiales arqueológicos con mayor integridad, así como restos de carbón u óseo que

Grupos Tipológicos	N	%
Raspadores	1	8.3
RBO	1	8.3
Muescas	1	8.3
Cuchillo	1	8.3
Denticulado	2	16.6
Puntas entre muescas	2	16.6
Puntas de proyectil apedunculadas	2	16.6
Esbozo de pieza bifacial	1	8.3
Filo natural con rastros complementarios	1	8.3
Total	12	100

Tabla 8.11. Instrumentos recuperados en la excavación de Matadero 14.

Fragmentación de la muestra	Cuarzo	%	Brecha	%	Calcedonia	%
NMD	153	89	4	100	2	100
LFST	8	4.6	-	-	-	-
INDI	11	6.4	-	-	-	-
TOTAL DESECHOS	172	100	4	100	2	100
Origen de las extracciones						
Lascas externas	52	34	-	-	1	50
Lascas internas	97	63	2	50	-	-
Lascas int. de formatización	5	3	-	-	-	-
Lascas de adelg. bifacial	-	-	2	50	1	50
Tamaño de los desechos						
Hipermicrolascas	17	11	1	25	-	-
Microlascas	88	57	3	75	1	50
Lascas pequeñas	40	26	-	-	1	50
Lascas	7	4.6	-	-	-	-
Lascas grandes	1	0.65	-	-	-	-

Tabla 8.12. Desechos líticos de la excavación de Matadero 14.

permitieran datar la ocupación por métodos absolutos. Como mencionamos anteriormente, en la excavación únicamente se obtuvieron materiales líticos, la ausencia de registro óseo puede deberse a la acidez de los sedimentos de la localidad.

La excavación se realizó por niveles artificiales de 10 cm, y alcanzó los 20 cm hasta el basamento granítico, la unidad sedimentaria se componía de arenas limosas con clastos de tamaño grava. La evidencia arqueológica se encontraba concentrada entre los 8 y 15 cm de profundidad. En total se recuperaron 12 instrumentos (Tabla 8.11) y 178 desechos líticos (Tabla 8.12).

Detalle de los instrumentos:

- Puntas de proyectil: Se recuperaron dos puntas de proyectil de morfología triangular, obtenidas mediante técnicas de reducción bifacial, con los bordes regularizados por retoques extendidos y microrretoques por presión. (Tabla 8.13, Foto 8.2).

- Raspadores: Un artefacto corresponde a este grupo tipológico. La forma base es una lasca y la serie técnica comprende la retalla extendida y retoques marginales. La materia prima utilizada es el cuarzo. Su tamaño es mediano-pequeño.

- Puntas entre muescas: Se trata de dos ejemplares confeccionados en cuarzo. Las formas base son lascas y la serie técnica consiste en lascado simple. Su tamaño es mediano-grande

- Muesca: Se obtuvo un ejemplar confeccionado sobre una lasca de cuarzo. Su tamaño es mediano-grande.

- Cuchillos: un instrumento corresponde a este grupo tipológico. Está confeccionado sobre una lasca de cuarzo mediante retoques marginales bifaciales. Su tamaño es mediano-grande.

- Denticulados: Se recuperaron dos instrumentos elaborados sobre lascas que presentan un filo más

Ejemplar	Largo mm	Ancho mm	Espesor Mm	Masa Gr	Limbo	Materia prima
1	25 (-)	19	5	3.8	Triangular	Brecha
2	23 (-)	23 (-)	7	4.8	Triangular	Cuarzo

Tabla 8.13. Características de las puntas de proyectil.

Foto 8.2. Punta de proyectil confeccionada sobre brecha.

o menos recto y agudo, marginalmente retocado en forma continua. Su tamaño es grande.

- RBO: Un artefacto corresponde a este grupo tipológico. La forma base es una lasca y la serie técnica comprende microrretoques marginales. La materia prima utilizada es brecha. Posiblemente estuvo enmangado, debido a su tamaño pequeño.

- Filo natural con rastros complementarios: Se trata de una lasca interna de cuarzo, que presenta melladuras escamosas en el filo, posiblemente debido a actividades de corte. Su tamaño es mediano pequeño.

Discusión acerca del sitio matadero 14.

El sitio Matadero 14 fue una localidad regularmente utilizada para el establecimiento de ocupaciones humanas durante el período prehispánico. Debido a que gran parte de los materiales arqueológicos se encuentran expuestos sobre la superficie, fue posible obtener información muy importante sobre una clase de sitio (i.e. al aire libre) que generalmente posee muy baja visibilidad arqueológica, por encontrarse cubiertos por sedimentos.

El sitio se localiza en una zona que presenta un fuerte impacto antrópico, especialmente por la actividad ganadera, donde el pisoteo, el sobre-pastoreo y el fuego han producido disturbios en grandes sectores del pastizal de la Pampa de Achala. Esta degradación avanza con relativa rapidez, produciendo una simplificación progresiva de la variedad de especies que conforman amplios sectores del pastizal, implicando también una pérdida parcial o total del sustrato, culminando en el granito basal expuesto (Cabido y Acosta 1988).

Esta erosión, que es muy visible en los sectores de cabeceras y bordes de quebradas, expuso casi la totalidad del sitio facilitando su detección y estudio. Sin embargo, es posible que la ausencia de material óseo, además de deberse a la acidez de los sedimentos locales, pueda atribuirse a la exposición durante varios años, tal vez décadas, lo que produce su degradación hasta su completa desaparición (Borrero et al. 1998/1999).

En cuanto a los materiales líticos recuperados en superficie, se distribuyen formando concentraciones de varias decenas de artefactos en irregularidades o depresiones del basamento granítico. Seguramente estos elementos fueron redepositados allí por el efecto del agua, que corre con gran energía por diversos sectores del sitio en su camino hacia el fondo de la quebrada durante la época de las fuertes lluvias estivales.

No obstante, aunque los artefactos no se encuentran en su posición original, las características de la topografía del sector donde se localiza el sitio, con numerosas irregularidades y baja pendiente, aseguran que no fueron desplazados más allá de unos pocos metros como máximo, por lo que son útiles para realizar inferencias acerca de las actividades realizadas y de la utilización que se le dio a la localidad.

Consideraciones generales sobre el material recuperado

El análisis de los desechos de talla y de los instrumentos obtenidos en el muestreo que se realizó sobre las principales concentraciones superficiales de artefactos y en la excavación realizada, permite realizar algunas apreciaciones sobre la naturaleza de las ocupaciones del sitio, así como de la posible asignación cronológica del contexto.

Material superficial:

Los desechos de talla casi en su totalidad son de cuarzo (99%) y corresponden a lascas internas de extracción (77%) y lascas externas (23%), sus tamaños se dividen principalmente entre microlascas (52%) y lascas pequeñas (36%), y sus talones son lisos (91%) y corticales (9%). Los desechos correspondientes a otras materias primas son muy escasos, y son algunas lascas internas y de adelgazamiento bifacial de brecha, de tamaño microlasca.

En cuanto a las clases de artefactos, predominan las preformas de puntas de proyectil y bifaces, las cuales presentan fracturas transversales o defectos de talla que impidieron su terminación. Es posible identificar en la mayor parte de los casos la clase tipo de punta que se buscaba obtener, siendo la forma lanceolada la más representada, también se obtuvieron preformas de limbo triangular. En casi su totalidad estas clases de instrumentos fueron manufacturados en cuarzo, aunque se obtuvo una preforma de brecha.

El siguiente grupo tipológico más común en las recolecciones fue el de las puntas de proyectil, las cuales presentaban fracturas por impacto en su totalidad, estando presentes solamente sus extremos proximales o basales. En su mayoría de los casos se trata de puntas apedunculadas de limbo triangular, salvo en dos de los casos que corresponden a puntas lanceoladas (Figura 8.2).

Los restantes tipos de instrumentos, consisten en artefactos con retoques marginales y parcialmente extendidos, principalmente raspadores, denticulados, raederas y puntas entre muescas. Todos han sido elaborados sobre cuarzo, con una baja inversión de trabajo en su confección. Se destaca el hecho de que algunos instrumentos fueron elaborados utilizando como forma base bifaces fracturadas que habían sido descartadas en el sitio. Asimismo se obtuvieron algunos percutores y núcleos amorfos de cuarzo, de tamaño mediano pequeño y que presentaban escasas extracciones.

Con respecto a las materias primas representadas en la muestra de instrumentos obtenida superficialmente, domina el cuarzo en un 90 %. Las restantes materias primas se dividen entre rocas locales (ortocuarcita) y no locales (brecha y calcedonia), el único instrumento en roca no cuarzo es un bifaz de brecha, en tanto que los restantes artefactos corresponden a núcleos y nucleiformes.

Material en estratigrafía:

En la excavación, se obtuvieron varios instrumentos y desechos que permitieron complementar la información obtenida en el análisis de los artefactos superficiales.

Los desechos de talla de cuarzo consisten principalmente en lascas internas de extracción (63%) y externas (34%), con tamaños correspondientes a microlascas (57%) y lascas pequeñas (26%) y talones lisos (83%) cuyo ancho supera los 7 mm. Los desechos correspondientes a lascas internas de formatización son muy escasos (3%). Esto indicaría que la principal actividad de talla habría consistido en la extracción de formas base para su empleo como instrumentos sin formatizar (i.e. filos naturales con rastros complementarios) o con escasa formatización.

En cuanto a los desechos de otras materias primas (brecha y calcedonia), si bien son muy escasos (3.2%) corresponden principalmente a lascas de reducción bifacial (50%) de tamaños correspondientes a microlascas.

Con respecto a los instrumentos, predominan los confeccionados en cuarzo, que en su mayor parte consisten en artefactos de retoques marginales como denticulados, cuchillos y puntas entre muescas. Un esbozo de pieza bifacial fracturado es el único artefacto que evidencia cierto grado de inversión de trabajo.

Los instrumentos manufacturados en otras rocas son escasos (16%), pero se advierte una gran inversión de trabajo en su confección, especialmente en el caso de una punta de proyectil triangular de brecha. El otro instrumento destacado es un RBO de brecha, que posiblemente estuvo enmangado, debido a sus pequeñas dimensiones.

Conclusiones:

Los resultados del análisis lítico de los materiales superficiales y de los que se encontraban enterrados,

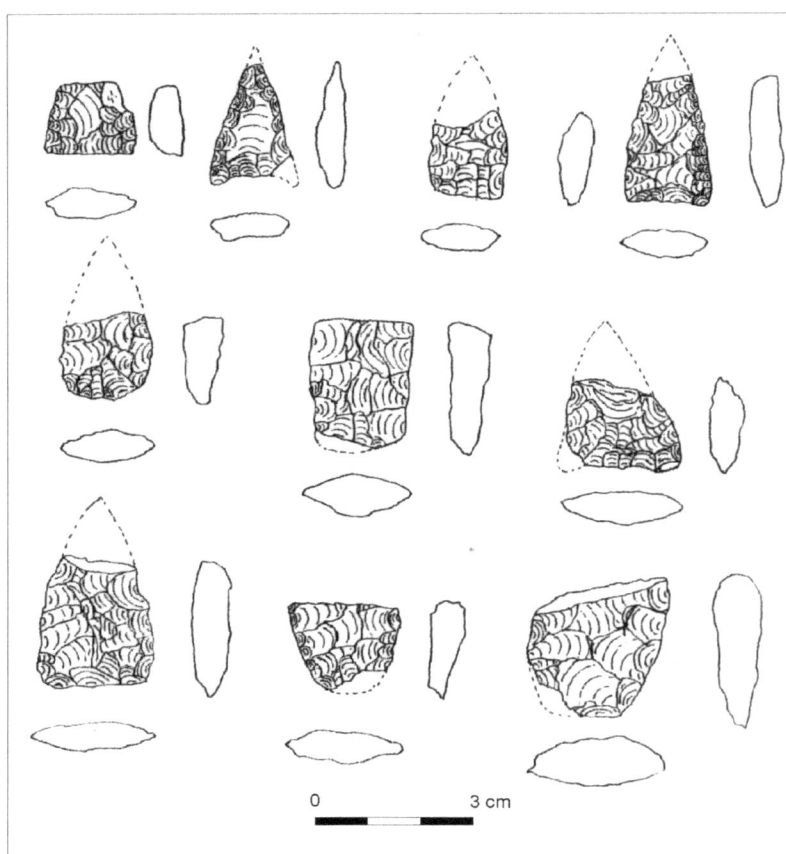

Figura 8.2. Puntas de proyectil del sitio Matadero 14. Recolección superficial.

Los resultados del análisis lítico de los materiales superficiales y de los que se encontraban enterrados, coinciden casi totalmente en sus características principales. En general, en el sitio de encuentran descartados bifaces (enteras y fracturadas), puntas de proyectil con fracturas por uso, y numerosos artefactos formatizados mediante retoques marginales, principalmente raspadores, denticulados y cuchillos.

Los desechos líticos indican que la principal actividad de talla habría consistido en la extracción de formas base para instrumentos mediano pequeños y pequeños, de escasa o nula formatización. El mantenimiento de artefactos así como la elaboración de artefactos mediante adelgazamiento bifacial parece haber sido muy bajo, según se infiere de lo escaso de las lascas internas de formatización y de adelgazamiento bifacial. Estas últimas sólo están presentes en materias primas no locales como brecha y calcedonia.

Un interrogante que surge de lo expuesto, se refiere a la razón por la que se encontraron tantas bifaces y preformas iniciales, si la elaboración de este tipo de artefactos parece no haber sido muy importante en el sitio. Una posibilidad es que estos instrumentos, ya fracturados o con errores de talla que impedían su terminación satisfactoria, hayan sido

introducidos al sitio para servir como fuentes de materia prima para la extracción de formas base.

Esta es una explicación plausible, ya que a pesar de que el cuarzo está disponible en toda el área, las bifaces están confeccionadas en un cuarzo de buena o muy buena calidad para la talla (debido a la ausencia de fracturas internas), además las lascas que pueden extraerse de éstas son adecuadas para emplearse como formas base de instrumentos de baja formatización (v.g. Kelly 1988). Asimismo, algunas de las bifaces fueron empleadas para la elaboración de instrumentos de retoque marginal.

Con respecto a las puntas de proyectil, éstas se encuentran fracturadas por uso en su totalidad, estando presentes sus partes basales, lo que sugiere que se realizaron tareas de reemplazo de las puntas de proyectil en los sistemas de armas. Todos los cabezales líticos poseen dimensiones (ancho basal y masa) que indican que fueron empleados como puntas de dardos arrojados mediante el uso de propulsor, según podemos inferir a partir de información experimental (Fenenga 1953; Martínez 1999, 2003; Pastor et al. 2005).

Toda la evidencia apunta en el sentido de que Matadero 14 habría sido empleado para el establecimiento temporal de individuos involucrados en actividades de caza. Si tenemos

Foto 8.4. Vista desde el sitio Matadero 14.

las fuentes de agua, la posibilidad de que se trate de un campamento de tipo logístico es reducida. Por otro lado, si consideramos que desde este sitio se domina visualmente un amplio espacio, especialmente los accesos al fondo de la quebrada (Foto 8.4), donde se encuentra el agua y las mejores pasturas, es posible que el motivo de la instalación humana en este sector haya estado relacionada con la vigilancia de las potenciales presas y la planificación de la cacería, constituyendo lo que se ha denominado un *punto de observación y taller* (Aschero y Martínez 2001).

Por último, otro punto que plantea grandes interrogantes acerca de este sitio es el rango cronológico de su ocupación. Esto es un problema ya que se trata de un sitio superficial en su mayor parte y no se recuperaron restos orgánicos datables en la excavación realizada. Únicamente pueden hacerse inferencias cronológicas a partir de la presencia/ausencia de artefactos temporalmente diagnósticos.

En este sentido, en primer lugar algunos aspectos tecnológicos tales como la presencia de bifaces, y la ausencia de cerámica y de artefactos líticos claramente agroalfareros como las pequeñas puntas triangulares con pedúnculo, permiten adjudicarle al sitio una cronología correspondiente a los grupos precerámicos de la región serrana.

El estilo de los artefactos, especialmente de las bifaces y puntas de proyectil, permiten distinguir dos grupos, el primero de ellos conformado por las grandes bifaces y puntas de proyectil de limbo lanceolado, que han sido registradas en asociación en otros sitios de las sierras y con cronologías anteriores a 5000 años AP (González 1960; Rivero y Berberián 2006). Por su parte, un segundo grupo puede ser formado por las pequeñas bifaces y las puntas de limbo triangular, las que han sido datadas en otros sitios entre 5000 y 1500 años AP (Nores y D´Andrea 1997; sitios El Alto 3 y Arroyo el Gaucho 1).

Esto nos hace pensar en que la localidad fue empleada repetidamente en distintos momentos del Holoceno Medio y Holoceno Tardío inicial, para la instalación temporaria de personas en el marco de actividades de caza, debido a las excelentes condiciones de visibilidad del entorno que ofrece este sitio. Además, la evidencia obtenida en la excavación, donde se obtuvieron puntas de proyectil triangulares sin ninguna asociación con puntas lanceoladas o grandes bifaces, refuerza la idea de un uso diacrónico de la localidad.

Matadero 15.

Se trata de un sitio al aire libre localizado a unos 400 m hacia el sureste de Matadero 14, en un fondo de quebrada

Grupos Tipológicos	N	%
Raspadores	1	25
Muescas	1	25
Núcleos	2	50
Total	4	100

Tabla 8.14. Instrumentos recuperados en la excavación de Matadero 15.

Grupos Tipológicos	N	%
Punta de proyectil apedunculada	1	25
Denticulado	1	25
Núcleos	1	25
Percutor	1	25
Total	4	100

Tabla 8.15. Instrumentos recuperados superficialmente en Matadero 15.

en la unión de dos arroyos. En el momento de su detección, se hallaron varios artefactos líticos dispersos cerca de una pequeña barranca de unos 20 cm de alto, en la cual se podían apreciar algunas lascas aflorando de la misma.

Con el fin de obtener una mejor definición de las características del sitio, se procedió a realizar un sondeo de 1m por 1m sobre la citada barranca, en un sedimento aluvial areno limoso de color pardo. La excavación se realizó por niveles artificiales de 10 cm, y se llegó a una profundidad de 25 cm hasta alcanzar el basamento.

En total se obtuvieron 78 desechos de talla y 4 instrumentos (Tabla 8.14), en su mayoría de cuarzo. Mientras que superficialmente se recolectaron 4 instrumentos (Tabla 8.15).

Detalle de los instrumentos:

- Raspadores: Se obtuvo un raspador de cuarzo, somatizado sobre una lasca mediante retoques parcialmente extendidos. Su tamaño es mediano pequeño.

- Muescas de lascado simple: Se trata de un ejemplar realizado sobre una lasca de cuarzo. Su tamaño es mediano pequeño.

- Núcleos: Se obtuvieron dos núcleos amorfos de cuarzo con dos o tres extracciones cada uno. Su tamaño es grande.

Detalle de los instrumentos superficiales:

- Punta de proyectil: Se obtuvo un fragmento proximal de una punta de proyectil de limbo triangular, confeccionado en cuarzo sobre una lasca, mediante reducción bifacial y retoques parcialmente extendidos y extendidos. Sus dimensiones son 22 mm de largo, 22 mm de ancho y 4,5 mm de espesor.

- Denticulado: Se trata de un ejemplar elaborado sobre una lasca, que presenta uno de los filos trabajado mediante retoquesmarginales unifaciales. El tamaño es mediano grande.

- Núcleo: Es un ejemplar de cuarzo, de tamaño grande y con pocas extracciones.

El análisis de los desechos de talla, indica un bajo porcentaje de desechos indiferenciados (17%) y una alta representación de lascas enteras (61%), especialmente lascas internas (51%) y de formatización (32%). Los tamaños de los desechos corresponden principalmente a microlascas (41%) y en segundo lugar a hipermicrolascas (31%).

Estas características de los desechos son compatibles con las actividades de elaboración de instrumentos, especialmente de artefactos de retoques marginales, aunque el adelgazamiento bifacial también está presente en baja proporción.

Si tenemos en cuenta la localización del sitio, en el fondo de quebrada a las orillas del arroyo y con cierta protección contra los fuertes vientos, y las actividades que parecen haberse realizado en él, podemos postular que la localidad fue empleada para el establecimiento de campamentos base, aunque la baja densidad de artefactos indicaría que se trataría de campamentos temporarios.

Con respecto a la cronología de este contexto, al no haber logrado obtener material datable sólo es posible especular al respecto. En este sentido, el conjunto parece haber sido

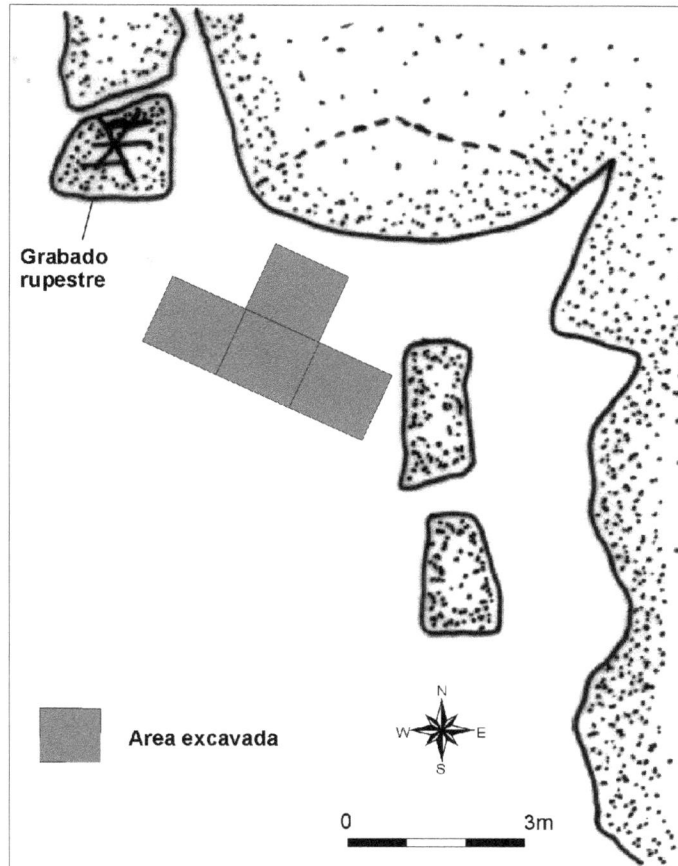

Figura 8.3. Plano del sitio Matadero 5.

producido por cazadores-recolectores, aunque no es posible ubicarlo temporalmente con precisión, únicamente la punta de proyectil triangular indicaría que se ubicaría con posterioridad al 5000 AP.

Matadero 5.

En el fondo de una quebrada a 200 m hacia el Este de Matadero 14 se encuentra el sitio denominado Matadero 5. Se trata de un sitio al aire libre que se encuentra en las cercanías de un abrigo rocoso, asociado a una roca plana en cuya superficie se encuentra un grabado rupestre de diseño geométrico, conformado por líneas rectas (Figura 8.3 ; Foto 8.6).

En un primer momento se excavó completamente el interior del alero hasta llegar a la roca base, pero no se encontró ninguna evidencia. Debido a esto se plantearon cuatro cuadrículas de 1m por 1m en el talud del alero. Los primeros 15cm de la excavación, realizados sobre una unidad sedimentaria de origen aluvial constituida por arenas limosas, resultaron estériles arqueológicamente, pero a partir de aquí y hasta alcanzar el basamento a unos 35cm profundidad, en una unidad sedimentaria diferente

compuesta por arena limosa pardo grisácea, se obtuvieron instrumentos de cuarzo y 44 desechos de talla (Tabla 8.16).

Los resultados de los análisis de los artefactos y desechos líticos obtenidos en la excavación, indican que se realizaron actividades relacionadas con la extracción de formas base de tamaño pequeño, posiblemente para extraer lascas con filos adecuados para emplearse como herramientas de corte. En este sentido, la presencia de filos que poseen rastros complementarios y de un chopper, podría vincularse con actividades de procesamiento primario de animales.

Lamentablemente no se recuperaron restos óseos que permitan confirmar que el sitio fue un lugar de procesamiento primario. Lo único que puede contribuir en este sentido, además de los resultados del análisis lítico, es la ubicación del sitio en un fondo de quebrada en un lugar que sería apropiado para realizar la caza de animales gregarios como camélidos o cérvidos.

En cuanto a la ubicación temporal del contexto, no es posible realizar estimación alguna, aunque suponemos que se trata de un sitio generado por cazadores-recolectores debido a que los materiales se encontraron en una unidad sedimentaria inferior y a la ausencia de cerámica. Por su parte, la relación entre el sitio excavado y el grabado aún

Foto 8.6. Grabado rupestre.

Grupos Tipológicos	N	%
Chopper	1	10
Filos naturales c/rastros complementarios	2	20
Núcleos	7	70
Total	10	100

Tabla 8.16. Instrumentos recuperados en Matadero 5.

no está clara y no podemos asegurar una asociación contextual directa que permita plantear una sincronía entre la ocupación y la ejecución del motivo. Igualmente, la funcionalidad de la representación es difícil de establecer, aunque el emplazamiento y las condiciones de visibilidad son elementos significativos para considerar en el futuro.

CAPÍTULO 9
CARACTERIZACIÓN DEL PERÍODO 11.000 – 6000 AP

En este capítulo intentamos realizar una caracterización general del registro arqueológico correspondiente al lapso comprendido entre la Transición Pleistoceno-Holoceno y finales del Holoceno Temprano, en una escala regional (Sierras de Córdoba y San Luis) y macrorregional (sector andino central de Argentina).

La información es muy variada, en cantidad y calidad, debido a los diferentes paradigmas bajo los cuales fue obtenida y a la aún escasa estructura cronológica para estos momentos, limitada a cinco dataciones absolutas para la región de Sierras de Córdoba. Sin embargo, los datos disponibles para el sector central de las Sierras de Córdoba se han incrementado notablemente en los últimos seis años, permitiendo esbozar las características generales de la estructura del registro arqueológico en esta región para los momentos iniciales de la ocupación humana.

Las evidencias más tempranas de las Sierras Centrales.

Como expusimos en el Capítulo 2, a partir las últimas décadas del siglo XIX comenzaron las investigaciones arqueológicas en las Sierras de Córdoba, principalmente preocupadas por la presencia humana en la región durante los momentos finales del Pleistoceno, principalmente debido a ciertos hallazgos que sugerían una asociación entre especies de megafauna extinta y artefactos o restos humanos (Ameghino 1885; Castellanos 1922, 1926; Montes 1960). Sin embargo, éstos presentan algunas debilidades, relacionadas principalmente con la dudosa asignación temporal de los estratos que contienen los restos y la ambigüedad de los presuntos artefactos asociados con la fauna pleistocénica (Berberián y Roldán 2001).

En otras investigaciones realizadas por Ameghino (1885) se registraron algunos yacimientos que pueden adscribirse al Holoceno temprano. Uno de ellos se localiza en los alrededores de la ciudad de Córdoba -yacimiento II del Observatorio Astronómico- y contenía restos humanos, instrumentos y desechos líticos, a los que Ameghino consideró pertenecientes a una etapa paleolítica. Entre los elementos exhumados, se destacó la presencia de puntas de proyectil de limbo lanceolado.

A mediados del siglo pasado Montes y González identificaron un sitio en Pampa de Olaén, denominado Ayampitín, que presentaba puntas lanceoladas, desechos de talla e instrumentos de molienda que ubicaron cronológicamente a principios del Holoceno en base a su localización estratigráfica (González 1952; 1960).

Posteriormente, los trabajos en la Gruta de Intihuasi posibilitaron obtener dos dataciones absolutas para un contexto al que se asociaba este tipo de puntas y que dieron una antigüedad de *ca.* 8000 años AP (González 1960), confirmando que este estilo de artefacto era característico del Holoceno Temprano (Capítulo 4).

Nuestras investigaciones en el sector central de las sierras de Córdoba (Pampa de Achala y sur del valle de Punilla), han permitido documentar 19 sitios arqueológicos conteniendo, entre otros artefactos, puntas de proyectil lanceoladas y/o bifaces (Figura 9.1), que han sido ubicados temporalmente en el Holoceno Temprano en base a dataciones absolutas y a las tipologías de las puntas de proyectil y bifaces. Los sitios más importantes (El Alto 3 y Arroyo El Gaucho 1) y las características de los artefactos obtenidos fueron descriptas en los Capítulos 6 y 7. En la Tabla 9.1 se presentan los principales sitios identificados en el área investigada, que pueden corresponder al período tratado.

Podría argumentarse que resulta poco aceptable establecer una posible cronología holocénica temprana basándose en la presencia de instrumentos como las puntas de proyectil y bifaces, utilizadas como «marcadores temporales». No obstante, siguiendo los criterios de Bettinger *et al.* (1991) y Rondeau (1996), consideramos que se trata de un procedimiento válido si se toman ciertos recaudos.

En este sentido, consideramos únicamente aquellos sitios que contienen varios ejemplares de puntas lanceoladas con y sin pedúnculo, así como evidencias de su confección: bifaces en distinto grado de terminación y/o lascas de adelgazamiento bifacial. Ello asegura que la presencia de dichas puntas no es un producto de la reclamación (*sensu* Schiffer 1987) o el carroñeo de artefactos. Por otra parte, no considerar a estos sitios, debido a que aún no pueden ser datados, traería aparejado una pérdida de información que puede ser muy útil para la comprensión del poblamiento de la región.

En algunas de estas localidades arqueológicas se han realizado excavaciones y sondeos, permitiendo definir distintos tipos de funcionalidad de sitios y de articulación con el ambiente. En su mayoría son lugares protegidos como fondos de quebradas o valles y la evidencia material sugiere su utilización como localidades de actividades múltiples (campamentos base), canteras taller y sitios de ocupación breve en distintos sectores ambientales.

Nombre del sitio	Tipo de sitio	Localización
El Alto 3	Sitio Multipropósito	Pampas de altura
El Alto 5	Cantera taller	Pampas de altura
El Rancho 5	POT[(*)]	Pampas de altura
Puesto Maldonado 6	POT	Pampas de altura
Puesto Maldonado 8	POT	Pampas de altura
Puesto Maldonado 9	POT	Pampas de altura
Matadero 14	POT	Pampas de altura
Matadero 16	Cantera taller	Pampas de altura
Río Yuspe 9	Sitio Multipropósito	Pampas de altura
Sala Grande 13	Cantera taller	Pampas de altura
Retamillo 6	Cantera taller	Pampas de altura
Retamillo 13	Cantera taller	Pampas de altura
Ensenadas 8	Cantera taller	Pampas de altura
Ensenadas 9	POT	Pampas de altura
El Cóndor 2	Cantera taller	Pampas de altura
San Roque 4	Sitio Multipropósito	Valle
Arroyo El Gaucho 1	Sitio Multipropósito	Pampas de altura
Los Lisos	Sitio Multipropósito	Pampas de altura
Casa Nuevas 1	Cantera taller	Pampas de altura

(*) Puntos de observación y taller (*sensu* Achero y Martínez 2001)

Tabla 9.1. Principales sitios tempranos identificados en el sector central de las Sierras de Córdoba.

El Alto 3 (Pampa de Achala, Córdoba), por ejemplo, consiste en un abrigo rocoso emplazado en una quebrada a 1650 m s.n.m. (Capítulo 6). Se han identificando cuatro componentes culturales superpuestos estratigráficamente. El superior comprende a un contexto agroalfarero, mientras que los tres inferiores a ocupaciones cazadoras-recolectoras.

Como se mencionó en el Capítulo 6, para el componente más antiguo se obtuvieron dos dataciones radiocarbónicas sobre carbón vegetal, que dieron 9.790 ± 80 AP (LP-1420) y 11.010 ± 80 AP (LP-1506) asociadas con 305 desechos líticos, en su totalidad de cuarzo menos una lasca de adelgazamiento bifacial de brecha, cuatro núcleos de cuarzo y un instrumento de retoque marginal de ópalo. En este conjunto no se obtuvieron puntas de proyectil, y los vestigios recuperados constituyen los más tempranos detectados hasta la fecha en la región, correspondiendo temporalmente a la transición Pleistoceno-Holoceno.

Superpuesto a este componente, en una unidad sedimentaria diferente, se detectó un contexto de puntas de proyectil lanceoladas con y sin pedúnculo, artefactos de retoque marginal, núcleos de cuarzo, una placa de esquisto grabada, artefactos líticos pulidos (i.e. manos de molino) y desechos de talla. La materia prima utilizada fue casi exclusivamente el cuarzo (99%), mientras el 1% restante se distribuye entre rocas no locales como ópalo, calcedonia y brecha.

El conjunto de instrumentos posee gran similitud con el material recuperado en los niveles inferiores de Intihuasi, y en base a su estudio se ha propuesto que la localidad fue empleada para el establecimiento de ocupaciones multipropósito. Recientemente, este componente fue datado por AMS en 7.108±74 años AP (AA68145), confirmando que las puntas de proyectil de tipología lanceolada podrían ubicarse temporalmente en el lapso 8.000-6.000 años AP.

En el Parque Nacional Quebrada del Condorito (Pampa de Achala, Córdoba), se localizó el sitio Arroyo El Gaucho 1. Consiste en un abrigo rocoso localizado a 1860 m s.n.m. en el fondo de una quebrada (ambiente de pastizal de altura) (Capítulo 7). Se ha identificado la presencia de dos componentes arqueológicos superpuestos, correspondientes a cazadores-recolectores.

El más reciente corresponde a grupos del Holoceno Medio-Tardío, en tanto que en la unidad sedimentaria subyacente se recuperó un contexto diferente, compuesto por artefactos y desechos líticos y restos arqueofaunísticos. Los artefactos de mayor formatización corresponden a puntas de proyectil lanceoladas con y sin pedúnculo, manufacturadas en cuarzo, así como dos puntas apedunculadas de limbo triangular, confeccionadas en cuarzo. El análisis lítico preliminar, indicaría que el abrigo fue utilizado para realizar múltiples actividades, coherentes con una ocupación residencial. Muestras de carbón obtenidas de un fogón asociado con las puntas de proyectil fueron enviadas para su datación por métodos absolutos, y se obtuvo la fecha 7.160±90 años AP (LP-1722), ubicando este componente en el Holoceno Temprano.

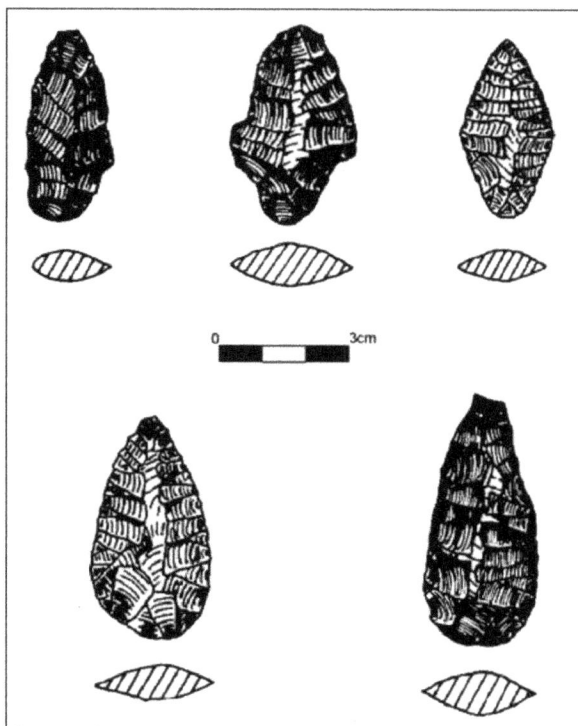

Figura 9.1. Puntas de proyectil de limbo lanceolado, con y sin pedúnculo, recuperadas en sitios de la Pampa de Achala (tomado de Rivero y Berberián 2006).

San Roque 4 es otro de los sitios multipropósito identificados, localizado en el valle de Punilla (Córdoba) a 645 m s.n.m. Se trata de un asentamiento al aire libre que posee gran extensión y contiene numerosos instrumentos de molienda (i.e. manos y conanas), artefactos de pizarra y puntas de proyectil de morfologías lanceoladas (manufacturadas en cuarzo y calcedonia). Las materias primas líticas dominantes son distintas variedades de cuarzo, aunque también se han recuperado desechos e instrumentos de calcedonia y ópalo, que son rocas no locales, cuyas fuentes más próximas al sitio distan entre 20 y 100 km.

Asimismo, se han identificado seis sitios en los pastizales de altura que se emplazan en lugares a cielo abierto con alta visibilidad del entorno (v.g. bordes de quebrada) y se infiere, en base a los materiales recuperados, que fueron empleados como puntos de observación y taller (*sensu* Aschero y Martínez 2001), vinculados con la realización de actividades de caza (v.g. monitoreo de las presas, manufactura y reparación de instrumentos).

Uno de estos sitios, Matadero 14 (Capítulo 8), está ubicado en el borde de una quebrada a 1520 m s.n.m. Entre los materiales obtenidos mediante un muestreo, se han identificado puntas de proyectil fracturadas por uso, correspondientes a la morfología lanceolada (N=5), así como bifaces en las etapas medias y finales de formatización (N=3). Tanto en los desechos como en los artefactos se ha identificado la utilización de materias primas no locales,

como ópalo, brecha y calcedonia. Los estudios realizados indican que esta localidad fue repetidamente utilizada, posiblemente desde comienzos del Holoceno hasta momentos muy tardíos, tal vez debido a que se trata de un emplazamiento ideal para la realización de actividades cinegéticas.

En numerosos afloramientos naturales de cuarzo, se localiza otra clase de sitios que pueden corresponder a este período. En estas localidades se detectaron evidencias de su utilización para la extracción de materia prima y la confección de artefactos. Se recuperaron lascas, núcleos, bifaces y preformas lanceoladas, lo que permite considerar a estas localidades como Canteras taller, de las cuales se identificaron 8 en el sector central de las Sierras de Córdoba (Capítulo 5).

La información arqueofaunística disponible para el período considerado es escasa. La mayor parte ha sido generada por las investigaciones realizadas en los niveles inferiores de la Gruta de Intihuasi (González 1960) y del Abrigo de Ongamira (Menghín y González 1954), que aportaron no sólo la presencia de ciertas especies sino también su importancia relativa en la dieta. En este sentido, resulta evidente para los inicios del Holoceno, la preponderancia absoluta de restos de camélidos (i.e. *Lama guanicoe*), seguidos por un menor porcentaje de cérvidos (i.e. *Ozotoceros bezoarticus, hippocamelus* sp.), mientras que los vertebrados pequeños se encuentran poco representados (González 1960; Pascual 1960).

Sitio	Datación radiocarbónica (C^{14} AP) y Laboratorio	Referencias
El Alto 3 - Componente 1A	11.010 ± 80 - LP 1506	Rivero y Roldán 2005
El Alto 3 - Componente 1A	9790 ± 80 - LP 1420	Rivero y Roldán 2005
Agua de la Cueva	10.950 ± 190 - Beta 61.409	García 2003
Agua de la Cueva	10.350 ± 220 - Beta 26.250	García 2003
Agua de la Cueva	10.240 ± 60 - Beta 61.408	García 2003
Agua de la Cueva	9840 ± 90 - Beta 26.781	García 2003
Agua de la Cueva	9210 ± 70 - Beta 64.539	García 2003
Agua de la Cueva	9760 ± 160 - Beta 61.410	García 2003

Tabla 9.2. Sitios con dataciones correspondientes a la transición Pleistoceno-Holoceno localizados en el Centro Oeste argentino.

En el Componente 1 del sitio Arroyo El Gaucho 1, los resultados del análisis arqueofaunístico son coherentes con los primeros estudios citados, ya que confirman que los artiodáctilos, principalmente los camélidos, dominan las muestras arqueofaunísticas del Holoceno Temprano, mientras que los pequeños vertebrados ocupan un lugar secundario (Capítulo 7).

El problema del poblamiento del sector serrano.

El problema del poblamiento de las Sierras de Córdoba nunca fue objeto de una investigación sistemática, aunque la presencia en todo el sector de las Sierras Centrales de puntas de proyectil apedunculadas de limbo lanceolado, muy similares morfológicamente a otros provenientes de diversos sitios de la región Andina, posibilitó que se postulara la existencia de un gran horizonte tecnológico pan-andino. Esta fue la base para identificar un poblamiento inicial de las Sierras Centrales por parte de grupos de origen andino, provenientes del noroeste argentino (Bate 1983; González 1960; Schobinger 1988).

En la actualidad es posible, en base a la información obtenida, evaluar el registro arqueológico temprano de las Sierras de Córdoba y formular un modelo de poblamiento de la región durante la transición Pleistoceno-Holoceno y Holoceno Temprano.

El estudio del proceso de poblamiento de la región serrana debe ser enmarcado dentro la exploración y colonización de Sudamérica, que se desarrolló durante la transición Pleistoceno-Holoceno, entre 13.000 y el 8000 años AP. Las condiciones ambientales de este período eran muy inestables y los nuevos escenarios en los que ingresaban los grupos humanos se caracterizaban por un alto grado de variación impredecible, tornándolos riesgosos (v.g. Borrero 1989, 1996). En general, el registro arqueológico de varias regiones indica la generalización de estrategias adaptativas basadas en una alta movilidad y el uso no especializado de los recursos faunísticos, que incluía la apropiación oportunista de megafauna, mediante la caza y/o el carroñeo, y la captura de un rango de especies que incluían camélidos, cérvidos y animales de menor porte (Borrero y Franco 1997; Jaimes 1999; Muscio 1999).

Las evidencias arqueológicas del sector central de las Sierras de Córdoba han permitido confirmar la presencia humana en la región a fines del Pleistoceno, aún cuando los materiales recuperados son reducidos e imposibilitan, por el momento, obtener mayor información sobre las características de sus modos de vida. Asimismo, en un sitio localizado en el Norte de Mendoza, conocido como Agua de La Cueva, se han datado contextos del Pleistoceno final (García 2003) pero, al igual que en las Sierras Centrales, los materiales son reducidos y de escasa formatización (Tabla 9.2), y no permiten discutir hipótesis referidas a las características de la exploración inicial en la región.

La información disponible sobre el registro arqueológico del Holoceno temprano en las Sierras Centrales de Argentina, es mayor y se caracteriza por una variedad de sitios: multipropósitos (v.g. El Alto 3, Arroyo El Gaucho 1), de propósitos específicos (v.g. Matadero 14) y canteras taller (v.g. El Cóndor 2, El Alto 5). Se observan también, evidencias de la elaboración de bifaces y puntas lanceoladas y el uso de materias primas líticas no locales para la confección de algunos de los artefactos de mayor formatización.

Las fuentes de éstas rocas alóctonas están localizadas en sectores específicos del espacio serrano y proceden de distancias que varían entre 40 km, - brecha-, y más de 100 km –ópalo- en los casos estudiados en el sector central de las Sierras (v.g. Roldán *et al.* 2005). Su empleo sugiere, por tanto, gran conocimiento del paisaje y/o la existencia de redes de interacción que permiten el acceso indirecto a estos recursos. De allí que sería posible considerar que durante el Holoceno Temprano, las poblaciones que ocuparon el sector serrano lograron la colonización del territorio, en el sentido definido por Borrero (1989).

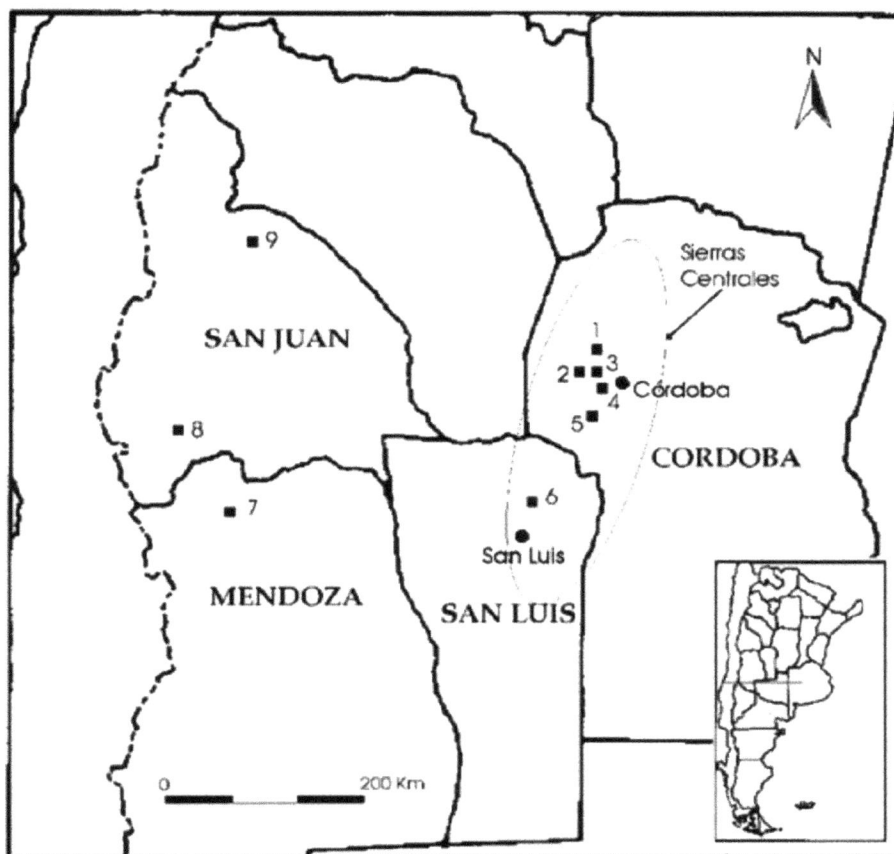

Figura 9.3. Sitios mencionados. 1) Ayampitin, 2) El Alto 3, 3) Matadero 14, 4) San Roque 4, 5) Arroyo El Gaucho 1 6) Gruta de Intihuasi, 7) Agua de la Cueva, 8) Los Morrillos – Colorada de La Fortuna, 9) El Peñoncito.

Los artefactos líticos recuperados en éstos sitios de las Sierras Centrales (Pcias. de Córdoba y San Luis) presentan evidentes similitudes estilísticas y de diseño -especialmente en las puntas de proyectil-, con otros sitios localizados en las provincias del Oeste de Argentina, como San Juan y el Norte de Mendoza -Los Morrillos, La Fortuna y El Peñoncito, entre otros- (Gambier, 1974; Berberián y Calandra 1984; Bate 1983; Bárcena 2001; Lagiglia 2002; García 2003), ubicados cronológicamente entre 8.500 y el 7.000 años AP (Figura 9.3, Tabla 9.3).

Pueden señalarse, además, otros puntos de coincidencia consistentes en similares comportamientos relacionados con la subsistencia, como la caza de camélidos y cérvidos y la presencia de instrumental específico para el procesamiento de vegetales (i.e. manos y molinos planos).

Desde una perspectiva regional puede proponerse la existencia, durante el Holoceno temprano, de poblaciones dispersas en un amplio espacio que comprende el sector Centro-Oeste de Argentina (Norte de Cuyo y Sierras Centrales), compartiendo el tipo de recursos aprovechados y con soluciones tecnológicas análogas. En este sentido, las evidencias apoyarían la idea de un proceso exploratorio

proveniente de la región andina, que lograría la colonización efectiva en las Sierras de Córdoba. La posibilidad de la presencia de grupos extra-andinos, aunque posible, no está aún sugerida por ningún indicio demostrativo.

En este capítulo, hemos intentado exponer en forma resumida las principales peculiaridades de la estructura del registro arqueológico en el sector central de las Sierras de Córdoba durante la transición Pleistoceno-Holoceno y el final del Holoceno Temprano (11.000 – 6000 años AP). Asimismo, se intentó relacionarlo con vestigios contemporáneos descriptos para áreas vecinas, a fin de establecer si por ciertos rasgos estilísticos de los artefactos y/o las evidencias de uso de los recursos, podían adscribirse al mismo desarrollo experimentado en el sector investigado. En el Capítulo 11 se discutirá la información presentada en este acápite, en el marco de la realización de los primeros esbozos de una estructura explicativa del proceso histórico ocurrido desde la llegada de los primeros pobladores a la región, hasta la adopción de las prácticas productoras de alimentos, con posterioridad a 1500 años AP.

Sitio	Datación radiocarbónica (C^{14} AP) y Laboratorio	Referencias
Arroyo El Gaucho 1	7160 ± 90 - LP-1722	Capítulo 7
El Alto 3	7108 ± 74 - AA68145	Capítulo 6
Intihuasi	7970 ± 100 - Y 228	González 1960
Intihuasi	8068 ± 95 - P 345	González 1960
El Peñoncito	7080 ± 60 - CSIC 463	Berberián y Calandra 1984
El Peñoncito	7470 ± 60 - CSIC 464	Berberián y Calandra 1984
Colorada de la Fortuna	8160 ± 160 - Gak 4194	Gambier 1974
Los Morrillos	8255 ± 170 - Gak 4195	Gambier 1974
Los Morrillos	8465 ± 240 - Gx 1826	Gambier 1974

Tabla 9.3. Sitios con dataciones correspondientes al Holoceno Temprano y que contienen puntas lanceoladas y lanceoladas con pedúnculo.

CAPITULO 10
CARACTERIZACIÓN DEL PERÍODO 6000 – 1500 AP

El estudio de los conjuntos arqueológicos posteriores a 6000 años AP, ha permitido identificar una variación significativa en la estructura del registro arqueológico con respecto a los pertenecientes a momentos más tempranos (Capítulo 9). Esta diferenciación fue señalada por primera vez en investigaciones realizadas a mediados del siglo pasado (González 1952, 1960; Menghín y González 1960).

Los trabajos efectuados en Intihuasi y Ongamira, permitieron definir dos contextos principales y llamativamente diferentes. Uno perteneciente a los inicios del Holoceno, datado radiocarbónicamente en *circa* 8000 años AP, caracterizado por la presencia de puntas de proyectil líticas de diseño lanceolado, placas grabadas con motivos geométricos, algunos instrumentos óseos e instrumental lítico pulido para el procesamiento de vegetales o de pigmentos minerales. El segundo, correspondiente temporalmente al Holoceno Medio, muestra diferencias con respecto al anterior, consistentes en un nuevo tipo de puntas de proyectil -forma triangular sin pedúnculo-, una mayor variedad de instrumentos óseos y otros elementos ausentes previamente –vg. ganchos de propulsor- así como un aumento en la frecuencia de la representación de instrumentos líticos pulidos destinados al procesamiento de vegetales -molinos planos y morteros- (Capítulo 2).

En este Capítulo, nos limitaremos específicamente en señalar las líneas generales de la estructura del registro arqueológico regional de las Sierras de Córdoba, durante el lapso 6000 – 1500 años AP. Las variables explicativas del cambio en esta estructura, a partir del Holoceno Medio en comparación con los momentos más tempranos, pueden constituir las claves para la comprensión del proceso que llevó a las sociedades serranas hacia la adopción de prácticas productoras de alimentos.

El Registro Arqueológico de las Sierras de Córdoba durante el Holoceno Medio-Tardío.

Montes y González, a mediados del siglo pasado, identificaron un sitio en Pampa de Olaén (Pcia. de Córdoba), denominado Ayampitín, donde obtuvieron puntas de proyectil apedunculadas de limbo lanceolado, desechos de talla e instrumentos de molienda. En base a su localización estratigráfica, lo ubicaron cronológicamente a principios del Holoceno (González 1952; 1960). Las investigaciones posteriores en la Gruta de Intihuasi (Pcia. de San Luis) posibilitaron obtener un contexto al que se asociaba este tipo de puntas y dos dataciones radiocarbónicas que dieron una antigüedad de *ca*. 8000 años

AP, confirmando que este estilo de artefacto era característico del Holoceno Temprano (González 1960). Es frecuente en varios sitios arqueológicos de las Sierras de Córdoba, que a los conjuntos que poseen puntas de proyectil lanceoladas se le superpongan estratigráficamente componentes culturales que poseen diferencias en cuanto a la tecnología lítica. Las puntas de proyectil son apedunculadas de limbo triangular, en un diseño totalmente diferente al anterior. Estos contextos han sido datados en varios sitios, y en ningún caso superan los 5000 años de antigüedad (Tabla 10.1).

Las investigaciones desarrolladas en el sector central, han logrado identificar varios yacimientos correspondientes al Holoceno Medio. En su mayoría, parecen corresponder a localidades de ocupación breve o propósitos especiales ubicados en los pastizales de altura. La información resumida de los más importantes, es la siguiente:

En la localidad arqueológica El Alto 3 (Capítulo 6), superpuesto al componente que contiene el contexto correspondiente al Holoceno Temprano, se recuperó un conjunto caracterizado por la presencia de desechos de talla, en su totalidad de cuarzo, cuyos tamaños dominantes son pequeños y mediano-pequeños y corresponden preferentemente a lascas internas, y en forma secundaria a lascas externas. Las lascas de adelgazamiento bifacial, están presentes en menor proporción que en el componente temprano.

Los artefactos recuperados constan de 16 instrumentos y 19 núcleos y nucleiformes de cuarzo, con excepción de un raspador de ortocuarcita, una roca localmente disponible al igual que el cuarzo. Los artefactos distintivos de este componente corresponden a dos puntas de proyectil apedunculadas de limbo triangular, que presentan fracturas por uso. A diferencia del Componente temprano, con excepción de las puntas de proyectil, el conjunto artefactual es menos diverso y más generalizado, reflejando una baja inversión de trabajo y un predominio de estrategias expeditivas para el diseño y confección de instrumentos líticos (*sensu* Nelson 1991).

La actividad de talla que generó el mayor número de desechos ha sido la reducción de núcleos de formas no estandarizadas, dirigida a la obtención de artefactos informales o de baja inversión de trabajo en su confección. El análisis de los desechos y artefactos sugieren que, durante este período, el sitio fue utilizado para la realización de tareas específicas, como campamentos vinculados con actividades de caza.

Sitio Arqueológico	Datación C$^{14(*)}$	Material Datado	Contexto asociado	Referencias
Alpa Corral	4450±80 (LP-526)	Óseo	Puntas triangulares e instrumenos de molienda	Nores y D´Andrea (1997)
La Cocha	4530±80 (LP-663)	Óseo	Puntas triangulares e instrumenos de molienda	Nores y D´Andrea (1997)
El Alto 3	2990±70 (LP-1502) 2770±80 (LP-1287) 1690±70 (LP-1604)	Carbón Carbón Carbón	Puntas triangulares Puntas triangulares Puntas triangulares	Capítulo 6 Capítulo 6 Capítulo 6
Arroyo El Gaucho 1	3700±80 (LP-1612) 3590±60 (LP-1599)	Carbón Carbón	Puntas triangulares Puntas triangulares	Capítulo 7 Capítulo 7
Piedra del Aguila	1980±100	s/d	Puntas triangulares y escasa cerámica	(Austral y Rocchietti 1995)
Alero 1 del Abra Chica	1700±100	s/d	Puntas triangulares y escasa cerámica	(Austral y Rocchietti 1995)
Chañar del Tío	1500±100	s/d	Puntas triangulares y escasa cerámica	(Austral y Rocchietti 1995)

(*) Todas las dataciones están expresadas en años C^{14} AP sin calibrar.
Tabla 10.1. Dataciones absolutas de los sitios cazadores-recolectores de las Sierras de Córdoba que poseen puntas de proyectil de limbo triangular.

En el componente superior del sitio Arroyo El Gaucho 1 (Capítulo 7) se obtuvo un conjunto caracterizado por la presencia de siete puntas de proyectil triangulares (cinco bases que evidencias fracturas por uso), 13 instrumentos de retoque marginal, en su mayoría instrumentos de corte, y seis núcleos de cuarzo e instrumentos de molienda. También se recuperaron 828 desechos líticos de cuarzo correspondientes a las últimas etapas de formatización. El análisis de los artefactos y desechos líticos presentes permiten considerar a este componente como un producto de repetidas ocupaciones breves de carácter logístico.

El análisis de los 2242 especimenes óseos de fauna recuperados, indica la presencia dominante de camélidos, con una leve tendencia hacia una mayor representación de partes esqueletarias de baja utilidad económica (Capítulo 7). Esta tendencia, si bien no es estadísticamente significativa, apoyaría la interpretación funcional derivada del estudio de los artefactos líticos.

Algunos sitios emplazados en bordes de quebrada, en el sector de pampas de altura, cuyas características tanto de visibilidad del entorno como del material recuperado (bases de puntas de proyectil y desechos correspondientes a la reactivación de filos de artefactos) permitieron considerarlos localidades de propósitos especiales relacionadas con las actividades de caza. Un ejemplo de este tipo es Matadero 14, que contiene puntas de proyectil de limbo triangular (fracturadas por uso) y evidencias que apuntan a que fue empleado como un *puesto de observación y taller* para la observación y control de las presas, durante el desarrollo de actividades de caza (Capítulo 8).

En los sectores de valle, específicamente en las márgenes del lago San Roque (Dpto. Punilla, Córdoba) a 640 m s.n.m. en dos sitios superficiales denominados San Roque 1 y San Roque 4 "Club de Pescadores", se recuperaron numerosas puntas de proyectil de limbo triangular apedunculadas de cuarzo, molinos planos, cuchillos de pizarra, manos y desechos líticos de cuarzo. Basándose en la diversidad artefactual y en la densidad de instrumentos y desechos, pueden ser interpretados como sitios multipropósito o campamentos base, aunque en un futuro próximo es necesario emprender excavaciones para lograr confirmar estas inferencias.

Investigaciones realizadas en otros sectores de las sierras también lograron identificar varios yacimientos correspondientes a este período (Capítulo 2). Se destacan por presentar gran número de instrumentos de molienda, instrumentos óseos y las típicas puntas triangulares. Algunos poseen dataciones que los ubican en el Holoceno Medio (Tabla 10.1) (v.g. Menghín y González 1952; Zurita et al. 1975; González y Crivelli 1978; Nores y D´Andrea 1997). Asimismo, se cuenta con dos dataciones radiocarbónicas realizadas en el sitio Cementerio, en el Valle de Copacabana en el Norte cordobés, que ubican un contexto cultural en *ca.* 5000 años AP (Laguens 1995). Lamentablemente, al no haberse publicado aún ninguna referencia respecto del material asociado, no es posible incorporarlo fehacientemente en los esquemas del desarrollo histórico prehispánico.

La ausencia de enterramientos intencionales de cadáveres correspondientes al Holoceno temprano, es una particularidad que llama la atención. La totalidad del registro bioarqueológico conocido de cazadores-recolectores, consiste en enterratorios primarios y secundarios en sitios residenciales en abrigos rocosos y a cielo abierto correspondientes a momentos posteriores al 6000 años AP (Menghín y González 1954; González 1960; González y Crivelli 1978; Marcellino 1992; Nores y D´Andrea 1997).

SITIOS CORRESPONDIENTES AL BLOQUE 1 (11.000-6000 AP)	SITIOS CORRESPONDIENTES AL BLOQUE 2 (6000-1500 AP)
• Ayampitin (González 1952) • Gruta de Intihuasi, Nivel IV (González 1960) • El Alto 3, C1A y C1B • Arroyo El Gaucho 1, C1 • Los Lisos (Pastor 2006) • San Roque 4 (Rivero y Berberián 2006) • Abrigo de Ongamira, Nivel IV (Menghín y González 1954)	• Gruta de Intihuasi, Nivel II-III (González 1960) • Abrigo de Ongamira, Nivel II-III (Menghín y González 1954). • Los Chelcos (González y Crivelli 1978) • Cementerio de Copacabana (Laguens 1995) • El Alto 3, C2 • Alpa Corral (Nores y D´Andrea 1997) • La Cocha (Nores y D´Andrea 1997) • Club de Pescadores • San Roque 1 • Chuña (Marcellino 1992) • Taninga (Zurita et al. 1975) • Puesto Cufré 1 • Arroyo El Gaucho 1, C2 • Piedra del Águila 8 (Austral y Rocchietti 1995) • Alero 1 del Abra Chica (Austral y Rocchietti 1995) • Chañar del Tío (Austral y Rocchietti 1995)

Tabla 10.2. Sitios arqueológicos correspondientes a cazadores-recolectores identificados en las Sierras Centrales.

Esta situación puede deberse a problemas de muestreo o visibilidad arqueológica. Sin embargo, se ha sugerido que esta ausencia de enterramientos en momentos tempranos, puede ser producto del abandono de cadáveres por parte de poblaciones poco densas y altamente móviles. Con el aumento poblacional y de la circunscripción espacial, por el contrario, pudieron surgir nuevas presiones que alentaron la depositación formal (Barrientos 2002). Este aspecto del registro arqueológico posee importantes implicancias para el estudio de la evolución del modo de vida cazador-recolector en el sector serrano (ver Capítulo 11).

Finalmente, otro grupo de sitios que se ubican temporalmente al final de este período, entre 2000 y 1500 años AP, poseen algunas características especiales que los diferencian del resto de los mencionados. Se trata de aquellos que tienen en común la presencia de restos de vasijas cerámicas.

Este conjunto, corresponde a algunos abrigos rocosos, y en menor medida a sitios a cielo abierto, ubicados en el sur de la Sierra de Comechingones, que se encuadran dentro de los que se definió como el "Ceramolítico Piedra del Águila" (Austral y Rocchietti 1995; Capítulo 2). Se trata de asentamientos ubicados en el ecotono serrano-pampeano que contienen áreas de molienda, instrumentos líticos por lo general informales, pequeñas puntas de proyectil apedunculadas de limbo triangular, y escasa presencia de

restos de cerámica. Además, a estos contextos parecen estar asociados una serie de abrigos rocosos con manifestaciones rupestres (Austral y Rocchietti 2004).

En resumen, los contextos arqueológicos posteriores al 6000 AP son más numerosos que los correspondientes a los momentos tempranos, como se observa en la Tabla 10.2, donde se exponen los sitios multipropósito identificados para los períodos 11.000-6000 y 6000-1500 años AP en las Sierras Centrales. Los correspondientes al período más tardío, emplazados en su totalidad en el ambiente de valle, darían muestra de ocupaciones más densas que los asentamientos tempranos. Además, una característica importante es que algunos de ellos presentan evidencias de ocupaciones de uso redundante, según se infiere a partir de la existencia de artefactos enteros descartados o abandonados como *desecho de facto* (Capítulo 6).

Los contextos posteriores al 6000 AP evidencian, en cuanto a la tecnología lítica, una caída en el uso de la técnica de adelgazamiento bifacial, con respecto al Holoceno Temprano y en la producción de bifaces. De igual manera se observa en los conjuntos líticos una mayor proporción de instrumentos informales y generalizados, con baja inversión de trabajo en su confección.

Las materias primas empleadas en la elaboración de instrumentos, provienen de fuentes localizadas a distancias no mayores a los 20 km. Por el contrario, es notable la escasa representación de rocas no locales. Si bien esto sólo ha sido comprobado para el sector central de las Sierras de Córdoba, es posible considerar que estaría indicando rangos de acción bastante acotados.

Para los contextos más tardíos de este período, entre 2000 y 1500 años AP, la mayor parte de los cuales pertenecen al «Ceramolítico Piedra del Águila» (Austral y Rocchietti 1995), se mantienen algunas de las características señaladas, especialmente en lo referido a la informalidad de la tecnología lítica y al uso de puntas de proyectil de limbo triangular. Estas últimas, en su mayor parte son, generalmente, de tamaño pequeño lo que podría señalar la adopción del arco como el sistema de armas característico, desplazando el uso del propulsor. La misma tendencia al uso de puntas de proyectil pequeñas se observa en los niveles superiores de Ongamira e Intihuasi, los que corresponderían también a fechas posteriores a 2000 años AP (Menghín y González 1954; González 1960).

La adopción de la tecnología cerámica en pequeñas proporciones es otra innovación que hace su aparición en los comienzos de la era cristiana. Esto es característico de varios sitios de las Sierras Centrales, entre ellos, los niveles más recientes de Intihuasi y Ongamira, y los sitios Piedra del Águila, Alero 1 del Abra Chica del Cerro Intihuasi y Chañar del Tío, en el sur de las Sierra de Comechingones, con dataciones entre 1980 y 1500 años AP (Austral y Rocchietti 1995). Debe destacarse que en todos los casos, esta tecnología sólo está representada por unas pocas decenas de tiestos.

El componente 2 del sitio El Alto 3, arrojó una fecha de 1690±70 años AP (Capítulo 6) en un contexto carente de restos de cerámica. Esta circunstancia abre la discusión acerca de dos posibles escenarios en relación al uso de esta tecnología, por parte de las sociedades cazadoras-recolectoras.

Es posible que la datación haya sido rejuvenecida y que en realidad esté datando un conjunto más antiguo. En este sentido, hay que recordar otras dos dataciones provenientes del mismo componente con fechas entre 2800 y 3000 años AP. La fecha más tardía proviene de las capas superiores,

por lo que no sería impropio considerarla como una "fecha mínima".

La segunda posibilidad que puede plantearse, es reconocer que la tecnología cerámica, que se encuentra mínimamente representada en algunos sectores de las sierras a comienzos de la era cristiana, no habría sido adoptada por todas las sociedades cazadoras-recolectoras en los momentos iniciales de su aparición (Pastor 2006).

Conclusión.

El análisis de la estructura del registro arqueológico durante el período 6000-1500 años AP, permite apreciar que las sociedades cazadoras-recolectoras de las Sierras Centrales habrían experimentado un importante crecimiento en su demografía. Ello puede inferirse por la mayor cantidad de sitios identificados con respecto a los momentos tempranos, así como por la reducción en la movilidad residencial y los rangos de acción, como se puede observar en el uso casi exclusivo de materias primas locales para la confección de instrumentos líticos y la existencia de enterratorios en algunos sitios residenciales.

Para los momentos finales de este período, se producen dos innovaciones tecnológicas importantes, como son la adopción de la tecnología cerámica, en baja proporción, y la aparición del arco como sistema de armas principal, según se infiere por el pequeño tamaño y peso de las puntas de proyectil de los contextos posteriores a 2000 años AP.

Durante el lapso 6000-1500 años AP se produjeron cambios importantes en los modos de vida de las sociedades serranas. Los principales, sugeridos a partir de diversos indicadores arqueológicos, se relacionan con variaciones en la movilidad, rangos de acción, estrategias tecnológicas y de subsistencia. Estos cambios podrían estar reflejando variaciones de mayor magnitud en el desarrollo cultural de las sociedades cazadoras-recolectoras holocénicas, lo que serían claves para comprender el surgimiento en la región de prácticas productoras de alimentos, con posterioridad a 1500 años AP.

CAPÍTULO 11
ECOLOGÍA DE LOS CAZADORES-RECOLECTORES DE LAS SIERRAS DE CÓRDOBA

«The farther one travels the less one knows,
the less one really knows.»
(George Harrison, The Inner Light)

Los objetivos de esta investigación consistieron en: a) identificar las estrategias adaptativas de los cazadores-recolectores de las Sierras de Córdoba, y b) determinar de qué manera éstas estuvieron influenciadas por la estructura de recursos y la demografía regional. Estas finalidades se han propuesto dentro del marco temporal correspondiente a todo el proceso histórico ocurrido desde el poblamiento inicial de estos territorios hasta la adopción de prácticas productoras, a finales del Holoceno Tardío.

Durante varios años de estudios en el área central de las Sierras de Córdoba, conseguimos determinar aspectos significativos de la estructura del registro arqueológico atribuible a los grupos cazadores-recolectores. El incremento considerable de dataciones absolutas permitió confirmar la presencia humana en momentos tan tempranos como la Transición Pleistoceno-Holoceno, y dotar a la región de un esquema cronológico más preciso.

En los distintos capítulos de esta Tesis, hemos presentado las principales características de los sitios arqueológicos, de la evidencia superficial y de los artefactos líticos, óseos y restos arqueofaunísticos recuperados en las excavaciones. Los resultados de las investigaciones realizadas nos permitieron agrupar la mayor parte de la información obtenida en dos grandes bloques temporales (11.000-6000 y 6000-1500 años AP), lo que sugeriría un quiebre en el desarrollo histórico de los grupos serranos entre un período y otro.

Este cambio radical en los modos de vida de las sociedades cazadoras recolectoras, seguramente no fue el único en la extensa historia de la región, aunque quizás sí uno de los más importantes. En el estado actual de los estudios, resulta problemático intentar identificar los numerosos cambios en la organización de los cazadores recolectores que, con seguridad, sucedieron en la región.

La información obtenida, aún partiendo de estas escalas temporales amplias, permite delinear los principales procesos que posiblemente ocurrieron durante el lapso que abarcó esta investigación.

El cambio adaptativo en las Sierras de Córdoba.

Para cumplimentar los objetivos planteados hemos seguido los lineamientos teóricos de la ecología del comportamiento humano (Capítulo 3), según la cual el estudio de las estrategias adaptativas es central para la comprensión del modo de vida de las sociedades humanas en distintos escenarios.

Como se definió oportunamente, las estrategias adaptativas pueden ser conceptuadas como el conjunto de respuestas conductuales ante los distintos desafíos ambientales. Resulta muy clara la definición de Bettinger (2001:145):

> *«Adaptive strategies are unified combinations of settlement, subsistence, organizational, and demographic tactics that optimize one or more goals...that promote hunter-gatherer success in a wide range of techno-environmental settings.»*

En base al registro arqueológico de los distintos períodos mencionados, es posible realizar inferencias acerca de los principales comportamientos en distintos momentos del Holoceno en las Sierras de Córdoba, y de las influencias de los cambios ambientales y el crecimiento demográfico, entre otros posibles agentes, en las estrategias adoptadas.

No adherimos aquí a un determinismo ambiental, como señalamos en el Capítulo 3. Sin embargo, es evidente que cuando el cambio ambiental produce severas alteraciones en la distribución y disponibilidad de los recursos, puede influenciar fuertemente la toma de decisiones respecto a la subsistencia, movilidad y/o relaciones sociales, en el corto o mediano plazo.

La información paleoclimática (Capítulo 4) indica que la vegetación serrana durante el Pleistoceno Final-Holoceno Temprano, fue diferente a la actual. Al predominar un clima más frío y seco (Sanabria y Argüello 2003), los pastizales habrían tenido mayor extensión, conectando los sectores serranos de altura con las llanuras extraserranas (Adams y Faure 1997) y permitiendo el acceso y circulación de varias especies faunísticas andino-patagónicas, entre ellas *L. guanicoe*. A partir de 7000-6000 años AP se produjo un mejoramiento general del clima, con el establecimiento de condiciones de humedad subtropicales (Sanabria y Arguello 2003; Teta et al 2005), lo que redefinió la fisonomía del paisaje serrano, con la conformación del piso vegetacional del «bosque serrano» y el aislamiento biogeográfico de las especies animales y vegetales andino-patagónicas, en cotas superiores a los 1000 m s.n.m.

El carácter «insular» de las pampas de altura determinó que los animales que habitaban estos espacios fueran muy sensibles a la predación humana. Esta situación afectó especialmente a las poblaciones de camélidos, que constituyeron el recurso básico de la mayor parte de los grupos humanos de la región andino-patagónica durante gran parte del Holoceno (González 1960; Olivera 1999; Miotti y Salemme 1999). Esto se debe a que: 1) las poblaciones son de menor tamaño y, en consecuencia, la pérdida de un individuo tiene mayor impacto en la población local; 2) el aislamiento hace que no haya reemplazos poblacionales o genéticos, debilitando a largo plazo a las poblaciones locales; 3) el ingreso de nuevos depredadores, como los humanos, produce un alto impacto en el ecosistema local (Nagaoka 2002:422; Mosimann y Martin 1975; Whittingdom y Dyke 1984; Mithen 1997; Holdaway y Jacomb 2000; Alroy 2001).

El cambio en la configuración del ambiente serrano a mediados del Holoceno, al afectar la disponibilidad (i.e. densidades poblacionales) y distribución de un recurso crítico, pudo tener consecuencias determinantes sobre las estrategias adaptativas serranas. Por ello, se desarrolló un modelo se simulación (Rivero 2003b) para evaluar la viabilidad de un sistema de subsistencia basado en la explotación de *L. guanicoe* en las sierras de Córdoba durante el Holoceno.

El modelo empleó parámetros referidos a las características biológicas y ecológicas de las poblaciones de *L. guanicoe* (v.g. peso, densidad, dinámica poblacional) y humanos (v.g. requerimientos calóricos, tasa de crecimiento poblacional), generando distintos escenarios posibles y observando cómo se comportaban haciendo variar uno de ellos (v.g. densidad poblacional)[1].

Los seres humanos, para sobrevivir y reproducirse, necesitan consumir energía contenida en nutrientes -hidratos de carbono, proteínas y grasas- pero además necesitan vitaminas y minerales. No obstante, a los fines prácticos, se utilizó como medida de referencia la cantidad de calorías que debe consumir diariamente un ser humano promedio, la cual se encuentra alrededor de las 2000 calorías (Winterhalder y Goland 1993). En cuanto al valor energético de los camélidos, se empleó un promedio de 1080 calorías por kg de carne (Muscio 2004).

El modelo contemplaba tres diferentes grados de importancia del recurso *L. guanicoe* en la dieta. En este sentido, se consideró que satisfacía el 80, 60 y 50% de los requerimientos calóricos diarios para las poblaciones humanas. El resto de las calorías se completaría con otros recursos animales (v.g. cérvidos, pequeños vertebrados) y de recolección (v.g. algarrobo, huevos).

Se partió del supuesto de que las poblaciones de camélidos se hallaban aisladas biogeográficamente en los pastizales de altura cuando los primeros humanos arribaron a la región. Teniendo en cuenta que los pastizales serranos abarcan un área de 6500 km², aproximadamente, se calcularon poblaciones estables de unos 65.000 y 130.000 ejemplares para densidades de 10 y 20 individuos por km², respectivamente. Según los modelos de manejo de poblaciones silvestres, una extracción de hasta el 20 % anual mantendría estable la población de camélidos. Si se sobrepasa este nivel, el resultado es la reducción sistemática del número de animales en la región (Rabinovich 1985, 1995; Rabinovich et al. 1984).

En la Tabla 11.1 se presentan doce distintos escenarios posibles, obtenidos de la consideración de diferentes combinaciones de estos parámetros y de dos valores de la población regional de guanacos, según las dos densidades anteriormente apuntadas. En la Tabla 11.2, por su parte, se presentan las estimaciones de crecimiento poblacional desde la llegada hipotética de una población original de 25 personas a la región.

Los resultados del modelo predicen que una estrategia adaptativa basada en la explotación casi exclusiva de *L. guanicoe* en las Sierras de Córdoba, no habría podido implementarse con éxito más allá de 2000 años a partir del establecimiento de los primeros grupos (Rivero 2003b). Si se considera que las poblaciones de camélidos quedaron aisladas a comienzos del Holoceno Medio, y que la presencia humana en la región data de al menos 11.000 años AP, se debería esperar que las poblaciones de *L. guanicoe* comenzaran a experimentar los efectos de la sobreexplotación, con bastante rapidez, a mediados del Holoceno.

El crecimiento demográfico en una región determinada puede producir, en un lapso relativamente corto, importantes alteraciones en la relación *demografía-recursos disponibles*, generando la aparición de presiones selectivas dependientes de la densidad (Borrero 1989; 1994-95). Entre éstas se destacan el conflicto entre poblaciones, el desplazamiento de un grupo por otro, el cambio en las relaciones sociales, y el surgimiento o afianzamiento de nuevas estrategias adaptativas basadas en la explotación de recursos de alto costo de procesamiento, como los productos vegetales (Bettinger y Baumhoff 1982; Bettinger 1991; 2001; Kelly 1995).

Aún cuando el crecimiento demográfico es muy difícil de apreciar arqueológicamente, es posible considerar algunos indicadores indirectos que estarían vinculados con una población regional en aumento. Entre éstos podemos señalar frecuencias más altas de materiales arqueológicos, es decir una mayor visibilidad (Borrero 1989), un mayor número de sitios arqueológicos identificados (Hocsman 2003) y la deposición formal de cadáveres (Barrientos 2002), entre

Escenario	% de la dieta	Densidad de guanacos	Tasa de cosecha anual	Población sostenible
1	80%	10 ind./km²	10%	793,3 personas
2	80%	10 ind./km²	20%	1586,7 personas
3	80%	20 ind./km²	10%	1586,7 personas
4	80%	20 ind./km²	20%	3173,4 personas
5	60%	10 ind./km²	10%	1057,8 personas
6	60%	10 ind./km²	20%	2115,6 personas
7	60%	20 ind./km²	10%	2115,6 personas
8	60%	20 ind./km²	20%	4231,2 personas
9	50%	10 ind./km²	10%	1269,3 personas
10	50%	10 ind./km²	20%	2538,7 personas
11	50%	20 ind./km²	10%	2538,7 personas
12	50%	20 ind./km²	20%	5077,4 personas

Tabla 11.1. Población sostenible mediante una explotación sustentable de Lama guanicoe según varios escenarios posibles con determinados valores de densidad y cosecha anual de guanacos y su contribución a la dieta.

Años transcurridos desde el arribo de una población pionera de 25 personas	Tamaño de la población regional con una Tasa de crecimiento de 0,25%	Tamaño de la población regional con una Tasa de crecimiento de 0,1%
500 años	87 personas	41 personas
1000 años	303 personas	68 personas
1500 años	1055 personas	112 personas
2000 años	3678 personas	184 personas
2500 años	*	304 personas
3000 años	*	501 personas
3500 años	*	826 personas
4000 años	*	1361 personas
4500 años	*	2243 personas
5000 años	*	3697 personas
5500 años	*	*

(*) La población supera el nivel crítico que permite mantener una estrategia de subsistencia basada en la explotación del guanaco.

Tabla 11.2. Crecimiento demográfico en la región de las Sierras de Córdoba, a partir de una población original de 25 personas, considerando dos posibles tasas de crecimiento poblacional.

otros. Tales indicadores fueron empleados para poder apreciar el cambio demográfico en la región, como se verá en la siguiente sección.

Etapas de poblamiento de las Sierras de Córdoba:

Partiendo de las características del registro arqueológico regional (Capítulos 9 y 10; Figura 11.1), las dataciones disponibles (Tabla 11.3), y las expectativas teóricas para cada una de las etapas de poblamiento (Capítulo 3; Borrero 1989; 1994-95), definimos los rangos temporales para cada una de ellas en las Sierras de Córdoba. Proponemos, asimismo, un esquema explicativo del desarrollo histórico en la región, vinculando los principales cambios operados con las variaciones ambientales y demográficas que habrían sucedido desde la Transición Pleistoceno-Holoceno hasta finales del Holoceno tardío.

El modelo biogeográfico elaborado por Borrero (1989; 1994-1995) para explicar el proceso de poblamiento de Patagonia, puede ser empleado para describir el mismo proceso en nuestra área de estudio. Como ya hemos detallado en el Capítulo 2, este modelo define tres fases o etapas principales en la ocupación de nuevos territorios: la exploración inicial, la colonización y la ocupación efectiva. Aún cuando la información temporal es relativamente escasa, es posible realizar un primer ordenamiento del registro arqueológico, según estas etapas, empleando escalas temporales amplias. Dividimos así el registro arqueológico de los cazadores-recolectores serranos en tres grandes períodos, cada uno de los cuales posee características que serían coherentes con lo esperado para cada etapa de poblamiento (Tabla 11.4).

El componente más antiguo de El Alto 3, donde se obtuvieron dos dataciones radiocarbónicas sobre carbón vegetal, que dieron 9790 ± 80 años AP (LP-1420) y 11.010

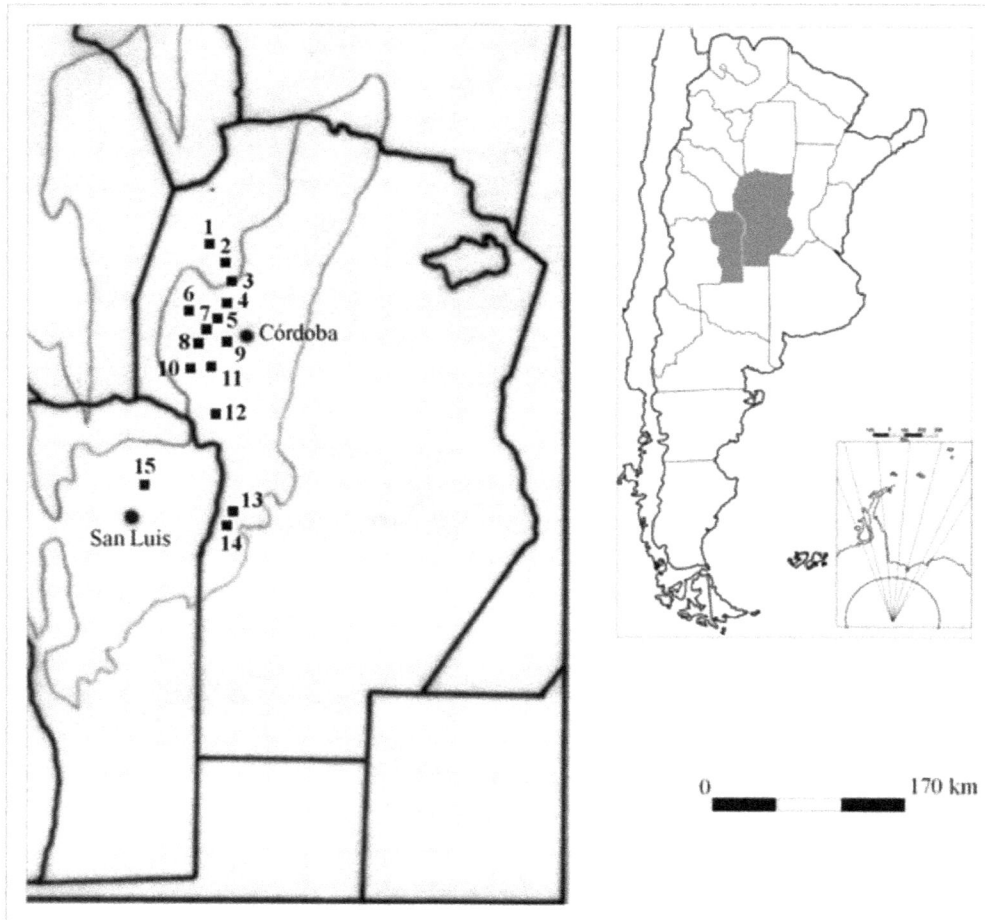

Figura 11.1. Principales sitios arqueológicos de cazadores-recolectores de las Sierras de Córdoba y San Luis mencionados en este trabajo: (1) Chuña; (2) Cementerio de Copacabana; (3) Ongamira; (4) Unión Arroyo; (5) Ayampitín; (6) Taninga; (7) El Alto 3-Matadero 14; (8) Los Lisos; (9) Club de pescadores-San Roque 1; (10) Los Chelcos; (11) Arroyo El Gaucho 1; (12) Puesto Cufré; (13) La Cocha; (14) Alpa Corral; (15) Intihuasi.

± 80 años AP (LP-1506) respectivamente, está constituido por desechos líticos, en su mayor parte de cuarzo y un instrumento de retoque marginal de ópalo (Capítulo 6). Los resultados del análisis lítico indicaron que se trataría de una ocupación poco intensa y las características de los instrumentos y desechos estarían de acuerdo con las expectativas de Franco (2002) para momentos exploratorios de un territorio. En este sentido, la materia prima en la que se encuentra manufacturado el instrumento de retoque marginal, es un ópalo de color rojo veteado de procedencia extraserrana.

Existen otras evidencias, oportunamente señaladas por investigadores que nos precedieron en la temática, que posiblemente podrían pertenecer a esta etapa de exploración. Se trata de ciertos aportes que sugieren una asociación entre especies de megafauna extinta y artefactos o restos humanos, lo que indicaría la presencia humana en la región durante el Pleistoceno (Capítulo 2; Ameghino 1885; Castellanos 1922, 1926; Montes 1960). Estos trabajos clásicos, han sido frecuentemente cuestionados por cuanto

poseen ciertas limitaciones relacionadas con la dudosa asignación temporal de los pisos sedimentarios, ausencia de métodos de excavación adecuados y ambigüedad de los artefactos supuestamente asociados a los restos pleistocénicos (Berberián y Roldán 2001).

Consideramos que si bien algunas de estas objeciones son válidas, sobre todo teniendo en cuenta que ninguno de los materiales citados como evidencia se encuentra actualmente disponible para su estudio, la información publicada es bastante detallada como para considerar valederas varias de las afirmaciones propuestas por estos investigadores.

Uno de los aspectos decididamente cuestionable en estos trabajos, es la exagerada antigüedad cronológica propuesta para algunos de los sitios, que se remonta al Pleistoceno Medio. Sin embargo, la evidencia obtenida en las investigaciones recientes en la zona, aún cuando no confirma tan alta antigüedad, estaría señalando no obstante la presencia humana durante la Transición Pleistoceno-Holoceno. Por tanto, no pueden descartarse definitivamente

Sitio arqueológico	Datación C^{14} en años AP	Referencias
El Alto 3, Componente 1A	11.010±80 (LP-1506)	(Rivero y Roldán 2005)
El Alto 3, Componente 1A	9790±80 (LP-1420)	(Rivero y Roldán 2005)
Gruta de Intihuasi, Nivel IV	8068±95 (P-345)	(González 1960)
Gruta de Intihuasi, Nivel IV	7970±100 (Y-228)	(González 1960)
Arroyo El Gaucho 1, C 1	7160±90 (LP-1722)	Capítulo 7
El Alto 3, Componente 1B	7108±74 (AA68145)	Capítulo 6
Abrigo de Ongamira, Nivel IV	6550±150 (GRN-5414)	(González y Lagiglia 1973)
Cementerio de Copacabana	5240±140	(Laguens 1999)
Cementerio de Copacabana	4970±120	(Laguens 1999)
La Cocha	4530±80 (LP-663)	(Nores y D´Andrea 1997)
Alpa Corral	4450±80 (LP-526)	(Nores y D´Andrea 1997)
Arroyo El Gaucho 1, C 2	3700±70 (LP-1612)	Capítulo 7
Arroyo El Gaucho 1, C 2	3590±60 (LP-1599)	Capítulo 7
Chuña	2950±180	(Marcellino 1992)
El Alto 3, Componente 2	2990±70 (LP-1502)	(Rivero y Roldán 2005)
El Alto 3, Componente 2	2770±80 (LP-1287)	(Rivero y Roldán 2005)
El Alto 3, Componente 2	1690±70 (LP-1604)	(Rivero y Roldán 2005)
Piedra del Aguila	1980±100	(Austral y Rocchietti 1995)
Alero 1 del Abra Chica	1700±100	(Austral y Rocchietti 1995)
Chañar del Tío	1500±100	(Austral y Rocchietti 1995)

Tabla 11.3. Dataciones radiocarbónicas de contextos cazadores-recolectores de las Sierras Centrales de Argentina, disponibles actualmente.

PERÍODOS (en años C^{14} AP)	ETAPAS DE POBLAMIENTO (*sensu* Borrero 1989)
12.000 - 9000 años AP	• Exploración inicial
9000 – 6000 años AP	• Colonización
6000 – 1500 años AP	• Ocupación efectiva

Tabla 11.4. Etapas de poblamiento propuestas para las Sierras de Córdoba.

posibles asociaciones entre artefactos y restos de fauna pleistocénica en la historia humana de las Sierras de Córdoba, sobre todo si se tiene en cuenta que algunas de las especies de megafauna sobrevivieron hasta los inicios del Holoceno en la zona serrana (Cruz 2003).

Los contextos arqueológicos ubicados cronológicamente entre 9000 y 6000 años AP, corresponden principalmente a yacimientos estratificados y superficiales que contienen puntas de proyectil de limbo lanceolado y bifaces. Estos sitios son más numerosos que los registrados durante la Transición Pleistoceno-Holoceno y se observa un aumento en la tasa de depositación de instrumentos, así como mayores evidencias de reocupación de sitios como en el caso de El Alto 3 (Capítulo 6), Arroyo El Gaucho 1 (Capítulo 7) y los niveles inferiores de Intihuasi (González 1960). La reocupación planificada parece confirmarse, además, por la presencia de instrumentos de molienda y/o artefactos enteros y con los filos activos que han sido dejados en los sitios posiblemente como equipamiento de los mismos (*sensu* Binford 1979).

Las numerosas canteras taller de cuarzo de buena calidad para la talla, que contienen bifaces y puntas de proyectil fracturadas durante el proceso de manufactura, y la presencia en los sitios de instrumentos y desechos de rocas no locales, provenientes de fuentes lejanas y localizadas en determinados sectores de las sierras, están señalando un conocimiento detallado de las principales fuentes de materias primas, así como amplios rangos de acción y/o la existencia de redes sociales que les permiten el acceso a aquellas. Estas características indicarían que las poblaciones ya se habían consolidado en el territorio, es decir que se encontraban en una etapa de *colonización*.

Para el período 6000 – 1500 años AP, los sitios arqueológicos que han sido ubicados en base a dataciones y/o a la presencia de puntas de proyectil apedunculadas de limbo triangular (Capítulo 10), son más numerosos que en los momentos anteriores, ocupando todos los sectores de las Sierras de Córdoba. De igual manera, presentan características distintivas según el ambiente donde se emplazan. Esto sugiere que los espacios más productivos regionalmente han sido ocupados, aumentando notablemente su visibilidad arqueológica, por lo que estaríamos ante una *ocupación efectiva* del territorio serrano.

Estrategias adaptativas de los cazadores-recolectores serranos

La variabilidad observada etnográficamente en los patrones de asentamiento y la agrupación social ha sido evaluada desde enfoques evolutivos (v.g. Heffley 1981), mediante la aplicación del modelo de Horn (1968) con resultados altamente satisfactorios. Este modelo es particularmente útil para generar expectativas acerca de la ubicación y tipos de asentamientos humanos en el paisaje, al establecer relaciones claras entre la distribución y predictibilidad de los recursos alimenticios y la dispersión de las poblaciones depredadoras.

Se parte de la premisa de que el patrón óptimo de distribución en el espacio es aquel que requiera que los individuos deban trasladarse la menor distancia posible para localizar los recursos alimenticios. Sobre esta base, el modelo predice que cuando los recursos están homogéneamente distribuidos y son estables, los grupos tenderán hacia una dispersión regular de individuos en unidades sociales mínimas (i.e. bandas); por el contrario, cuando los recursos son móviles, agrupados e impredecibles, como la explotación de especies migratorias, la estrategia óptima es la agregación en un lugar central (Horn 1968).

El modelo fue revisado por Heffley (1981), quien agregó un tercer escenario que suele ser muy común entre los cazadores-recolectores, la explotación de recursos que se encuentran agrupados y son predecibles, como el uso de recursos almacenados o la pesca. En estos casos, también es posible la agregación de personas en un lugar central.

Algunos investigadores han relacionado la disponibilidad y predictibilidad de recursos críticos con diferentes actitudes de los grupos con relación a la movilidad y al establecimiento y defensa de territorios. Dyson-Hudson y Smith (1978), entre otros, han propuesto que la territorialidad surge siempre que existan recursos críticos que puedan ser económicamente defendibles. En situaciones donde estos últimos exhiban una alta predictibilidad y densidad es esperable que se establezca algún tipo de defensa del territorio. Por el contrario, cuando la impredictibilidad de los recursos supera cierto nivel, la vinculación a un territorio se vuelve antieconómica, y aumenta el grado de movilidad residencial.

Otro factor que interactúa con la predictibilidad y densidad de los recursos para el establecimiento de territorios defendidos, es la densidad poblacional. En este sentido, cuando los recursos son muy abundantes en relación a la población, entonces no se obtiene ningún beneficio por su defensa y por lo tanto es improbable que se establezca

alguna clase de protección del territorio (Dyson-Hudson y Smith 1978).

Wilmsen (1973), ha definido a los recursos estables y homogéneamente distribuidos, como aquéllos que poseen movimientos individuales restringidos y patrones de distribución localizados, lo que los hace predecibles todo el año. Por el contrario, un ejemplo de los recursos agrupados, móviles e impredecibles, serían las especies gregarias y migratorias.

En el caso de las Sierras de Córdoba, la mayor parte de los recursos podrían clasificarse como estables y homogéneamente distribuidos, ya que si bien el guanaco es un animal de hábitos migratorios, solo migra parte de la población y nunca más allá de los 60 km de distancia (Capítulo 4; Puig 1995). En el caso de los frutos de recolección, como el algarrobo y el chañar, son temporal y espacialmente predecibles, y además pueden ser obtenidos en masa en diversos sectores de valle durante el verano.

Las estrategias de asentamiento y movilidad dependen en gran medida de la estructura regional de recursos. Por lo tanto, partiendo de los modelos teóricos presentados anteriormente, la información arqueológica y la estructura regional de recursos durante el Holoceno, podemos realizar un primer esbozo acerca de cuáles habrían sido las principales estrategias de asentamiento y movilidad implementadas por las poblaciones cazadoras-recolectoras serranas durante las distintas etapas de poblamiento.

La exploración del territorio serrano:

La información disponible es reducida, por lo que únicamente pueden realizarse inferencias generales acerca de cuáles habrían sido las estrategias adaptativas de estas primeras poblaciones en base a los datos arqueológicos del área de estudio y el conocimiento acerca del proceso de poblamiento americano obtenido por otras investigaciones (v.g. Kelly y Todd 1988; Borrero 1996, 1999; Borrero y Franco 1997; Muscio 1999; Franco 2004).

Durante la Transición Pleistoceno-Holoceno, en la cual se desarrolló esta etapa, el ambiente serrano era muy distinto al actual con mayor aridez, grandes extensiones de pastizales y el bosque serrano en un estado inicial de desarrollo. La fauna de importancia económica incluía, además de las especies actuales como camélidos y cérvidos, algunas especies pleistocénicas de gran tamaño como megaterios, caballos americanos y paleolamas, entre otros (Capítulo 4). Esto significa que podríamos considerar que los principales recursos faunísticos eran estables y estaban homogéneamente distribuidos.

En este marco ambiental, y teniendo en cuenta las bajísimas densidades humanas que caracterizan el proceso de exploración inicial de los territorios americanos, las principales estrategias adaptativas habrían sido aquellas que incluían grupos dispersos en grandes extensiones, con una elevada movilidad (residencial y logística) y subsistencia basada en recursos de alta tasa de retorno, como es la caza de grandes animales gregarios (Kelly y Todd 1988).

En este sentido, si bien no disponemos de registro arqueofaunístico para este lapso, en las regiones vecinas (i.e. andes centro-sur, pampa, patagonia) la evidencia apunta hacia una dieta generalizada, donde los principales recursos explotados consistieron en camélidos (especies actuales y extinguidas), aunque incluían en bajas proporciones ejemplares de megafauna, especialmente los caballos americanos y megaterios (Miotti y Salemme 1999; Borrero 1999; Martínez 2003).

Los hallazgos realizados por Ameghino (1885) en algunos sitios de la ciudad de Córdoba, donde se encontraron fragmentos de huesos quemados de algunas especies de megafauna (Capítulo 2) asociados con restos de carbón e instrumentos líticos, abren la posibilidad de que estos animales hayan sido aprovechados por los primeros exploradores de nuestro territorio, por medio de la caza o el carroñeo.

La evidencia proveniente del sitio El Alto 3, indica ocupaciones muy breves y bajo descarte de artefactos, así como el uso de materias primas de procedencia muy lejana (posiblemente extraserrana) para la manufactura de algunos instrumentos (Capítulo 6 y 9). Esta evidencia, si bien es limitada, es coherente con un escenario de alta movilidad y baja densidad poblacional esperable para los momentos exploratorios de una región. La continuación de las investigaciones dedicadas a profundizar en el estudio de los primeros habitantes del territorio serrano, podrán ampliar la base de datos y obtener una imagen más completa de este período.

La consolidación en el paisaje:

Para los momentos colonizadores, disponemos de mayor información que puede resultar útil para la definición de las principales estrategias adaptativas. Las condiciones climáticas eran muy similares a las de la Transición Pleistoceno-Holoceno, por lo que las características acerca de la disponibilidad y distribución de los recursos pueden ser consideradas como análogas a las de la etapa exploratoria.

El principal cambio respecto a estos últimos se relaciona con la progresiva desaparición de las especies de megafauna, extinguidas a mediados del Holoceno Temprano. No obstante, debido a que no constituían la base de la subsistencia, su efecto sobre la vida de las poblaciones seguramente fue mínimo. Esta estructura de los recursos, al ser muy parecida a aquélla de los primeros momentos, posibilita hipotetizar que las estrategias de asentamiento y subsistencia habrían sido similares a las adoptadas en los momentos iniciales del poblamiento.

Los sitios arqueológicos detectados y las distribuciones superficiales analizadas (Capítulo 9) son coherentes con esta hipótesis y sugieren que el asentamiento se organizó en base a una alta movilidad residencial, con la dispersión de bandas en campamentos base desde los cuales se realizaron excursiones logísticas para realizar actividades cinegéticas, aprovisionarse de materias primas para la confección de instrumentos, u obtener otros recursos vitales (v.g. información), durante las que se utilizaron campamentos temporarios. Este patrón se habría caracterizado por una alta movilidad logística, que es la estrategia más apropiada para la captura de animales de gran porte por medio de la caza (Kelly 1983).

La evidencia relacionada con la explotación faunística durante esta etapa es aún limitada, reduciéndose a la información proveniente de los niveles inferiores de Intihuasi y Ongamira (González 1960; Menghín y González 1954) y de Arroyo El Gaucho 1 (Capítulo 7). Sin embargo, estos datos apoyan la idea de que los camélidos fueron la principal especie consumida, relegando a los cérvidos a una importancia secundaria.

El uso de instrumentos extractivos de alta inversión de energía en su manufactura, como las puntas de proyectil lanceoladas, las bifaces o las raederas dobles convergentes, estaría señalando situaciones de estrés temporal (*sensu* Torrence 1983), en el sentido de que se manufacturan artefactos de alto costo y larga vida útil para reducir el tiempo dedicado a la manufactura y mantenimiento de instrumentos. De este modo, se incrementa el tiempo disponible para la realización de otras actividades. Además, el uso de artefactos bifaciales es adecuado para el transporte cuando existen restricciones de alta movilidad (Parry y Kelly 1987). Es decir, desde el punto de vista de la tecnología, los resultados de las investigaciones apoyan la hipótesis de poblaciones poco densas con una alta movilidad, cuya subsistencia se basa en la explotación de recursos de alto retorno como los camélidos.

Tal forma de uso del espacio, representa un medio apropiado para manejar los principales recursos locales, especialmente los ungulados, en una forma que iría de acuerdo con lo propuesto por Horn (1968), es decir la dispersión en el paisaje de unidades sociales mínimas. Sin embargo, este patrón pudo variar estacionalmente, en especial durante el verano, cuando están disponibles los frutos de recolección, lo cual habría alentado la agregación estacional de individuos en los valles (Figura 11.2).

En los sitios situados en las márgenes del lago San Roque, se han documentado numerosos instrumentos de molienda asociados con artefactos de estilo temprano, como las bifaces y puntas lanceoladas (Capítulo 9), lo cual podría relacionarse con el aprovechamiento estacional de los frutos de recolección que ofrecen los bosques de algarrobo y chañar. Estos recursos reúnen las propiedades de ser predecibles temporal y espacialmente y pueden ser explotados en masa, permitiendo la agregación de bandas

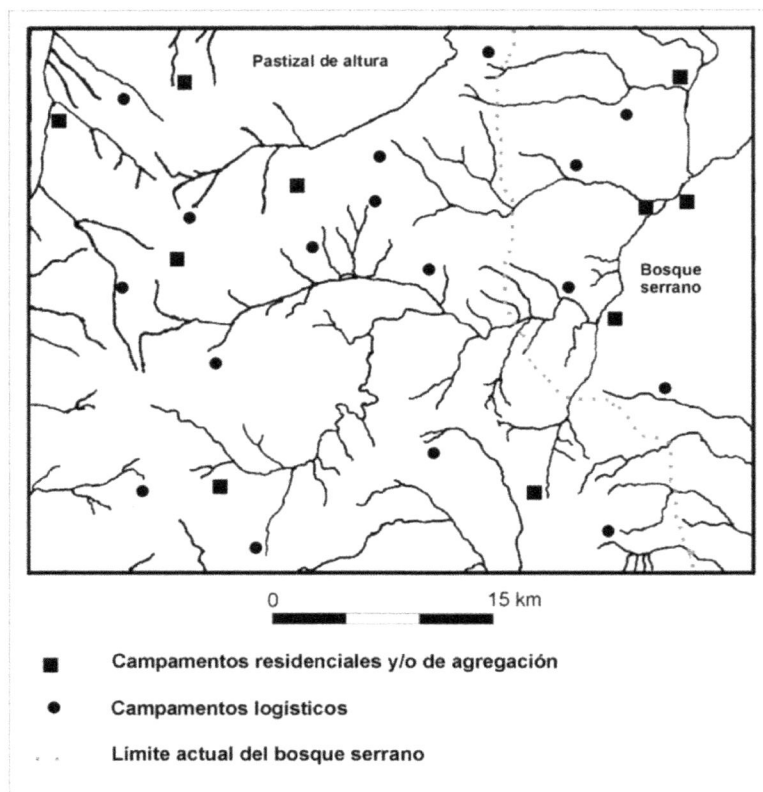

Figura 11.2. Idealización del patrón de asentamiento durante el Holoceno Temprano en el sector Norte del área de estudio.

en un lugar central en los valles interserranos, como una buena estrategia para su aprovechamiento.

Estas agregaciones, si bien son hipotéticas por el momento, no pueden descartarse debido a que habrían permitido realizar actividades relacionadas con el mantenimiento de redes de interacción y emparejamiento, necesarias para asegurar la reproducción biológica (Wobst 1974; Anderson y Hanson 1988).

En este marco de baja demografía y recursos predecibles, estables y homogéneamente distribuidos, no se obtendría ningún beneficio en el establecimiento y defensa de territorios, por lo que no es esperable que en estos momentos tempranos se hayan establecido sistemas territoriales.

La ocupación efectiva del espacio:

Con posterioridad a 6000 años AP, se han detectado importantes cambios ambientales y en los patrones arqueológicos correspondientes a esta etapa. Con respecto a las modificaciones climáticas, como expusimos en el Capítulo 4, existen evidencias provenientes de estudios geomorfológicos y sedimentarios (Sanabria y Argüello 2003; Kemp et al. 2003), paleontológicos (Tauber 1999) y de distribución de micromamíferos (Teta et al. 2005), que sugieren que desde finales del Holoceno Temprano en la

región de las Sierras de Córdoba comenzaron a aumentar los niveles de humedad hasta llegar a mediados del Holoceno a ser más altos que los actuales.

El aumento de la humedad pudo ser una de las causas del desarrollo pleno del bosque serrano, el cual habría estado ausente o mínimamente representado en los inicios del Holoceno (Tauber 1999). La importancia del establecimiento del bosque hasta alcanzar una distribución similar a la actual, radica en que produjo una reorganización de los principales recursos serranos, especialmente de la primordial fuente de alimento de los grupos humanos, como los camélidos.

La consecuencia más importante del establecimiento del bosque serrano para la vida de los cazadores-recolectores, en el mediano y largo plazo, fue el aislamiento biogeográfico de las especies faunísticas que habitaban los pastizales. Las poblaciones de artiodáctilos serranas quedaron casi totalmente restringidas a los sectores superiores a los 1000 m s.n.m., principalmente en las Sierras Grandes.

Las nuevas condiciones en la distribución y disponibilidad de los recursos de subsistencia, seguramente tuvieron un fuerte impacto en las estrategias adaptativas de los cazadores-recolectores. Las expectativas derivadas del modelo de simulación sobre la sustentabilidad de la caza de camélidos, predicen una caída en la densidad y disponibilidad de *Lama guanicoe* en el mediano plazo, por lo que se esperaría un aumento de la amplitud de la dieta con una mayor importancia relativa de las especies de menor tasa de retorno, como los pequeños vertebrados y los productos vegetales (Kaplan y Hill 1992).

El registro arqueológico correspondiente al Holoceno Medio y Tardío (Capítulo 10), indica una mayor densidad de sitios, noblemente superior a la de los períodos anteriores (Gráfico 11.1), que se distribuyen en todos los sectores serranos. Como lo señalamos anteriormente, se aprecia una diferenciación entre los yacimientos, según el ambiente en el que se emplazan. Los localizados en los pastizales de altura, corresponden en su mayor parte a ocupaciones breves, muchas de ellas vinculadas con las actividades de caza (v.g. Componente 2 de El Alto 3; Matadero 14). Además, hay evidencias que apoyan la posibilidad de eventos relacionados con pequeñas ocupaciones residenciales, que alternarían con un uso logístico de algunos sitios (i.e. Componente 2 de Arroyo El Gaucho 1). Los asentamientos localizados en los valles interserranos, poseen mayor variabilidad y densidad de restos, así como mayor tamaño que los sitios de altura o que los pertenecientes a momentos tempranos (v.g. Alpa Corral, La Cocha, Taninga, San Roque 1, Club de Pescadores). Además, en varias de estas localidades se han recuperado numerosos instrumentos de molienda (v.g. Club de Pescadores, San Roque 1, Alpa Corral), enterratorios primarios y secundarios (v.g. Alpa Corral, La Cocha, niveles superiores del Abrigo de Ongamira, Abrigo de Los Chelcos). Todo ello sugiere su uso para establecer campamentos residenciales, en algunos casos por un tiempo prolongado, como los sitios con áreas de depositación de cadáveres.

Esta disociación en los tipos de asentamientos en los dos ambientes principales de las sierras, podría estar indicando un cambio adaptativo mayor en la región. Existen algunos indicadores arqueológicos que pueden ser analizados para evaluar esta posibilidad, como las estrategias tecnológicas, el uso de materias primas y los principales recursos de subsistencia aprovechados.

Las estrategias tecnológicas correspondientes a los contextos posteriores al 6000 AP, se caracterizan por presentar una caída en el uso de la técnica de adelgazamiento bifacial y en la producción de bifaces, así como una mayor importancia de los instrumentos informales y generalizados, con baja inversión de trabajo en su confección. Tal situación pudo ser comprobada en los sitios El Alto 3 (Capítulo 6; Rivero y Srur 2006) y Arroyo El Gaucho 1 (Capítulo 7). Estas características son propias de grupos con movilidad residencial reducida (Parry y Kelly 1987; Escola 2000).

Las materias primas líticas empleadas para la elaboración de instrumentos en los sitios analizados, aportan elementos importantes para esta discusión, debido a la escasa representación de rocas no locales. Las principales fuentes empleadas provienen de distancias no mayores a los 20 km, lo que indicaría rangos de acción bastante acotados, en concordancia con las expectativas derivadas del análisis tecnológico.

La información arqueofaunística disponible para este período ha sido generada casi totalmente a mediados del siglo pasado, y si bien no se la analizó desde una perspectiva evolutiva, aportan no sólo la presencia de ciertas especies sino también su importancia relativa en la dieta. Como señalamos anteriormente, resulta clara la preponderancia absoluta de restos óseos de camélidos durante el Holoceno Temprano, seguidos por un porcentaje mucho menor de cérvidos, mientras que los vertebrados de menor tamaño están muy poco representados. Por el contrario, a partir de mediados del Holoceno, la importancia de los recursos pequeños aumenta en relación a los de mayor tamaño, así como el número de taxones presentes (Menghín y González 1954; González 1960).

Las investigaciones realizadas en el sitio Arroyo El Gaucho 1, han posibilitado contar con información cuantitativa de los restos arqueofaunísticos correspondientes a los dos Componentes identificados en el sitio, ubicados a fines del Holoceno Temprano (C1) y a finales del Holoceno Medio (C2). Se analizó una muestra del Componente temprano de 3534 especímenes óseos, de los cuales el 19% corresponde a *Lama* sp., el 0.4% a Cervidae, el 8% a Artiodactyla, el 46% a mamíferos grandes y el 10% a pequeños vertebrados (i.e. Caviinae, Cricetidae, *Ctenomys* sp., Euphractinae y aves indeterminadas). Mientras que, para el componente más tardío la muestra presenta 2213 restos faunísticos, el 19% de los cuales corresponde a camélidos y cérvidos, en tanto que los pequeños taxones ocupan el 21% de la muestra, evidenciando que si bien el taxón más representado continúa siendo *Lama* sp., la captura de pequeños vertebrados ha experimentado un importante aumento con respecto a los momentos tempranos, tal como se había registrado en otros sitios como Intihuasi y Ongamira.

La evaluación de los recursos vegetales aprovechados y su incidencia en la dieta es muy complicada de realizar en la región, debido a que las condiciones ambientales impiden la conservación de macrorrestos aptos para ser identificados. Aunque existen algunas líneas de evidencia indirectas que pueden vincularse con el consumo de productos vegetales, una de ellas es la proporción relativa de instrumentos líticos pulidos vinculada al procesamiento de frutos, como los molinos planos, morteros y manos, en contextos arqueológicos de distintos períodos.

En este sentido, tales instrumentos líticos pulidos experimentan un notable incremento en el registro posterior a 6000 años AP en sitios que poseen una secuencia arqueológica que abarca gran parte del Holoceno (v.g. Menghín y González 1954; González 1960). De igual manera, estos artefactos son particularmente numerosos en

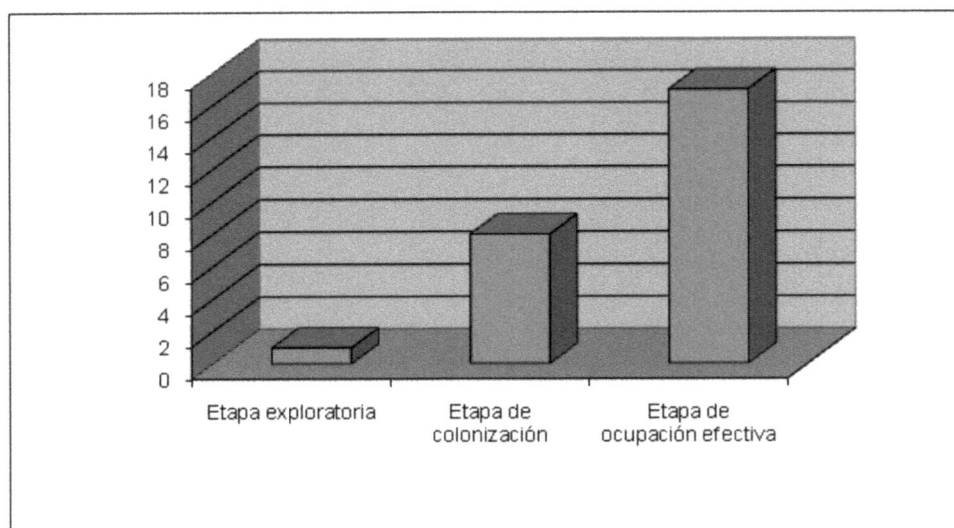

Gráfico 11.1. Cantidad de sitios correspondientes a cada etapa de poblamiento.
Sin incluir las canteras taller ni los POT.

otros sitios ubicados en el período tardío tales como Alpa Corral y La Cocha, en la sierra de Comechingones (Nores y D´Andrea 1997) y en los sitios San Roque 1 y Club de Pescadores en las márgenes del Lago San Roque, entre otros. La mayor representación podría estar indicando un incremento en la importancia de la actividad de recolección y procesamiento de vegetales.

Los cambios en la forma de uso del espacio, decisiones tecnológicas y utilización de los recursos, estarían señalando una reducción de los rangos de acción y un aumento en la importancia de los recursos de baja tasa de retorno como los vegetales y pequeños vertebrados. Además, se destaca la presencia de enterratorios en varios de los sitios emplazados en los valles interserranos. Si bien esta situación puede deberse a problemas de muestreo o visibilidad arqueológica, se ha sugerido que las poblaciones poco densas y altamente móviles son proclives al abandono de cadáveres, mientras que con el aumento poblacional y la circunscripción espacial, surgen nuevas presiones que alientan la depositación formal de cadáveres (Barrientos 2002).

Todos los indicadores citados son consistentes con la idea de que con posterioridad a 6000 años AP se produjo en la región un aumento demográfico importante que, en conjunción con la reestructuración en la disponibilidad y accesibilidad de los recursos serranos, cambió de manera significativa las estrategias adaptativas desarrolladas por los cazadores-recolectores.

Consideramos que este cambio en el desarrollo histórico de la población serrana es uno de los más importantes, tal vez el principal, que sucedió durante toda la historia prehispánica en la región y cuyas influencias pueden rastrearse en los grupos productores de alimentos del

prehispánico tardío (Pastor 2006). La nueva situación, que sugiere mayor demografía y la existencia de rangos de acción acotados, es coherente con un escenario en el cual se comienzan a desarrollar mecanismos dependientes de la densidad, tal como se espera para esta etapa de poblamiento (Borrero 1989-1990).

Uno de estos mecanismos a considerar es la existencia de competencia territorial. Según Dyson-Hudson y Smith (1978) uno de los requisitos para la existencia de territorialidad es la presencia de recursos críticos que sean lo suficientemente densos y predecibles, lo que convierte a su defensa en una estrategia económicamente viable. Si tenemos en cuenta que los productos de menor tasa de retorno han experimentado un aumento en su importancia en la subsistencia, especialmente los vegetales, según se infiere por el importante aumento en la proporción de instrumentos de molienda, es posible considerarlos como un recurso crítico, denso y de gran predictibilidad, que cuenta además con la posibilidad de ser almacenado.

Esto convierte a algunos productos vegetales, como el algarrobo, en un recurso cuya defensa se convierte en una estrategia viable. Los camélidos, por su parte, también constituyen recursos densos y predecibles, por lo que las zonas en las cuales pueden ser obtenidos también se vuelven económicamente defendibles. De allí es muy posible, que durante esta etapa de poblamiento, se hayan establecido los primeros territorios y surgido las primeras disputas por los mismos entre distintos grupos.

La principal especie explotada continúa siendo *L. guanicoe*, aunque su aislamiento biogeográfico lo convirtió en un recurso vulnerable a la sobreexplotación, como lo sugiere el modelo de simulación presentado. En este sentido, aunque la evidencia arqueofaunística es escasa, los estudios realizados en Intihuasi y Ongamira señalan que hubo un aumento en el número de especies faunísticas explotadas a partir de mediados del Holoceno, incluyendo pequeños vertebrados.

Los modelos de forrajeo óptimo indican que los recursos de menor ranking serán aprovechados sólo si los de mayor retorno disminuyen su frecuencia (Kaplan y Hill 1992). Este aumento en el número de especies explotadas y la mayor dedicación al aprovechamiento de recursos de muy bajo retorno como los vegetales, sugiere que la frecuencia de encuentro con los grandes mamíferos de las sierras se habría reducido de manera significativa.

Utilizando la información arqueofaunística obtenida en Arroyo El Gaucho 1 y de Puesto La Esquina 1 (Medina 2006)[2], un sitio tardío emplazado en el ambiente de pastizales de altura, se evaluaron las predicciones del modelo de simulación referido a la explotación sustentable de camélidos y los efectos sobre las poblaciones de guanacos.

El modelo de simulación señala que la presión de caza ejercida sobre *L. guanicoe* disminuyó su población, por lo que se esperaría que: 1) se reduzca su abundancia relativa a través del tiempo; 2) se amplíe la dieta y se incorporen especies de menor rendimiento –vegetales y pequeños vertebrados-; 3) se reduzca la edad media de captura de las presas, expresada en un aumento en el porcentaje de individuos osteológicamente inmaduros; 4) una intensificación en el procesamiento de estos taxones, que se reflejará arqueológicamente en un aumento del porcentaje de especimenes óseos con huellas de corte y de percusión.

La abundancia taxonómica relativa se cuantificó mediante el número de especimenes identificado por taxón (NISP). Se exploró la representatividad de los camélidos a través del tiempo empleando el «índice de camélidos» (modificado de Lyman 2004: 146), cuya formula es $\sum$NISP de Camélidos/(NISP Camélidos + NISP Cérvidos). Este tiene una escala que va de 0 a 1. Valores superiores a 0,5 indica que los camélidos son más «abundantes» que los cérvidos, en tanto que valores inferiores a 0,2 indican que son «raros». La riqueza taxonómica fue evaluada mediante la sumatoria del número de taxones ($\sum$NTAXA). Su determinación implicó la cuantificación de las categorías evitando su superposición. La intensificación en el procesamiento de las presas fue medido mediante el NISP con huellas de corte (NISP hc) y el NISP con fractura de origen antrópico (NISP fract).

Con relación a la representatividad de los camélidos a través del tiempo, en el Gráfico 11.2 puede observarse que el índice de camélidos se mantiene entre 0,98 y 0,92 para el Holoceno Temprano y Medio, y luego cae a 0,19 en el contexto perteneciente al Holoceno Tardío Final. Esta caída puede ser vista como una disminución en la frecuencia de encuentros con este taxón. En este contexto, debe esperarse un incremento en la diversidad de especies explotadas – incluyendo pequeños vertebrados de bajo retorno- y un mayor procesamiento de los mismos.

En el Gráfico 11.3, por su parte, se representa la riqueza taxonómica de los conjuntos para los tres lapsos considerados. Puede apreciarse que los taxones explotados en los momentos tardíos aumentan significativamente. Se destaca que en PE1 varios de estos taxones son pequeños vertebrados de bajo retorno.

En los Gráficos 11.4 y 11.5 se presenta el porcentaje del NISP total de los distintos contextos arqueológicos considerados que tiene marcas de procesamiento (i.e. huellas de corte y/o raspado, fracturas de origen antrópico). Se aprecia claramente cómo el procesamiento aumenta progresivamente, siendo mayor en las muestras de PE1. Esto parece indicar aumentos en el costo promedio de la dieta y una fuerte reducción de la eficiencia en la misma.

Por otro lado, el Gráfico 11.6 muestra que la proporción de huesos de camélidos sin fusionar experimenta un aumento entre el componente más antiguo de AEG-1 (7%) y el componente datado a finales del Holoceno Medio (12%). Lamentablemente, el estado de la muestra de PE1 impidió poder evaluar cómo se comporta esta variable en los contextos tardíos.

Finalmente, si se compara el «índice de camélidos» con un «índice cérvidos» [$\sum$NISP Cérvidos/$\sum$(NISP Cérvidos + NISP Camélidos] (Gráfico 11.7), se observa que el índice de cérvidos varía entre 0,02 y 0,07 con anterioridad al Holoceno Tardío, mientras que en PE-1 el índice asciende a 0,8. Esto indica que los cérvidos pasan de ocupar un lugar secundario en las arqueofaunas de los períodos tempranos, a una dominancia casi absoluta en el conjunto tardío de PE1.

Los resultados de este estudio señalan que, si bien los camélidos fueron la principal fuente de proteína animal para las poblaciones humanas en las Sierras de Córdoba durante el Holoceno Temprano, en el Componente 2 de AEG-1 se aprecia un aumento en el aprovechamiento de los cérvidos y otros taxones no considerados con anterioridad. Por otro lado, los restos de camélidos son intensamente procesados y se nota un incremento en la representación de individuos inmaduros.

Este fenómeno parece llegar a su máxima expresión en los conjuntos tardíos de PE1, en donde se aprecia una abrupta caída en el índice de camélidos, seguido por un incremento

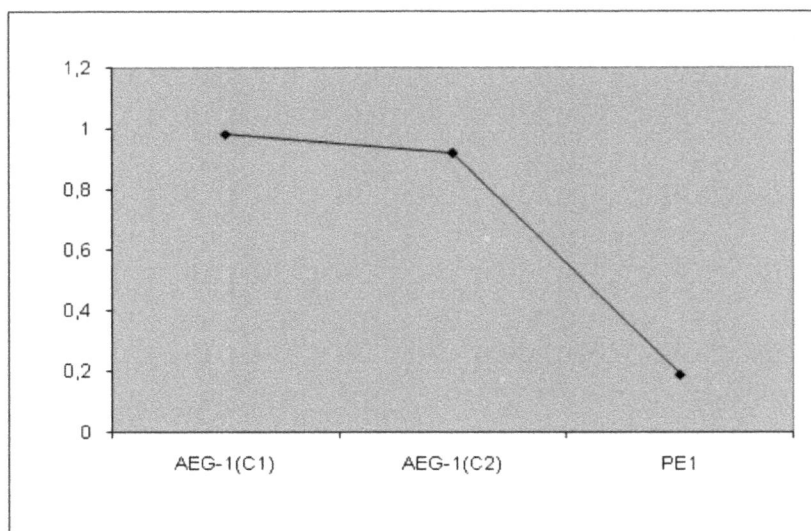

Gráfico 11.2. Índice de camélidos durante tres momentos desde el Holoceno Temprano hasta el Tardío.

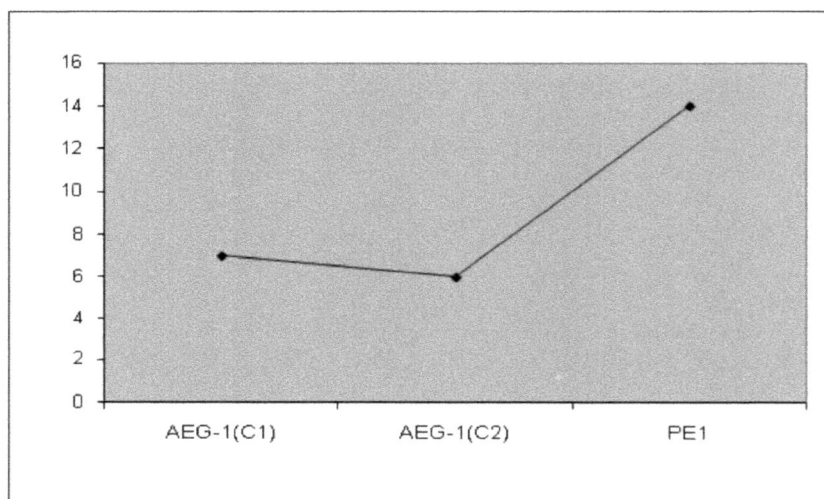

Gráfico 11.3. Riqueza taxonómica (NTAXA) durante tres momentos desde el Holoceno Temprano hasta el Tardío.

en el índice de cérvidos, en el número de taxones aprovechados y en el NISP con huellas de procesamiento.

Estas líneas de evidencia son concordantes con la idea de que las poblaciones de *L. guanicoe* de las pampas de altura estuvieron sujetas a serias fluctuaciones demográficas durante el Holoceno, y es probable que la presión de caza ejercida a lo largo de miles de años haya reducido sus poblaciones, sensibles ante su aislamiento biogeográfico. En consecuencia, los grupos humanos debieron ampliar su dieta incorporando progresivamente recursos animales y vegetales de menor retorno, hasta convertirse éstos últimos en un recurso crítico.

De lo expuesto, puede considerarse que la información arqueológica correspondiente a los momentos posteriores a 6000 años AP permite imaginar un escenario de importantes cambios ambientales y demográficos que produjeron una reestructuración radical de las estrategias adaptativas. Esto es notable en cuanto a la organización de los asentamientos, subsistencia y rangos de acción.

La diferenciación identificada en los tipos de sitios presentes en los pastizales de altura y en los valles, en cuanto a tamaño, contenido material y funcionalidad, es coherente con estrategias de asentamiento que privilegien la agregación de individuos en un lugar central (i.e. los grandes sitios multipropósitos de los valles) y explotación de los recursos mediante salidas logísticas, las que estarían

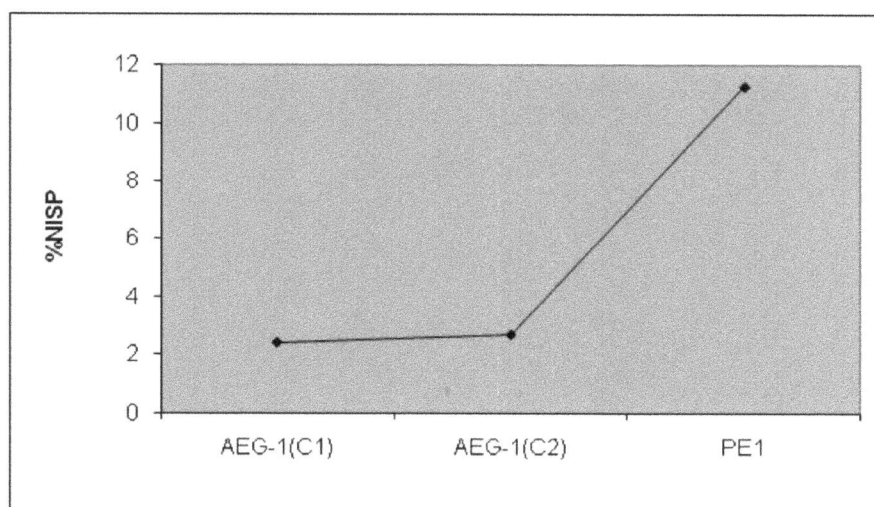

Gráfico 11.4. %NISP con marcas de corte.

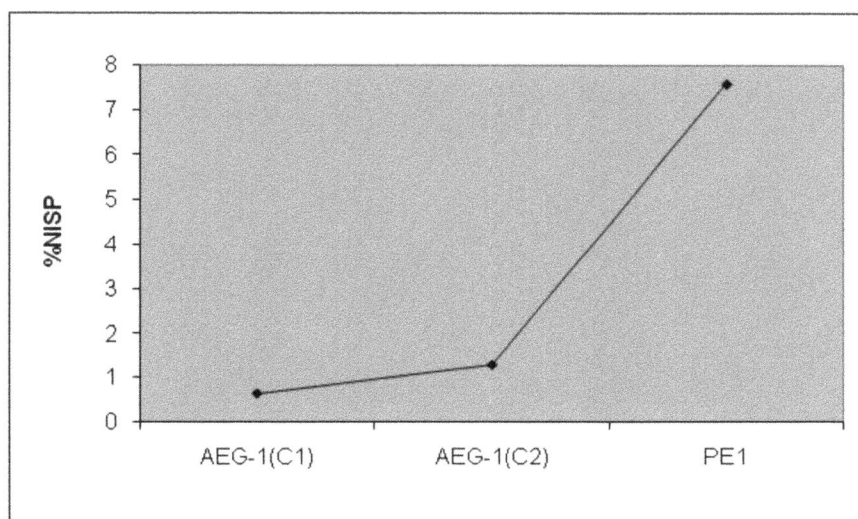

Gráfico 11.5. %NISP con fracturas de origen antrópico.

reflejadas en los sitios de ocupación breve detectados en los pastizales de altura.

Este patrón de uso del espacio estaría de acuerdo con situaciones en las que los principales recursos son móviles, agrupados e impredecibles (Horn 1968), las cuales no serían las características de los recursos serranos. Sin embargo, durante este período la recolección de frutos silvestres parece haber sido muy importante. Al poseer los frutos la particularidad de ser predecibles espacial y temporalmente, y ser obtenidos en masa y almacenados, estos recursos vegetales también pueden ser explotados mediante la agregación de personas en un lugar central, según el modelo de Horn modificado por Heffley (1981).

Es posible, entonces, plantear una agregación de larga duración en los valles interserranos, especialmente durante la primavera y el verano, cuando maduran los principales recursos vegetales, como el algarrobo y el chañar. El pastizal de altura habría sido explotado en una forma que pudo combinar salidas logísticas desde los asentamiento residenciales emplazados en los valles y la dispersión estacional de pequeños grupos en los sectores de altura, al menos estacionalmente (Figura 11.3). Las evidencias obtenidas hasta el momento son consistentes con esta idea, aunque es necesario aumentar la cantidad de estudios en sitios de los valles y del pastizal para poder comprobar o reformular esta hipótesis.

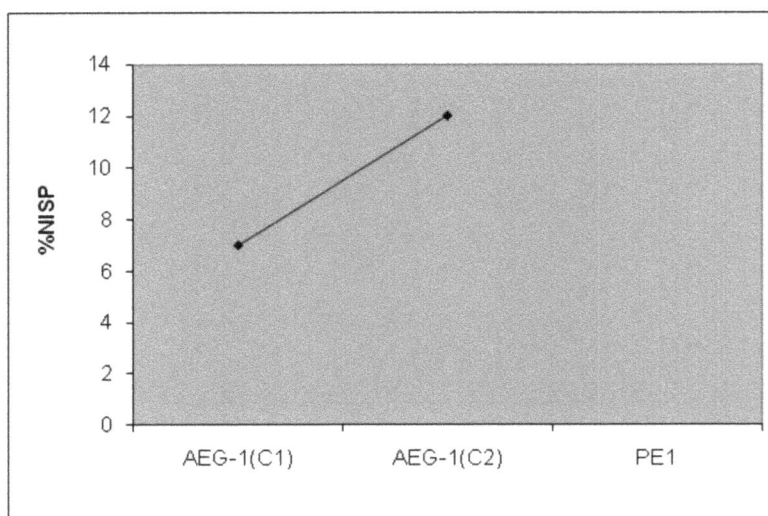

Gráfico 11.6. %NISP de camélidos sin fusionar.

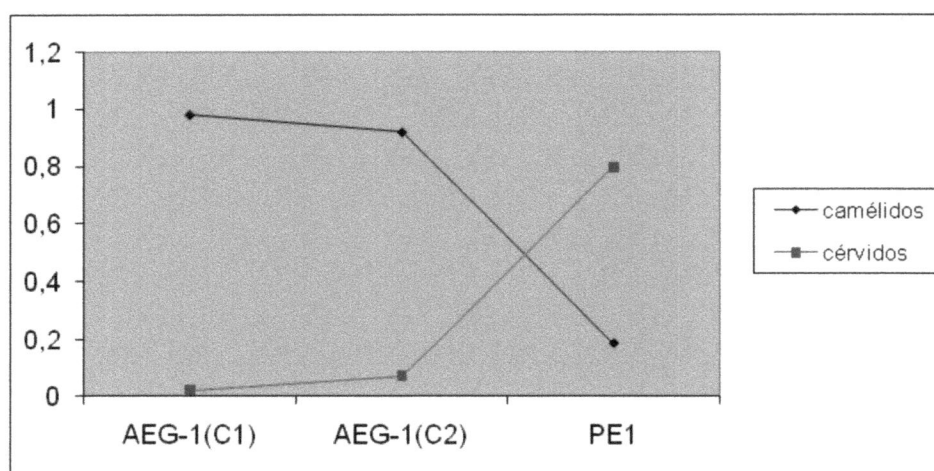

Gráfico 11.7. Comparación de los índices de camélidos y cérvidos.

Competencia adaptativa

La profundidad de las transformaciones adaptativas experimentados por las poblaciones serranas a partir de *circa* 6000 AP, que contrastan fuertemente con los momentos preliminares, introducen en el análisis una cuestión que posee importantes implicancias para la comprensión de la historia regional durante la segunda mitad del Holoceno. Ello se relaciona con los procesos que condujeron al aumento demográfico identificado, los que pudieron ser el resultado tanto del crecimiento de las poblaciones originales como de la migración de grupos extraserranos.

Ya a mediados del siglo pasado González (1952, 1960) identificó dos momentos claramente distintos dentro de la secuencia histórica regional, que fueron interpretados en términos de «diferencias culturales», postulando que una población de cazadores-recolectores inicial, que denominó «cultura Ayampitin», fue desplazada por otra cultura que arribó a la región a mediados del Holoceno (González 1960).

Si bien resulta evidente la simplicidad de este tipo de explicación de la variación arqueológica observada, no puede descartarse completamente que los procesos de competencia territorial entre poblaciones, con estrategias adaptativas distintas, puedan ser factores explicativos del cambio.

La competencia por los mismos recursos o territorios entre dos poblaciones de cazadores-recolectores, y el eventual desplazamiento de uno de los grupos pudo ser frecuente en el pasado y posee un fuerte apoyo teórico y empírico (Bettinger y Baumhoff 1982; Bettinger 1991, 2001).

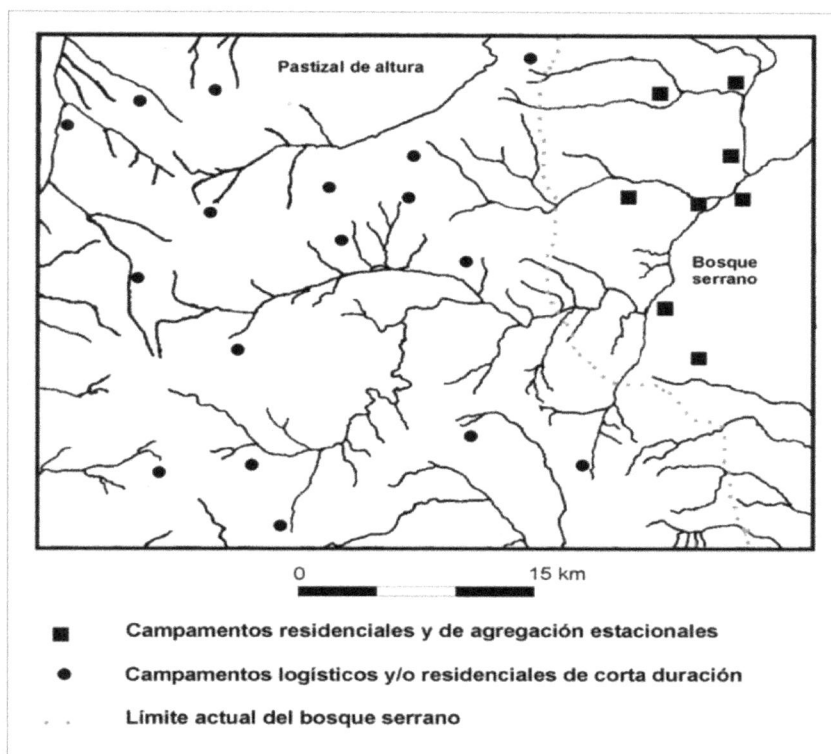

Figura 11.3. Idealización del patrón de asentamiento durante el Holoceno Medio-Tardío en el sector Norte del área de estudio.

A principios de la década del ´80, Bettinger y Baumhoff (1982) delinearon los elementos claves a considerar para abordar esta problemática. En líneas generales, afirmaron que un grupo cazador-recolector puede desplazar exitosamente a otros en virtud de poseer ventajas competitivas inherentes a su estrategia adaptativa. En situaciones competitivas, la característica más significativa de ésta sería el costo, que hace referencia al trabajo y tiempo dedicado a las actividades de subsistencia, por lo que una población con una estrategia adaptativa de bajo costo sería desplazada por otra que posea tácticas de alto costo.

Una estrategia cazadora-recolectora de bajo costo se basa en la captura de recursos de alta tasa de retorno, es decir una alta relación de energía obtenida por unidad de tiempo invertido en la captura y procesamiento de un recurso. Los grupos cazadores-recolectores que obtienen la mayor parte de su alimento de la cacería de presas de gran porte, con escasa utilización de animales pequeños y vegetales, son un ejemplo de la adopción de estrategias de bajo costo.

Por el contrario, los grupos que centran su subsistencia tanto en recursos de alto como de bajo retorno, que requieren una gran inversión de tiempo en su procesamiento, poseen estrategias adaptativas de alto costo. Éstas serían óptimas donde la población es relativamente elevada con respecto a los recursos disponibles, que es precisamente el tipo de situaciones que se genera cuando dos o más poblaciones

de cazadores-recolectores compiten por un determinado espacio y sus recursos.

En estos casos siempre prevalecerán las poblaciones que posean estrategias adaptativas de alto costo, ya que sólo compiten fuertemente por una fracción de los recursos (i.e. los de alto retorno) debido a que los otros grupos ignoran o sub-utilizan los alimentos de bajo retorno (Bettinger y Baumhoff 1982).

Las estrategias adaptativas no se relacionan únicamente con la subsistencia, sino que incorporan varios aspectos importantes para la vida de las sociedades, como asentamiento, organización, demografía e ideología, entre otros. Estos sólo son capaces de sufrir cambios importantes a largo plazo, por lo que al producirse una variación sustancial en las estrategias de subsistencia, el resto de los componentes del sistema cultural no pueden acompañar el cambio en el corto plazo. Es por ello que las estrategias adaptativas tienden a ser conservadoras.

Bettinger y Baumhoff (1982), emplean el concepto de picos adaptativos para exponer la lógica que subyace en la resistencia al cambio en las estrategias adaptativas. Sostienen que deben ser entendidas como picos en los cuales, para una situación dada, toda una variedad de sistemas (que incluyen la subsistencia) se ajustan para producir soluciones localmente óptimas. Una vez que se ha alcanzado este nivel, un cambio radical en la subsistencia en el corto plazo puede resultar en un alejamiento de este óptimo hasta que el resto de los sistemas cambien en respuesta. Es decir, que las estrategias adaptativas tienden a ser resistentes al cambio en el corto plazo, lo que va en contra del supuesto que todas las poblaciones cazadoras-recolectoras son, en esencia, capaces del mismo rango de respuestas conductuales.

Por ello, si una población con estrategias de bajo costo compite con otra que basa su subsistencia en la explotación de recursos costosos, permanecerá con su estrategia original aún cuando juegue en contra de sus posibilidades de competencia, porque si realizara un cambio rotundo en su subsistencia bajaría aún más su eficiencia y empeoraría su situación con respecto al otro grupo.

El análisis de la estructura del registro arqueológico correspondiente a las comunidades cazadoras-recolectoras de las Sierras de Córdoba, permite distinguir al menos dos grandes períodos entre 9000-6000 años AP y 6000-1500 años AP que presentan notables diferencias entre sí en cuanto al tipo de artefactos presentes, la densidad y clase de sitios arqueológicos y al uso del espacio y los recursos. Aunque dentro de cada uno de estos períodos es factible detectar diferencias en escalas espaciales y temporales más acotadas, esto aún merece un estudio más profundo.

Estas diferencias pueden ser interpretadas como el producto de variaciones importantes en las estrategias adaptativas predominantes en las poblaciones serranas. Durante el período 9000-6000 años AP, la evidencia indica muy baja densidad poblacional, subsistencia basada en la caza de artiodáctilos, especialmente camélidos, con la explotación de vegetales y de otros recursos de menor retorno escasamente representada. Asimismo, la mayor cantidad de sitios asignables a este período se localiza en los sectores de pastizales de altura e indica la existencia de altos niveles de movilidad y/o rangos de acción, evidente en el uso regular de materias primas no locales para la elaboración de algunas clases de artefactos (Roldán et al. 2005; Rivero y Berberián 2006). Todas estas características permiten considerar que las estrategias adaptativas predominantes eran de bajo costo, ideales para situaciones de baja densidad poblacional en relación a los recursos disponibles (Bettinger y Baumhoff 1982).

A partir de 6000 años AP, los contextos detectados indican notables diferencias con respecto a los anteriores, destacándose el cambio en el diseño de las puntas de proyectil (las morfologías triangulares se vuelven dominantes), la caída en la eficiencia de la subsistencia con un progresivo aumento de los recursos de menor retorno en la dieta, especialmente notable en los productos vegetales (como puede inferirse del incremento de los artefactos vinculados a su procesamiento). Se observa igualmente, una mayor densidad de sitios espacialmente diferenciados, predominando los asentamientos residenciales (algunos de los cuales poseen enterratorios) en los sectores de valle y los logísticos en los pastizales de altura, así como una

reducción de los niveles de movilidad/rangos de acción, como puede inferirse del uso casi exclusivo de materias primas locales para la confección de artefactos (Roldán et al. 2005).

Estas características pueden ser indicadoras de la existencia de estrategias adaptativas de alto costo, consideradas óptimas en situaciones de alta densidad poblacional y/o de competencia por los recursos (Bettinger y Baumhoff 1982).

Es posible proponer que estas diferencias entre el registro arqueológico del Holoceno temprano y el posterior a 6000 años AP, probablemente respondan a un cambio importante en el paisaje social de las sierras de Córdoba, que habría incluido aumento demográfico y el arribo de grupos de cazadores-recolectores con estrategias adaptativas de alto costo, con énfasis en los productos vegetales, quienes en un lapso relativamente breve desplazaron/absorbieron a los grupos anteriores, los cuales no pudieron competir exitosamente al no realizar cambios vitales en su organización en el corto plazo.

Paralelamente, la reestructuración de los recursos a mediados del Holoceno –con un pleno desarrollo del bosque serrano a expensas de los pastizales- junto con la mayor densidad poblacional habría ocasionado un desbalance entre los recursos de alto retorno disponibles y la población.

En esta situación, la respuesta que predicen los modelos de forrajeo óptimo es la ampliación de la dieta, incorporando recursos de menor retorno y reduciendo la eficiencia de forrajeo. Para los grupos con adaptaciones basadas en la cacería de artiodáctilos, la respuesta más eficiente habría sido aumentar la movilidad residencial y ampliar la dieta incluyendo un mayor consumo de pequeños vertebrados y vegetales (Bettinger 2001). Pero aquellas poblaciones con estrategias de subsistencia de alto costo, que incorporaban tanto el consumo de artiodáctilos como una explotación más eficiente de vegetales, habrían podido hacer frente a este problema reduciendo su movilidad residencial y estableciéndose de manera más permanente en los valles para poder explotar los recursos vegetales, como el algarrobo y el chañar, y aprovechar a los mamíferos de alto retorno mediante la explotación logística a los pastizales. Es decir, realizar una explotación más intensiva de las parcelas serranas que los otros grupos. En el corto plazo, es posible que los nuevos grupos desplacen/absorban a los anteriores y ocupen todo el territorio serrano.

Creemos factible que se haya tratado de una competencia entre poblaciones con adaptaciones diferentes y no de una transformación de las poblaciones locales hacia estrategias de alto costo, ya que los cambios detectados en el registro arqueológico son muy marcados y parecen haber sucedido en un tiempo relativamente corto. Algunos de los principales indicadores de este abrupto cambio son los nuevos tipos de artefactos que hacen su aparición en la región. Aparte de las mencionadas puntas de proyectil triangulares se destacan los ganchos de propulsor de piedra y hueso, cuchillos de pizarra y un mayor instrumental óseo inexistente en los momentos previos, como «puñales» y puntas embotantes (González 1960).

No existen, hasta el momento, evidencias claras de la coexistencia de ambas poblaciones en un mismo territorio por un lapso prolongado ya que los componentes identificados en las sierras de Córdoba contienen únicamente puntas lanceoladas o triangulares, sin detectarse asociaciones estratigráficas de ambos estilos de instrumentos, con excepción de dos puntas triangulares recuperadas en el C1 de Arroyo El Gaucho 1 (Capítulo 7). En la Gruta de Intihuasi también se ha identificado esta asociación, aunque puede deberse tanto a los métodos de excavación empleados (Bate 1983) como al carroñeo de artefactos. Estos contextos sugieren que la coexistencia entre ambas poblaciones debió ser por poco tiempo, y en el corto plazo los grupos «locales» fueron desplazados y/o absorbidos.

Acerca del origen de las poblaciones que arribaron a mediados del Holoceno, aunque únicamente puede especularse por el momento, es posible que tuvieran un origen andino, ya que durante el Holoceno Temprano se produjeron importantes cambios en esta región que podrían explicar el desplazamiento de poblaciones hacia el sector serrano.

La ocupación humana en los Andes Centrales de Argentina a fines de Holoceno Temprano experimentó importantes cambios adaptativos (García 2005). A partir de 8000 años AP se incrementó la explotación de los recursos vegetales, aparecieron nuevos útiles líticos como las puntas de proyectil triangulares, se generalizó el uso del propulsor y aumentó el de los artefactos de molienda. Asimismo un progresivo aumento de la aridez, con la total o parcial desecación de los recursos hídricos y la desaparición de la megafauna, habría afectado los sistemas de movilidad de las poblaciones de cazadores-recolectores, dando prioridad a las localidades con disponibilidad permanente de agua y a la explotación logística de la región montañosa, con el abandono de varias regiones del piedemonte y la llanura. En este marco, se ha postulado que la interrupción de la ocupación humana de los sectores más áridos de la región, correspondan a ajustes en el sistema de asentamiento y a la reorganización de la ocupación en una escala macrorregional (García 2005).

Es posible considerar, entonces, que las poblaciones que habrían llegado a las Sierras Centrales *circa* 6000 años AP -con adaptaciones de alto costo y una cultura material muy similar a la de la región Andina Central de Argentina (v.g. puntas triangulares, ganchos de propulsor)- lo hicieron en el marco de una reorganización de la ocupación humana a escala regional, producto del aumento de la aridez, en busca de territorios más productivos.

El final de los cazadores-recolectores y el surgimiento de las sociedades agrícolas del período prehispánico tardío

A comienzos de la era cristiana, los contextos arqueológicos serranos comienzan a experimentar algunas variaciones con respecto a los que caracterizaron la mayor parte de la *etapa de ocupación efectiva*. Aunque los modos de uso del espacio y de los recursos parecen ser muy similares, durante este último lapso se introducen dos elementos que diferencian estos contextos de los anteriores a 2000 años AP: la tecnología cerámica y la posible adopción del arco como sistema de arma generalizado para la caza (Capítulo 10).

La información disponible para este lapso está relacionada principalmente con los conjuntos correspondientes al «ceramolítico Piedra del Aguila» (Austral y Rocchietti 1995) y a los niveles más tardíos de Intihuasi y Ongamira (González 1960; Menghín y González 1954). Sus evidencias indican un aumento en la importancia de los productos vegetales en la dieta, inferido por el incremento de la representación de instrumentos de molienda en los conjuntos, y del aprovechamiento de pequeños vertebrados.

Estas características podrían ser consideradas indicadores de una situación general de intensificación en el uso de los recursos, entendida como la tendencia a dedicar más tiempo y energía a la recolección/captura y procesamiento de recursos de baja tasa de retorno, en respuesta a una disminución de la disponibilidad de presas de mayor rendimiento (Bettinger 1991, 2001).

La adopción del arco como arma para la caza, está sugerida por la presencia en los distintos sitios de cazadores-recolectores tardíos (i.e. posteriores a 2000 años AP) de puntas de proyectil apedunculadas de limbo triangular pequeñas, con un peso que no supera los 3 grs., que es el rango de peso más apropiado para las puntas de proyectil empleadas en proyectiles impulsados por arcos (Patterson 1985; Nassaney y Pyle 1999; Pastor et al. 2005). La posible adopción de esta arma en los inicios de la era pudo tener importantes consecuencias en las estrategias de subsistencia, ya que habría permitido una mayor eficiencia en la cacería de grandes animales y reducido los costos de captura de los pequeños vertebrados, debido a la mayor precisión del arco con respecto al propulsor o la lanza (Bettinger 2001).

Estas evidencias sugieren un proceso intensificador, posiblemente iniciado a fines del Holoceno Medio, que alcanzó su máxima expresión a comienzos de la era, como un paso previo a la adopción de prácticas productoras en toda la región, con posterioridad a 1500 años AP.

Es necesario un mayor estudio de este período final para comprender los cambios (v.g. económicos, sociales, uso del espacio) que culminaron en la incorporación de la agricultura, el pastoreo de camélidos y el establecimiento de poblados de mayor tiempo de permanencia en los valles interserranos, característicos de las comunidades del prehispánico tardío.

Como señaló Pastor (2006), existen varias líneas de evidencia que indican que algunas de las características del modo de vida productor serrano, como la actividad cazadora de grandes herbívoros en el pastizal de altura, la recolección de frutos estacionales y ciertos patrones de movilidad y uso del espacio relacionados con la explotación de los sectores de altura (dispersión de unidades domésticas y movimientos logísticos), pueden ser vistas como permanencias de fuertes patrones establecidos desde fines del Holoceno Medio.

Conclusiones.

La historia de los grupos humanos en las Sierras de Córdoba se remonta a la Transición Pleistoceno-Holoceno (*ca.* 11000 años AP) y a lo largo de su desarrollo estas poblaciones adoptaron distintas estrategias adaptativas, en el marco de cambiantes paisajes ambientales y sociales, que culminarían con la incorporación de prácticas económicas productivas a finales del Holoceno Tardío.

A partir de la instalación de los primeros grupos de cazadores-recolectores en el área, en su etapa exploratoria, las poblaciones fueron creciendo y ocupando los principales espacios productivos a partir de las adopciones de prácticas económicas y de movilidad de bajo costo, es decir centradas en la explotación de recursos de alta tasa de retorno y bajo costo de procesamiento. Esto implicó el desarrollo de estrategias tecnológicas basadas en el aprovechamiento de animales gregarios de gran porte como los camélidos, y el desarrollo de altos niveles de movilidad residencial y grandes rangos de acción.

La tecnología lítica empleada, por su parte, si bien podría ser caracterizada dentro de una estrategia expeditiva, coherente con la amplia disponibilidad regional de materia prima adecuada, el empleo de tecnologías bifaciales para la confección de los instrumentos extractivos son acordes con la existencia de alto grado de movilidad y caza de recursos de gran porte (Parry y Kelly 1987; Kelly 1995; Bettinger 2001).

Aunque el consumo de alimentos vegetales también estaría presente, como puede inferirse por la presencia de instrumentos líticos pulidos para el procesamiento de frutos y semillas, esta actividad no parece haber sido muy importante comparada con la cacería de artiodáctilos. Una importante evidencia que apoya esta idea, es la presencia dominante de restos arqueofaunísticos de camélidos y la baja representación de instrumentos líticos vinculados al procesamiento de vegetales que caracterizan los contextos correspondientes al Holoceno Temprano, especialmente en los sitios Gruta de Intihuasi (González 1960), Abrigo de Ongamira (Menghín y González 1954) y Arroyo El Gaucho 1.

A comienzos de Holoceno Medio se produce un cambio en las condiciones ambientales que reestructuró la distribución y disponibilidad de los principales recursos serranos. Este cambio consistió en el aumento de los niveles de humedad y el desarrollo pleno del bosque serrano, que se expandió en las cotas inferiores a 1000 m s.n.m. a expensas de los pastizales. Éstos constituían el principal hábitat de las poblaciones de camélidos y cérvidos, que fueron desplazadas a espacios extraserranos o bien quedaron aisladas biogeográficamente en los sectores de altura, especialmente en el cordón principal de las sierras o Sierra Grande (Capítulo 4). El aislamiento de las poblaciones de artiodáctilos las volvió vulnerables a la sobreexplotación por parte de los grupos humanos, especialmente los camélidos que constituían la principal especie aprovechada.

El registro arqueológico correspondiente al Holoceno Medio-Tardío, con posterioridad a 6000 años AP, permite apreciar grandes diferencias con los momentos tempranos, tanto en el número de sitios y su funcionalidad, como en la cultura material y prácticas de subsistencia. Los principales contrastes pueden ser resumidos de la siguiente manera:

- Mayor número y variedad de sitios, sugiriendo un aumento demográfico y cambio en la movilidad y estrategias de asentamiento.
- Incremento en la representación de instrumentos de molienda en los sitios, lo que indicaría una mayor importancia de la recolección y procesamiento de vegetales.
- Intensificación en el procesamiento de carcasas de y aumento en la captura de ejemplares inmaduros. Asimismo, se amplía la dieta para incluir de forma más frecuente especies de menor tasa de retorno, como los pequeños mamíferos.
- Presencia de enterratorios, tanto primarios como secundarios, que podría ser relacionada con un mayor grado de permanencia en los sitios o una reocupación más frecuente.
- Generalización de las estrategias expeditivas para la confección de instrumentos líticos, y un uso casi exclusivo de rocas disponibles localmente. Esto puede relacionarse con la reducción en los rangos de acción y un descenso de los niveles de movilidad.
- Mayor diferenciación funcional de sitios, con sitios de mayor tamaño, probablemente ocupados en forma más permanente en los valles interserranos, y sitios pequeños con evidencias de un rango limitado de actividades, posiblemente de naturaleza logística, en los pastizales de altura.
- Nuevos tipos de instrumentos que incluyen cambios en la forma de las puntas de proyectil e incorporación de otros artefactos ausentes en los momentos previos, como ganchos de propulsor de piedra, cuchillos de pizarra, «puñales de hueso», y una gran variedad de instrumentos óseos.

- Introducción, con posterioridad a 2000 años AP, de nuevas tecnologías, como el uso del arco como principal sistema de armas y el empleo limitado de recipientes cerámicos.

Estas marcadas diferencias podrían relacionarse con un importante incremento demográfico (que incluirían nuevos grupos de origen extraserrano) y el surgimiento de presiones dependientes de la densidad, limitando los rangos de movilidad y alentando un aprovechamiento más intensivo de los espacios y el posible desarrollo de sistemas territoriales.

Por otro lado, el patrón de utilización de los recursos serranos podría indicar que la conjunción de cambio ambiental y aumento poblacional ejerció un fuerte impacto sobre las estrategias de subsistencia y movilidad. En este sentido, las evidencias parecen indicar la adopción de estrategias adaptativas de alto costo, con un énfasis en la obtención y procesamiento de recursos de baja tasa de retorno, característico de la intensificación en el uso de los recursos (Bettinger 2001). Este proceso de intensificación habría llegado a su máxima expresión durante la segunda mitad del Holoceno Tardío con la incorporación de la agricultura y el pastoreo de camélidos (Berberián y Roldán, 2001).

La principal hipótesis que guió este trabajo, consistió en la idea de que las estrategias adaptativas de los cazadores-recolectores de las Sierras de Córdoba fueron variando según la relación entre la demografía regional y la estructura de recursos disponibles, en una forma tal que las prácticas intensificadoras de la producción fueron generalizándose hasta concluir en la adopción de la agricultura, en un escenario de alta demografía. Las diferentes líneas de evidencia exploradas son consistentes con esta idea, y alientan la continuación de los estudios en este sentido, para poder comprobar o modificar las conclusiones a las que arribamos. La resolución definitiva de estas y otras cuestiones quedará para futuras investigaciones.

[1]
Los detalles acerca de cómo se establecieron los parámetros empleados en la simulación, tales como la tasa de crecimiento anual de los cazadores-recolectores o las densidades de *L. guanicoe* se detallaron en el trabajo citado (Rivero 2003b).

[2]
Agradezco a Matías Medina por colaborar en el análisis y permitirnos utilizar la información arqueofaunística del sitio PE1

BIBLIOGRAFIA

Adams, J. y H. Faure (Eds.)
1997. *QEN members. Review and Atlas of Palaeovegetation: Preliminary land ecosystem maps of the world since the Last Glacial Maximum.* Oak Ridge http://www.esd.ornl.gov/projects/qen/adams1.html

Aldenderfer, M.
1998. *Montane Foragers, Asana and the South-Central Andean Archaic.* University of Iowa Press. Iowa.

Alroy, J.
2001. A multispecies overkill simulations of the End-Pleistocene megafaunal mass extinction. *Science* Vol. 292 N°5523:1893-1896.

Altamirano Enciso, A.
1983. *Guía osteológica de cérvidos andinos.* Universidad Nacional Mayor San Marcos, Lima.

Ameghino, F.
1885. Informe sobre el Museo Antropológico y Paleontológico de la Universidad de Córdoba durante el año 1885. *Boletín de la Academia Nacional de Ciencias de Córdoba* VIII:347-360. Buenos Aires.

Ammerman, A. y M. Feldman
1974. On the «Making» of an Assemblage of Stone Tools. *American Antiquity* 39(4):610-616.

Anderson, D. y G. Hanson
1988. Early Archaic settlement in the Southeastern United Status: a case study from the Savannah river valley. *American Antiquity* 53(2):262-286.

Angelelli, V.; De Brodtkorb, M.; Gordillo, C. y H. Gay
1983. *Las especies minerales de la República Argentina.* Publicación especial de la Subsecretaría de Minería, Secretaría de Industria y Minería, Ministerio de Economía de la República Argentina. Buenos Aires.

Arnold, J.
1996. The Archaeology of Complex Hunter-Gatherers. *Journal of Archaeological Method and Theory* 3(2): 77-126.

Aschero, C.
1975. *Ensayo para una Clasificación Morfológica de Artefactos Líticos Aplicada a Estudios Tipológicos Comparativos.* Informe al CONICET. Buenos Aires. Inédito.
1983. *Ensayo para una Clasificación Morfológica de Artefactos Líticos. Apéndices A y B.* Cátedra de Ergología y Tecnología. Universidad de Buenos Aires. Buenos Aires. Inédito.

Aschero, C. y J. Martínez
2001. Técnicas de caza en Antofagasta de la Sierra, Puna Meridional Argentina. *Relaciones* XXVI: 215-241.

Aschero, C. y S. Hocsman
2004. Revisando cuestiones tipológicas en torno a la clasificación de artefactos bifaciales. En: A. Acosta, D. Loponte y M. Ramos (Comp.) *Temas de Arqueología. Análisis Lítico*, pp. 7-26. Universidad Nacional de Luján. Luján.

Austral, A. y A. Rocchietti
1995. Arqueología de la Pendiente Oriental de la Sierra de Comechingones. *Actas del XI Congreso Nacional de Arqueología Argentina* (10ª Parte):61-80. San Rafael.
2004. Al sur del Río Cuarto: Síntesis de la arqueología regional. En: M. Bechis (Comp.) *Terceras Jornadas de Arqueología Histórica y de Contacto del Centro Oeste de la Argentina y Seminario de Etnohistoria. Cuartas Jornadas de Arqueología y Etnohistoria del Centro Oeste del país*, Vol. II:97-114.

Bárcena, R.
2001. Prehistoria del Centro-Oeste Argentino. En: E. Berberián y A. Nielsen (Dirs.) *Historia Argentina Prehispánica*, Tomo II, pp. 561-634. Editorial Brujas, Córdoba.

Bartram. L.
1993. Perspectives on skeletal part profiles and utility curves from eastern Kalahari ethnoarchaeology. En: J. Hudson (Ed.) *From bones to behavior: Ethnoarchaeological and experimental contributions to the interpretation of faunal remains*, pp. 115-137. Center for Archaeological Investigations, Occasional Paper 21. Southern Illinois University, Carbondale.

Barrientos, G.
2002. The archaeological analysis of death-related behaviours from an evolutionary perspective: exploring the bioarchaeological record of early American hunter-gatherers. En: G. Martínez y J. Lanata (Eds.), *Perspectivas integradoras entre arqueología y evolución. Teoría, métodos y casos de aplicación*, pp. 221-253. INCUAPA, Olavarría.
2004. ¿Es la complejidad un concepto útil para discutir la variación en el registro arqueológico pampeano (o cualquier otro)?. En: G. Martínez, M. Gutierrez, M. Berón y P. Madrid (eds.), *Aproximaciones Contemporáneas a la Arqueología Pampeana. Perspectivas teóricas, metodológicas,*

analíticas y casos de estudio, pp. 11-27. Olavarría, Universidad Nacional del Centro de la prov. De Buenos Aires.

Bate, L.
1983. *Comunidades primitivas de cazadores-recolectores en Sudamérica. Historia General de América 2.* Academia Nacional de Historia de Venezuela, Caracas.

Behrensmeyer, A.
1978. Taphonomic and ecologic information from bone weathering. *Paleobiology* 4:150-162.
Belardi, J. y L. Borrero
2000. El paisaje arqueológico de la margen norte del lago Argentino (provincia de Santa Cruz, Argentina). *Praehistoria* 3:35-64.

Beltramone, C.; Barbeito, O. y S. Ambrosino
2003. Mapa geomorfológico de la porción central de las Sierras de Córdoba. Provincia de Córdoba. Argentina. En: *Actas del II Congreso Argentino de Cuaternario y Geomorfología,* pp. 221-228. Tucumán.

Berberián, E.
1984. Potrero de Garay: una entidad sociocultural tardía de la región serrana de la provincia de Córdoba (República Argentina). *Comechingonia* 4:71-138.
1995. Estado actual de las investigaciones en la arqueología de las Sierras Centrales. *Actas del XI Congreso Nacional de Arqueología Argentina* (10ª Parte):13-26. San Rafael.
1999. Las Sierras Centrales. *Nueva Historia de la Nación Argentina,* pp. 135-158. Tomo I, Editorial Planeta, Buenos Aires.

Berberián, E. y H. Calandra
1984. Investigaciones arqueológicas en la cueva «El Peñoncito», San Juan, República Argentina. *Revista del Museo de La Plata* VIII (56):139-169. Universidad Nacional de La Plata, La Plata.

Berberián, E. y F. Roldán
2001. Arqueología de las Sierras Centrales. En: E. Berberián y A. Nielsen (Dirs.) *Historia Argentina Prehispánica,* Tomo II, 635-691. Editorial Brujas, Córdoba.

Bettinger, R.
1991. *Hunter-Gatherers: archaeological and evolutionary theory.* New York, Plenum Press.
2001. Holocene Hunter-Gatherers. En: Feinman y Price (Eds.), *Archaeology at the Millennium: A Sourcebook,* pp. 137-195. New York, Kluwer Academic/Plenum Publishers.

Bettinger, R. y M. Baumhoff
1982. The Numic spread: Great Basin cultures in competition. *American Antiquity* 47: 485-503.

Bettinger, R.; J. O'Connell y D. Thomas
1991. Projectile points as time markers in the Great Basin. *American Anthropologist* 93:166-172.

Binford, L.
1977. Forty-Seven Trips: a Case Study in the Character of Archaeological Formation Processes. En: R. V. S. Wright (Ed.) *Stone Tools as Cultural Markers: Change, Evolution and Complexity,* pp. 24-36. Australian Institute of Aboriginal Studies. Canberra.
1978a. *Nunamiut Ethnoarchaeology.* Academic Press, New York.
1978b. Dimensional Analysis of Behavior and Site Structure: Learning from an Eskimo Hunting Stand. *American Antiquity* 43(2):330-361.
1979. Organization and Formation Processes: Looking at Curated Technologies. *Journal of Anthropological Research* 1. 35(3):255-273.
1980. Willow smoke and dogs tails: hunter.gatherer settlement systems and archaeological site formation. *American Antiquity* 45:4-20.
1982. The archaeology of place. *Journal of Anthropological Archaeology* 1:5-31.
1988. *En busca del pasado. Descifrando el registro arqueológico.* Editorial Crítica, Barcelona.
1994. Etnografía de cazadores recolectores y sus implicancias para la construcción de la teoría arqueológica. *Publicaciones de la Academia Nacional de Ciencias de Buenos Aires,* T XVIII (1):214-230.
2001. *Constructing frames of reference: an analytical method for archaeological theory building using ethnographic and environmental data sets.* Berkeley, University of California Press.

Binford, L. y S. Binford
1966. A Preliminary Analisys of Functional Variability in the Mousterian of Levallois Facies. *American Anthropologist* 68 (2):238-295.

Bird, D. y J. O'Connell
2006. Behavioral Ecology and Archaeology. *Journal of Archaeological Research* Vol. 14 (2):143-188.

Bonnin, M y A. Laguens
2000. Esteros y algarrobales. Las sociedades de las Sierras Centrales y la llanura Santiagueña. En: M. Tarragó (Dir.) *Los pueblos originarios y la conquista, Nueva Historia Argentina,* Tomo I:147-186. Editorial Sudamericana, Buenos Aires.

Boone, J. y E. Smith
1998. Is it evolution yet? A critique of evolutionary archaeology. *Current Anthropology* 39:141-173.

Borrero, L.
1989. Sistemas de Asentamiento: Cuestiones Metodológicas y el Caso del Norte de Tierra del Fuego. *Revista de Estudios Regionales* 4:7-26. Centro Interdisciplinario de Estudios Regionales, Universidad Nacional de Cuyo.
1989-1990. Spatial heterogeneity in Fuego-Patagonia. En J. Shennan (Ed.) *Archaeological Approaches to Cultural Identity,* pp. 258-266. Unwin Hyman, Londres.

1990. Fuego-Patagonia bone assemblages and the problem of comunal guanaco hunting. En: L. Davis y B. Reeves (Eds.) *Hunters of the Recent Past*, pp. 373-339. Unwin Hyman, Londres.

1994-95. Arqueología de la Patagonia. *Palimpsesto. Revista de Arqueología* 4:9-69.

1996. The Pleistocene-Holocene transition in Southern South America. En: L. Straus, B. Eriksen, J. Erlandson y D. Yesner (Eds.) *Humans at the end of the Ice Age: the Archaeology of the Pleistocene-Holocene Transition*, Plenum Press, New York, pp. 339-353.

1999. The prehistoric exploration and colonization of Fuego-Patagonia. *Journal of World Prehistory* Vol. 13 N° 3:321-355.

Borrero, L. y H. Nami
1994. II) Piedra del Aguila: Análisis de los Materiales de Superficie. *Praehistoria* 2:19-35.

Borrero, L. y N. Franco
1997. Early Patagonian Hunter-Gatherers: subsistence and technology. *Journal of Anthropological Research* 53:219-239.

Borrero, L.; J. Lanata y B. Ventura
1992. Análisis distribucionales en el área de Piedra del Águila. En: L. Borrero y J. Lanata (Eds.) *Análisis espacial en la arqueología patagónica*, pp. 9-20. Ediciones Ayllu, Buenos Aires.

Broughton, J.
1994. Declines in mammalian foraging efficiency during the late Holocene, San Francisco Bay, California. *Journal of Anthropological Archaeology* 13: 371-401.

Butzer, K.
1989. *Arqueología: una ecología del hombre*. Editorial Bellaterra, Barcelona.

Bucher, E. y J. Abalos
1979. Fauna. En Vázquez, J.; Miatello, R. y M. Roqué (Dirs.), *Geografía Física de la Provincia de Córdoba*, pp. 45-138. Editorial Boldt, Buenos Aires.

Bunn, H.
1993. Bone assemblages at base camps: a further consideration of carcass transport and bone destruction by the Hadza. En: J. Hudson (Ed.) *From bones to behavior: Ethnoarchaeological and experimental contributions to the interpretation of faunal remains*, pp. 156-168. Center for Archaeological Investigations, Occasional Paper 21. Southern Illinois University, Carbondale.

Cabido, M. (Coordinador)
2003. *Línea de base de la biodiversidad. Parque Nacional Quebrada del Condorito y Reserva Hídrica Provincial Pampa de Achala*. Administración de Parques Nacionales. Inédita.

Cabido, M. y A. Acosta
1988. Degradación de pastizales climáticos de las Sierras de Córdoba, Argentina. Zonación a partir del pastizal de *deyeuxia hieronymi* en Pampa de Achala. *Documents Phytosociologiques* Vol. XI:573-581.

Cabido, M.; G. Funes; E. Pucheta; F. Vendramini y S. Díaz
1998. Achorological analysis of the mountains from Central Argentina. IS all what we call Sierra Chaco really Chaco? Contribution to the study of the flora and vegetation of the Chaco. XII. *Candollea* 53:321-331.

Cajal, J.
1989. Uso de hábitat por vicuñas y guanacos en la reserva San Guillermo, Argentina. *Vida Silvestre Neotropical* Vol. 2 N°1: 21-31.

Cantú, M.
1992. Provincia de Córdoba. En: M. Iriondo (Ed.) *El Holoceno en la Argentina*, I:1-16.

Capitanelli, R.
1979. Clima. En Vázquez, J.; Miatello, R. y M. Roqué (dirs.), *Geografía Física de la Provincia de Córdoba*, pp. 45-138. Editorial Boldt. Buenos Aires.

Carignano, C.
1999. Late Pleistocene to recent climate change in Córdoba Province, Argentina: Geomorphological evidence. *Quaternary International* 57/58:117-134.

Carr, P (editor)
1994. *The Organization of Prehistoric North American Chipped Stone Technologies*. International Monographs in Prehistory, Archaeology Series 7. Ann Arbor, Michigan.

Castellanos, A.
1922. La presencia del hombre fósil en el Pampeano medio del Valle de Los Reartes (Sierras de Córdoba). *Boletín de la Academia Nacional de Ciencias de Córdoba* XXV: 369-389. Buenos Aires.

1926. Un instrumento lítico del Pampeano Superior de la Provincia de Córdoba (Rep. Argentina). *Actes du Congress de L Inst. Intern. d' Anthropol. de París*. II Session: 303-308. París.

1933. El hombre prehistórico de la provincia de Córdoba (Argentina). *Revista de la Sociedad Amigos de la Arqueología* VII:5-88. Montevideo.

1943. Antigüedad geológica de los restos humanos del yacimiento de la «Gruta de Candonga» (Córdoba). *Publicaciones del Instituto de Fisiografía y Geología* XIV. Rosario.

Cowan, F.
1999. Making Sense of Flake Scatters: Lithic Technological Strategies and Mobility. *American Antiquity* 64(4):593-607.

Cruz, L.
2003. *Mamíferos del Pleistoceno Tardío-Holoceno Temprano del área septentrional del Dpto. Río Cuarto.*

Geocronología y Paleoambientes. Tesis de Licenciatura, Universidad Nacional de Río Cuarto. Inédita.

De Lamo, D.
1997. Estado actual y perspectivas sobre el uso sustentable de poblaciones de camélidos silvestres. Guanaco (*Lama guanicoe*). En: *Actas del 2° Seminario Internacional de Camélidos Sudamericanos Domésticos*. Universidad Católica de Córdoba.

Demaio, P. (Dir.)
2005. *Introducción a la ecología de los ambientes serranos de Córdoba*. Ecosistemas Argentinos, Córdoba.

Diaz, N.
1995. Antecedentes sobre la historia natural de la taruca (*Hippocamelus antisensis d'Orbigny*) y su rol en la economía andina. *Chungara* 27:45-55. Arica, Chile.

Dunnell, R. y W. Dancey
1983. The siteless survey: a regional scale data collection strategy. En: Schiffer (Ed.) *Advances in Archaeological Method and Theory* N° 6, Academic Press, pp. 267-287, New York.

Dyson-Hudson, R. y E. Smith
1978. Human territoriality: An ecological reassessment. *American Anthropologist* Vol. 80:21-41.

Ebert, J.
1992. *Distributional Archaeology*. University of New Mexico Press, New Mexico.

Elkin, D.
1995. Volume density of South American camelid skeletal parts. *International Journal of Osteoarchaeology* 5:29-37.

Escola, P.
2000. *Tecnología Lítica y Sociedades Agro-pastoriles Tempranas*. Tesis Doctoral, Facultad de Filosofía y Letras, Universidad de Buenos Aires. Inédita.

Fariña, R.; Vizcaíno, S. y M. Bargo
1998. Body mass estimations in Lujanian (Late Pleistocene-Early Holocene of South America) mammal megafauna. *Mastozoología Neotropical* 5(2):87-108.

Farizy, C.
1994. Spatial Patterning of Middle Paleolithic Sites. *Journal of Anthropological Archaeology* 13:153-160.

Fenenga, F.
1953. The weights of chipped stone points: a clue to their functions. *Southwest Journal of Anthropology* 9:309-323.

Foley, R.
1981. Off-site archaeology: an alternative approach for the short-sited. En: I. Hodder, G. Isaac y N. Hammond (Eds.) *Pattern of the Past: Studies in Honour of David Clarke*, pp. 157-183. Cambridge University Press, Cambridge.

Forman, R. y M. Godron
1986. *Landscape Ecology*. John Wiley & Sons, New York.

Franco, N.
2002. ¿Es posible diferenciar los conjuntos líticos atribuidos a la exploración de un espacio de los correspondientes a otras etapas del poblamiento? El caso del extremo sur de Patagonia. *Revista Werken* N°3:119-132.
2004. La organización tecnológica y el uso de escalas espaciales amplias. El caso del sur y oeste de Lago Argentino. En: A. Acosta, D. Loponte y M. Ramos (Comp.) *Temas de Arqueología. Análisis Lítico*, pp. 101-144. Universidad Nacional de Luján. Luján.

Frechen, M.; Argüello, G.; Budziak, D.; Cantú, M.; Carlini, A.; Frilling, A.; Kruck, W.; Noriega, J.; Sanabria, J.; Scheele, B. y E. Ton
2003. Chronostratigraphy of Pampa Loess – A review. En: *Actas del II Congreso Argentino de Cuaternario y Geomorfología*, pp. 17-19. Tucumán.

Frenguelli, J.
1919. Sobre un astrágalo humano del Pampeano Superior de los alrededores de Córdoba. *Revista de la Universidad Nacional de Córdoba*, Año VI N°1, Córdoba.
1946. Las grandes unidades físicas del territorio argentino. *Geografía de la República Argentina* Tomo III, Buenos Aires. Sociedad Argentina de Estudios Geográficos GAEA.

Gambier, M.
1974. Horizonte de Cazadores Tempranos en los Andes Centrales argentino-chilenos. *Hunuc-huar* 2:43-103.

Gamble, C.
1990. *El Poblamiento Paleolítico de Europa*. Editorial Crítica. Barcelona.

García, A.
2003. *Los primeros pobladores de los Andes Centrales argentinos*. Zeta Editores, Mendoza.
2005. Human occupation of the Central Andes of Argentina (32°-34° S) during the mid-Holocene. *Quaternary Internacional* 132: 61-70.

González, A.
1952. Antiguo horizonte precerámico en las Sierras Centrales de la Argentina. *Runa* vol. V:110-133.
1960. La estratigrafía de la gruta de Intihuasi (Prov. de San Luis, R.A.) y sus relaciones con otros sitios precerámicos de Sudamérica. *Revista del Instituto de Antropología* I: 5-296. Córdoba.

González, A. y H. Lagiglia
1973. Registro nacional de fechados radiocarbónicos. Necesidad de su creación. *Relaciones* VII:291-312.

González, S. y E. Crivelli
1978. Excavaciones arqueológicas en el abrigo de Los Chelcos (Departamento San Alberto, Córdoba). *Relaciones* XII:183-206.

Heffley, S.
1981. The relashionship between Northern Athapaskan settlement patterns and resource distribution: an application of Horn´s model. En: Winterhalder, B. y E. Smith (Eds), *Hunter-gatherer foraging* strategies, pp.126-147. University of Chicago Press. Chicago.

Hocsman, S.
2003. ¿Cazadores-recolectores complejos en la puna meridional argentina? Entrelazando evidencias del registro arqueológico de la microrregión de Antofagasta de la Sierra (Catamarca). *Relaciones* XXVII, pp. 193-214.

Holdaway, R. y C. Jacomb
2000. Rapid extinction of the Moas (Aves: Dinornithiformes): model, test, and implications. *Science* Vol. 287 N°5461:2250-2254.

Horn, H.
1968. The adaptive significance of colonial nesting in the Brewers blackbird (*Euphagus cyanocephalus*). *Ecology* 49:682-694.

Hrdlicka, A.
1912. Early man in South America. *Bureau of American Ethnology, Bulletin* 52. Washington D.C.

Iriondo, M.
1999. Climatic changes in the South American plains: Records of a continent-scale oscillation. *Quaternary International* 57/58:93-112.

Jaimes, A.
1999. Nuevas evidencias de Cazadores-recolectores y aproximación al entendimiento del uso del espacio geográfico en el noroccidente de Venezuela. Sus implicaciones en el contexto suramericano. *Arqueología del Área Intermedia* 1:83-120.

Jones, G. y C. Beck
1992. Chronological resolution in distributional archaeology. En Rossignol, J. y L. Wandsnider (Eds.) *Space, Time and Archaeological Landscapes*, pp. 167-192. Plenum Press, New York.

Kaplan, H. y K. Hill
1992 The Evolutionary Ecology of Food Acquisition. En: E. Smith y B. Winterhalder (Eds.) *Evolutionary Ecology and Human Behavior*, pp. 127-201. Aldine De Gruyter, New York.

Kelly, R.
1983. Hunter-gatherer mobility strategies. *Journal of Anthropological Research* 39:277-306.
1988. The three sides of a biface. *American Antiquity* 53(4):717-734.
1995. *The Foraging Spectrum. Diversity in hunter-gatherer lifeways.* Washington and London, Smithsonian Institution Press.

Kelly, R. y L. Todd
1988. Coming into the country: early paleoindian hunting and mobility. *American Antiquity* 53(2):231-244.

Kemp, R.; Zarate, M.; Toms, P.; King, M.; Sanabria, J. y G. Argüello
2003. Late quaternary paleosols, landscape evolution and climate change in the Northern Pampa, Argentina. 16 INQUA Congress, Reno, Nevada. MS.

Kemp, R.; Zarate, M.; Phillip, T.; Matthew, K.; Sanabria, J. y G. Argüello
2006. Late Quaternary paleosols, stratigraphy and landscape evolution in the Northern Pampa, Argentina. *Quaternary Research* 66:119-132.

Klein, R. y K. Cruz-Uribe
1984. *The analysis of animal bones from archaeological sites.* Chicago University Press, Chicago.

Lagiglia, H.
2002. Arqueología prehistórica del sur mendocino y sus relaciones con el Centro Oeste argentino. En: A. Gil y G. Neme (Eds.) *Entre montañas y desiertos: arqueología del sur de Mendoza*, pp. 43-64. Sociedad Argentina de Antropología, Buenos Aires.

Laguens, A.
1995. Cambio organizacional y niveles de eficiencia adaptativa arqueológicos en el Valle de Copacabana, Córdoba, Argentina. Tesis de Doctorado, Universidad Nacional de Buenos Aires. Inédita.

Laguens, A. y M. Bonnin
1987. Espacio, paisaje y recursos. Estrategias indígenas alternativas y complementarias en la cuenca del río Copacabana (Dto. Ischilin, Córdoba, Arg.). Sitio El Ranchito: 1000 a.C.-1600 d.C. *Publicaciones del Instituto de Antropología* XLV:159-204.

Lanata, J.
1995. Paisajes Arqueológicos y Propiedades del Registro en el Sudeste Fueguino. Tesis Doctoral. Facultad de Filosofía y Letras. Universidad de Buenos Aires. Inédita.
1997. Los componentes del paisaje arqueológico. *Revista de Arqueología Americana* 13:151-165.

Lee, R.
1968. What hunters do for a living, or how to make out on scarce resources. En: R. Lee y I. De Vore (Eds.) *Man the Hunter*, pp. 30-48. Aldine, Chicago.
1999. Foragers and others. En: R. Lee y R. Daly (Eds.) *The Cambridge Encyclopaedia of Hunters and Gatherers*, pp. 1-19. Cambridge University Press, Cambridge.

Lee, R. y I. De Vore (Eds.)
1968. *Man the Hunter.* Aldine, Chicago.

Luti, R.; Bertrán de Solís, M.; Galera, F.; Müller de Ferreira, N.; Berzal, M.; Nores, M.; Herrera, M. y J. Barrera
1979. Vegetación. En: Vázquez, J.; Miatello, R. y M. Roqué (dirs.) *Geografía Física de la Provincia de Córdoba*, pp. 45-138. Editorial Boldt, Buenos Aires.

Lyman, R.
1994. *Vertebrate Taphonomy.* Cambridge University Press. Cambridge.
2004. Prehistoric biogeography, abundance, and phenotypic plasticity of Elk (*Cervus elaphus*) in Washington State. En: R. Lyman y K. Cannon (Eds.) *Zooarchaeology and Conservation Biology*, pp. 136-163. The University of Utah Press, Salt Lake City.

Marcellino, A.
1992. Síntesis historiográfica de los estudios antropológicos en la provincia de Córdoba. *Cuadernos de Historia* 11: 11-46. Córdoba, Junta Provincial de Historia de Córdoba.

Marcellino, A.; Berberián, E. y J. Pérez
1967. El yacimiento arqueológico de los Molinos (Dpto. Calamuchita, Córdoba). *Publicaciones del Instituto de Antropología* XXVI. Universidad Nacional de Córdoba, Córdoba.

Martínez, G.
2002. Organización y cambio en las estrategias tecnológicas: un caso arqueológico e implicanciones comportamentales para la evolución de las sociedades cazadoras-recolectoras pampeanas. En: G. Martínez y J. Lanata (Eds.), *Perspectivas integradoras entre arqueología y evolución. Teoría, métodos y casos de aplicación*, pp. 121-156. INCUAPA, Olavarría.

Martínez, J.
1999. Puntas de proyectil: diseños y materias primas. En: C. Aschero, M. Korstanje y P. Vuoto (Eds.) *En los tres reinos: prácticas de recolección en el cono sur de América*, pp. 61-69. Ediciones Magna Publicaciones, Tucumán.
2003. Ocupaciones humanas tempranas y tecnología de caza en la microrregión de Antofagasta de la Sierra (10000 – 7000 AP). Tesis Doctoral, Universidad Nacional de Tucumán. Inédita.

Mayr, E.
1974. Behavior programs and evolutionary strategies. *American Scientist* 62:650-659.

Medina, M.
2006. Análisis zooarqueológico del sitio agroalfarero Puesto La Esquina 1 (Pampa de Olaen, Córdoba). *Anales de Arqueología y Etnología* N° 61-62. En prensa.

Menghín, O. y A. González
1954. Excavaciones arqueológicas en el yacimiento de Ongamira, Córdoba (Rep. Arg.). Nota preliminar. *Notas del Museo de La Plata*, T XVII, Antropología N° 67. La Plata, Universidad Nacional de La Plata.

Mengoni Goñalons, G.
1999. *Cazadores de guanacos de la estepa patagónica.* Sociedad Argentina de Antropología. Colección Tesis Doctorales. Buenos Aires.

Miotti, L. y M. Salemme
1999. Biodiversity, taxonomic richness and specialists-generalists during Late Pleistocene/Early Holocene times in Pampa and Patagonia (Argentina, Southern South America). *Quaternary International* 53-54:53-68.

Mithen, S.
1997. Simulating mammoth hunting and extinctions: implications for North America. En S. Van Der Leeuw y J. McGlade (Eds.) *Time, process and structured transformation in archaeology*, pp.176-215. Routledge, Londres y New York.

Montes, A.
1943. Yacimiento arqueológico de Ongamira. *Congreso de Historia Argentina del Norte y Centro* Tomo I:229-238. Córdoba.
1960. El hombre fósil de Miramar (Córdoba). *Revista de la Facultad de Ciencias Exactas Físicas y Naturales, Universidad Nacional de Córdoba.* Serie Ciencias Naturales N°1 y 2. Córdoba.

Morgan, L.
1877. *Ancient Society.* World Publishing, New York.

Mosimann, J y P. Martin
1975. Simulating overkill by Paleoindians. *American Scientist* 63:305-313.

Muscio, H.
1999. Colonización humana del NOA y variación en el consumo de los recursos: la ecología de los cazadores recolectores de la Puna durante la transición Pleistoceno-Holoceno. http//www.naya.org.ar/articulos/index.htm
2004. Dinámica poblacional y evolución durante el período agroalfarero temprano en el valle de San Antonio de los Cobres, puna de Salta, Argentina. Tesis Doctoral, Facultad de Filosofía y Letras, Universidad de Buenos Aires. Inédita.

Nagaoka, L.
2002. The effects of resource depression on foraging efficiency, diet breadth, and patch use in Southern New Zealand. *Journal of Archaeological Science* 21: 419-442.

Nassaney, M. y K. Pyle
1999. The adoption of the Bow and Arrow in Eastern North America: a view from central Arkansas. *American Antiquity* 64(2):243-263.

Nelson, M.
1991. The Study of Technological Organization. En: M. Schiffer (Ed.) *Archaeological Method and Theory* Vol. 2, pp. 57-100. University of Arizona Press, Tucson.

Nores, B. y U. D´Andrea
1997. *Los Aborígenes de la región del Río Cuarto.* Editorial Nuevo Siglo, Córdoba.

O´Connell, J.
1987. Alyawara Site Structure and its Archaeological Implications. *American Antiquity* 52(1): 74-108.

O´Connell, J.; K. Hawkes y N. Blurton Jones
1988. Hadza hunting, butchering, and bone transport and their archaeological implications. *Journal of Anthropological Research* 44:113-161.
1990. Reanalisys of large mammal body part transport among the Hadza. *Journal of Archaeological Science* 17:301-316

Olivera, D.
1999. El recurso *Camelidae* en sociedades agropastoriles tempranas del Noroeste Argentino entre los 3000 y 1000 años A.P. *Actas del XII Congreso Nacional de Arqueología Argentina*, tomo I: 113-120. Editorial de la Universidad Nacional de La Plata, La Plata.

Orquera, A.
1975. Indios de las serranías. *El país de los argentinos* N° 75. Centro Editor de América Latina.

Ottonello, M. y A. Lorandi
1987. *Introducción a la arqueología y etnología. Diez mil años de Historia Argentina.* Eudeba, Buenos Aires.

Outes, F.
1911. Los tiempos prehistóricos y protohistóricos en la provincia de Córdoba. *Revista del Museo de La Plata* XVII:261-374. Buenos Aires.

Pacheco Torres, V.; Altamirano Enciso, A. y E. Guerra Porras
1979. *Guía osteológica para camélidos sudamericanos.* Serie Investigaciones 4, Departamento Académico de Ciencias Histórico-Sociales, Universidad Nacional Mayor de San Marcos.

Parera, A.
2002. *Los mamíferos de la Argentina y la región austral de Sudamérica.* Editorial El Ateneo, Buenos Aires.

Parry, W. y R. Kelly
1987. Expedient core technology and sedentism. En: J. Johnson y C. Morrow (eds.), *The Organization of Core Technology*, pp. 285-304. Boulder, Westview Press.

Pascual, R.
1960. Informe sobre los restos de vertebrados hallados en la caverna de Intihuasi y «paraderos» vecinos de San Luis. En: La estratigrafía de la gruta de Intihuasi (Prov. de San Luis, R.A.) y sus relaciones con otros sitios precerámicos de Sudamérica. *Revista del Instituto de Antropología* 1:299-302. Córdoba.

Pastor, S.
2006. Arqueología del valle de Salsacate y pampas de altura adyacentes (Sierras Centrales de Argentina). Una aproximación a los procesos sociales del período Prehispánico Tardío (900 – 1573 d.C.). Tesis Doctoral, Universidad Nacional de La Plata. Inédita.

Pastor, S.; Pautassi, E. y D. Rivero
2005. Los sistemas de armas de las comunidades agroalfareras de Córdoba: una aproximación arqueológica y experimental. En: *Actas del XIII Congreso Nacional de Arqueología Argentina*, Tomo 4, pp. 253-266. Editorial Brujas, Córdoba.

Patterson, L.
1985. Distinguishing between arrows and apear points on the upper Texas coast. *Lithic Technology* 14:81-89.

Petersen, C. y A. Leanza
1979. *Elementos de geología aplicada.* Librería y Editorial Nigar, Buenos Aires.

Plog, S.
1976. Relative efficiencies of sampling techniques for archaeological surveys. En: K. Flannery (Ed.) *The Early Mesoamerican Village*, pp.136-158. Academic Press, New York y Londres.

Politis, G.
1988. Paradigmas, modelos y métodos en la arqueología de la pampa bonaerense. *Arqueología Contemporánea Argentina*, pp. 59-107. Ediciones Búsqueda, Buenos Aires.
1996. *Nukak.* Sinchi, Centro Amazónico de Investigaciones Científicas, Bogotá.

Politis, G. y C. Gamble
1996. Los Nukak y los límites ambientales de los foragers. En: *Nukak*, pp. 337-354. Sinchi, Centro Amazónico de Investigaciones Científicas, Bogotá.

Politis, G. y M. Gutiérrez
1998. Gliptodontes y cazadores-recolectores de la Región Pampeana (Argentina). *Latin American Antiquity* 9(2):111-134.

Price, T. y J. Brown
1985. Aspects of hunter-gatherer complexity. En: T. Price y J. Brown (eds.), *Prehistoric Hunter-gatherers: The emergence of cultural complexity,* pp. 3-20. Academic Press, Orlando.

Pucheta, E.; M. Cabido; S. Díaz y G. Funes
1998. Floristic composition, biomass, and aboveground net plant production in grazed and protected sites in a mountain grassland of central Argentina. *Acta Oecologica* 19 (2): 97-105.

Puig, S. (Ed.)
1995. *Técnicas para el manejo del guanaco.* Grupo Especialista en Camélidos Sudamericanos, Buenos Aires.
Puig, S. y F. Videla
1995. Comportamiento y organización del guanaco. En: Puig, S. (Ed.) *Técnicas para el manejo del guanaco,* pp. 97-118. Grupo Especialista en Camélidos Sudamericanos, Buenos Aires.

Rabinovich, J.
1985. Camélidos, manejo y modelos. En J. Cajal y J. Amaya (Eds.) *Estado actual de las investigaciones sobre camélidos en la República Argentina,* pp. 203-214. Secretaría de Ciencia y Técnica, Buenos Aires.
1995. Modelos para el aprovechamiento de poblaciones silvestres de guanacos. En S. Puig (Ed.) *Técnicas para el manejo del guanaco,* pp. 145-167. Grupo Especialista en Camélidos Sudamericanos, Buenos Aires.

Rabinovich, J.; Cajal, J.; Hernandez, J.; Puig, S; Ojeda, R. Y J. Amaya
1984. *Un modelo de simulación en computadoras digitales para el manejo de vicuñas y guanacos en Sudamérica.* SECYT, Buenos Aires, Argentina.

Renfrew, C. y P. Bahn
1998. *Archaeology. Theories, methods and practice.* Thames and Hudson, Londres.

Ringuelet, E.
1961. Rasgos fundamentales de la zoogeografía de Argentina. *Physis* 20:151-170.

Rivero, D.
2003a. Distribuciones superficiales de artefactos y uso del espacio en poblaciones cazadores-recolectoras de las Sierras de Córdoba. En: *Actas del II Congreso Argentino de Cuaternario y Geomorfología,* pp. 447-454. Tucumán.
2003b. Explotación sustentable de *Lama guanicoe.* Implicancias para surgimiento de estrategias intensificadoras en las Sierras de Córdoba a partir de un modelo de simulación. En: G. Mengoni Goñalons, D.E.

Olivera y H.D. Yacobaccio (eds.). *El manejo de los camélidos sudamericanos.* Grupo de Zooarqueología de Camélidos – Internacional Council of Archaeozoology. En prensa.

Rivero, D. y F. Roldán
2005. Initial Peopling of the Córdoba Mountains, Argentina: First Evidence from El Alto 3. *Current Research in the Pleistocene* 22: 33-34.

Rivero, D. y E. Berberián
2006. El poblamiento inicial de las Sierras Centrales de Argentina. Las evidencias arqueológicas tempranas. *Cazadores Recolectores del Cono Sur. Revista de Arqueología* 1:127-138.

Rivero, D. y G. Srur
2006. El Estudio de artefactos líticos como indicadores de funcionalidad de sitios. Un caso de estudio en las Sierras de Córdoba. En: P. Escola y S. Hocsman (Eds.) *Artefactos líticos, movilidad y funcionalidad de sitios en Sudamérica. Problemas y perspectivas.* BAR Archaeological Series. En prensa.

Roldán, F.; Rivero, D.; Sanabria, J. y G. Argüello
2004. Geoarqueología del Sitio El Alto 3 (Punilla, Prov. De Córdoba). Primera Aproximación. En: *Actas del XV Congreso Nacional de Arqueología Argentina. Universidad Nacional de Río Cuarto.* Río Cuarto, en prensa.

Roldán, F.; D. Rivero y S. Pastor
2005. Las Sierras Centrales durante el Holoceno: perspectivas desde El Alto III (Pampa de Achala, Provincia de Córdoba). En: *Actas del XIII Congreso Nacional de Arqueología Argentina,* Tomo 4, pp. 277-286. Editorial Brujas, Córdoba.

Rondeau, M.
1996. When is an Elko? En: G. Odell (Ed.) *Stone Tools: Theoretical Insights into Human Prehistory,* pp. 229-243. Plenum Press, New York.

Rossignol, J. y L. Wandsnider
1992. *Space, Time and Archaeological Landscapes.* Plenum Press, New York.

Sanabria, J.
2000. Génesis de suelos y su relación con la geomorfología y geología del cuaternario en la cuenca baja del río Añáscate, Córdoba. Tesis Doctoral, Universidad Nacional de Córdoba. Inédita.

Sanabria, J. y G. Argüello
2003. Aspectos geomorfológicos y estratigráficos en la génesis y evolución de la Depresión Periférica, Córdoba (Argentina). *Actas II Congreso Argentino de Cuaternario y Geomorfología* (Tucumán): 177-184.

Service, E.
1962. *Primitive Social Organization: An Evolutionary Perspective*. Random House, New York.

Scheinsohn V.
2001. 2001: Odisea del espacio. Paisajes y distribuciones artefactuales en arqueología. Resultados y propuestas. *Relaciones* XXVI:285-301.
2002. Un modelo evolutivo en Argentina. Resultados y perspectivas futuras. En: G. Martínez y J. Lanata (Eds.), *Perspectivas integradoras entre arqueología y evolución. Teoría, métodos y casos de aplicación*, pp. 187-206. INCUAPA, Olavarría.

Schiffer, M.
1972. Archaeological Context and Systemic Context. *American Antiquity* 37(1):16-165.
1987. *Formation processes of the archaeological record.* University of New Mexico Press, Albuquerque.

Schobinger, H.
1988. *Prehistoria de Sudamérica. Culturas Precerámicas.* Alianza Editorial, Madrid.

Serrano, A.
1968. El precerámico en la República Argentina y países vecinos. *Publicaciones del Instituto de Antropología de Córdoba* XXVIII. Córdoba.

Smith, E.
1983. Anthropological applications of optimal foraging theory: a critical review. *Current Anthropology* 24:625-651.

Smith, E. y B. Winterhalder (Eds.)
1992a. *Evolutionary ecology and human behavior.* Aldine De Gruyter, New York.

Smith, E. y B. Winterhalder
1992b. Natural selection and decision making: some fundamental principles. En: Smith, E. y B. Winterhalder (Eds.) *Evolutionary ecology and human behaviour*, pp. 25-60. Aldine De Gruyter, New York.

Stephens, D. y J. Krebs
1986. *Foraging Theory.* Princeton University Press, Princeton.

Stiner, M.
1994. *Honor among thieves. A zooarchaeological study of Neandertal ecology.* Princeton University Press, Princeton.

Tauber, A.
1999. Hallazgo de una vicuña en el Pleistoceno de la provincia de Córdoba, República Argentina. *Ameghiniana* 36(1):55-62.

Tauber, A. y F. Goya
2006. Estratigrafía y fósiles del Pleistoceno-Holoceno de las pampas de altura en el Departamento Cruz del Eje, Córdoba, Argentina. En: J. Sanabria y G. Argüello (Eds.) *Actas de Trabajos del III Congreso Argentino de Cuaternario y Geomorfología*, Tomo 2:717-726. Córdoba.

Teta, P., M. Medina, S. Pastor, D. Rivero y H. Paradela
2005. *Holochilus brasiliensis* (Rodentia, Cricetidae) en conjuntos arqueofaunísticos del Holoceno Tardío de la Provincia de Córdoba (Argentina). *Mastozoología Neotropical* 12 (2) 271-275.

Thomas, D.
1975. Non-site sampling in archaeology: up the creek without a site? En: J. Mueller (Ed.) *Sampling in Archaeology*, pp. 61-81. University of Arizona Press, Tucson.

Thomas, D. y D. Mayer
1983. Behavioral faunal analisys of selected horizons. En: D. Thomas (Eds.) *The Archaeology of Monitor Valley 2: Gatecliff Shelter.* Anthropological Papers of the American Museum of Natural History 59-1, Nueva York.

Torrence, R.
1983. Time budgeting and hunter-gatherer technology. En: G. Bailey (Ed.) *Pleistocene hunter-gatherers in Europe*, pp. 11-22. Cambridge University Press, New York.

Valladas, H. y G. Valladas
1987. Thermoluminiscence dating of burnt flint and quartz: comparative results. *Archaeometry* 29:214-220.

Vázquez, J.; Miatello, R. y M. Roqué (dirs.)
1979. *Geografía Física de la Provincia de Córdoba.* Editorial Boldt. Buenos Aires.

Wandsnider, L.
1998. Landscape Element Configuration, Lifespace, and Occupation History: Ethnoarchaeological Observations and Archaeological Applications. En: A. Sullivan III (Ed.) *Surface Archaeology*, pp. 21-39. University of New Mexico Press, New Mexico.

Wandsnider, L. y E. Camilli
1992. The character of surface archaeological deposits and its influence on survey accuracy. *Journal of Field Archaeology* 19:169-188.

White, T.
1954. Observations on the butchering technique of some aboriginal peoples: 3, 4, 5, and 6. *American Antiquity* 19(2):254-264.

Whittington, S. y B. Dyke
1984. Simulating overkill: experiments with the Mosimann and Martin model. En P. Martin y R. Klein (Eds.) *Quaternary Extinctions: A prehistoric revolution*, pp. 451-465. University of Arizona Press, Tucson.

Wilmsen, E.
1973. Interaction, spacing behavior, and the organization of hunting bands. *Journal of Anthropological Research* 29:1-31.

Winterhalder, B.
1981. Optimal foraging strategies and hunter-gatherer research in anthropology: theory and models. En: Winterhalder, B. y E. Smith (Eds), *Hunter-gatherer foraging strategies*, pp.13-35. University of Chicago Press, Chicago.

Winterhalder, B. y C. Goland

1993. On population, foraging efficiency and plant domestication. *Current Anthropology* 34(5):710-715.

Winterhalder, B. y E. Smith (Eds)
1981. *Hunter-gatherer foraging strategies.* University of Chicago Press, Chicago.

Winterhalder, B. y E. Smith
1992. Evolutionary ecology and the social sciences. En: Smith, E. y B. Winterhalder (Eds.) *Evolutionary ecology and human behaviour*, pp. 3-23. Aldine De Gruyter, New York.

Wobst, H.
1974. Boundary conditions for palaeolithic social systems: a simulation approach. *American Antiquity* 39:147-178.
Woodburn, J.
1982. Egalitarian societies. *Man* 17: 431-451.

Yacobaccio, H.
2001. Cazadores complejos y domesticación de camélidos. En: G. Mengoni Goñalons, D. Olivera y H. Yacobaccio (Eds.), *El uso de los camélidos a través del tiempo,* pp. 261-282. Ediciones del Tridente, Buenos Aires.

Zurita, J.; E. Pillado y R. Rigamonti
1975. Nota preliminar sobre un yacimiento precerámico en la provincia de Córdoba. *Revista del Instituto de Antropología* V:165-168. Córdoba.

Zvelebil, M.; Stanton, W. y M. Macklin
1992. Archaeological landscapes, lithic scatters, and human behavior. En Rossignol, J. y L. Wandsnider (Eds.) *Space, Time and Archaeological Landscapes*, pp. 193-226. Plenum Press, New York.

www.ingramcontent.com/pod-product-compliance
Lightning Source LLC
Chambersburg PA
CBHW061000030426

42334CB00033B/3309